破产法实务教程

汤正旗 汪涛 编著

PRACTICAL TUTORIAL
ON
BANKRUPTCY LAW

WUHAN UNIVERSITY PRESS
武汉大学出版社

图书在版编目(CIP)数据

破产法实务教程/汤正旗,汪涛编著.—武汉:武汉大学出版社,
2020.8(2024.7 重印)
ISBN 978-7-307-21680-8

Ⅰ.破…　Ⅱ.①汤…　②汪…　Ⅲ.破产法—中国—教材
Ⅳ.D922.291.92

中国版本图书馆 CIP 数据核字(2020)第 138429 号

责任编辑:陈　帆　　　责任校对:李孟潇　　　整体设计:马　佳

出版发行:**武汉大学出版社**　　(430072　武昌　珞珈山)
　　　　(电子邮箱:cbs22@ whu.edu.cn　网址:www.wdp.com.cn)
印刷:湖北云景数字印刷有限公司
开本:720×1000　1/16　印张:21.5　字数:386 千字　插页:1
版次:2020 年 8 月第 1 版　　2024 年 7 月第 2 次印刷
ISBN 978-7-307-21680-8　　定价:56.00 元

目　　录

第一编　总　　论

第一编　总论

第一章　破产法概述

第一节　破产与破产法

一、破产的概念与特征

(一)破产的概念辨析

1. 传统意义上的破产

破产（Bankruptcy）一词来源于拉丁语"Falletux"，意思是"失败"（Failure），[①] 意指"其柜台被打破的商人"。但根据英美学者的考证，破产（bankrupt）一词最早源于意大利语"banca rotta"，banca 意为"板凳""摊位"；rotta 意为"砸烂"，西文译为"broken bencch"，中文意思为"摊位被毁"。[②] 它来源于中世纪后期意大利商业城市的习惯，当时，商人们在市中心拥有各自的交易铺位，当某个商人不能偿付债务时，他们的债权人就按照惯例将其铺位砸烂，以示其经营失败。应该说破产的此种起源说比较有说服力。

传统意义上的破产概念有两层含义：一是指一种事实状态，即债务人处于无力清偿到期债务的事实状态；二是指一种法律程序，即在债务人无力清偿债务的情况下以其财产对债权人进行公平清偿的法律程序。近代法律上的破产仅指狭义的破产清算制度，是指由法院介入的，以清算为主要内容的，旨在公平对待债权人的一种特别法律程序。

2. 现代破产概念

随着时代的进步，传统意义上的破产发展到现代已发生了深刻的变化。破产首先意味着一种无力清偿债务的事实状态，英文为"insolvency"。insolvency

---

① 柴发邦主编：《破产法教程》，法律出版社 1990 年版，第 1 页。

② 汤维建：《破产概念新说》，《中外法学》1995 年第 3 期。

也有两种含义：一是指个人或企业"不能清偿债务"的状态；二是指由于个人或企业处于"不能清偿债务"的状态之后，根据相关法律而进入的处理这种"不能清偿债务"的"法律程序"。其次，从 20 世纪 60 年代开始，由于现代的拯救主义破产概念的兴起，西方发达国家的破产法，不再是清算主义的破产法，而是逐渐演变为拯救主义破产法。① 在现代破产法中，处于无力清偿债务状态的债务人并非必须步入清算倒闭之途，而是有多种选择，如在进入破产程序之前，可以通过庭外和解方式寻求解决办法，即使进入到破产程序中，债务人也可以通过和解或债务重整化解债务危机，能够使债务人起死回生，以免被清盘出局。

法律上的破产有其特定含义，是指处理经济上破产时债务如何清偿的法律制度，即对丧失清偿能力的债务人，经法院审理与监督，强制清算其所有财产，公平清偿全体债权人的法律制度。破产的本质是一种特殊的债务清偿制度。②狭义的破产法律制度仅指破产清算制度，广义的破产法律制度还包括重整与和解制度。

（二）破产的法律特征

通常认为，破产的法律特征主要有以下几项：

1. 破产具有执行程序的属性。通常学者认为破产是一种概括的执行程序，即为全体债权人的利益而对债务人的全部财产进行的执行程序；普通的民事执行程序则是为个别债权人的利益而进行的。

2. 破产是在特定情况下适用的执行程序。破产虽然本质上属于执行程序，但是，其和一般执行程序不同，这种程序的启动必须具备一定的前提条件。对于这种前提条件虽然各国规定不尽相同，但是一般均和债务人不能清偿到期债务有关。至于不能清偿的原因有可能是资不抵债，也有可能是由于流动资金不足，导致不能清偿到期债务。

3. 破产是以债务人全部财产为清偿对象。破产是以债务人的全部财产对全体债权人进行公平清偿。由于是以全部财产进行清偿，而是根据不同性质的债权确定不同的清偿顺序。而财产是企业承担民事责任的基础，所以，破产清算后，债务人将因丧失企业承担民事责任的基础而导致主体资格的消亡。

4. 破产是一种公平清偿债务的程序。在债务人破产的情况下，通常有若干债权人，同时债务人的资产又不能满足所有债权人的全部清偿要求，这就需

---

① 刘伟光：《"破产"概念英文翻译的分析》，《经济师》2008 年第 9 期。

② 王欣新：《破产法》（第三版），中国人民大学出版社 2011 年版，第 3 页。

要对全体债权人进行公平的清偿。需要强调的是，对全体债权人的公平清偿并不是债权按照相同的比例进行清偿，而是根据不同性质的债权确定不同的清偿顺序，相同性质的债权按照相同的比例进行清偿。公平清偿是破产程序中应当遵循的一项重要原则。

二、破产法的概念与性质

破产法是指调整破产债权人和债务人、法院、管理人以及其他参加人相互之间在破产过程中所发生的法律关系的法律规范的总称。

破产法的性质是实体法律规范与程序法律规范的结合体，以程序规范为主体和基础。一般意义上，破产法的程序规范主要包括案件管辖、破产原因、申请与受理、债权申报及债权人会议、和解程序与重整程序、破产宣告、破产管理、破产清算与分配等制度；破产法的实体规范主要包括破产能力、破产财产和破产债权、破产费用和共益债务、破产宣告对法律行为的效力、撤销权、别除权、取回权、抵销权、破产免责等制度以及破产犯罪等。破产产生的种种社会问题不是一部破产法就能全部解决的，这需要法院与政府各部门相互协调，共同配合，建立府院联动机制，综合发挥作用才能完成的社会任务。其中，破产法着重在法律程序这个平台上，通过协调司法、行政和社会资源，以实现破产的社会和法律效果的双重统一。

第二节　破产法的历史沿革

一、破产法的产生与发展

具有破产法社会调整作用性质的法律规定，最早萌芽于简单商品经济社会的古罗马，其产生的最初动因，是为维护债权人的利益，保证对全体债权人的公平、有序清偿。

(一)古罗马时期破产法的萌芽

破产制度是由债务执行制度逐步演化而来的。考察破产法的发展历史，往往离不开对罗马法诉讼程序中执行程序的回顾。因为从一定程度上讲，早期破产法虽然源于欧洲中世纪后期城市商业经济的法律革新，但是它却是取材于博大精深的古罗马诉讼程序制度。①

---

① 李国光主编：《新企业破产法教程》，人民法院出版社 2006 年版，第 10 页。

罗马共和国时期，对债务人债务执行通常包含有人身执行的成分。当债务人不能清偿债务时，债权人可以拘禁债务人而迫使其清偿债务，甚至可以出卖或者杀死债务人以代替债务的履行。《十二铜表法》就确立了对债务人人身和财产的双重扣押制度。例如《十二铜表法》第 3 表规定，普通债务到期时，债务人有 30 日的宽限期设法还债。如逾期仍不能清偿，债权人即可以武力扭送债务人至法官前，以手触其身，陈述负债的原因和数额以及债务人未能清偿的事实。此时，被告不得反抗。如果被告不能清偿债务，也不能和原告达成和解，又无亲友出面作保，法官即裁判将债务人交与债权人。债权人即可将债务人囚于私牢，羁押期为 60 日。在此期间，债务人虽丧失自由，但不丧失行为能力，仍可与债权人进行和解。此间，债权人应将债务人带至市场三次，宣布其应偿的数额，寻求他人担保，或使其亲友怜悯而代为清偿。如 60 日的羁押期满以后，债务人仍无法还债时，债权人即可将债务人出售于国外为奴，甚或杀之。如有数个债权人时，则共享出卖的价金，或分割其尸体。[①] 在此种规定之下，众多债务人因惧怕沦为奴隶或被杀死而丢弃财产逃亡，造成许多无主财产。在此情况下，无主财产归先占者所有，但对于其他债权人则有失公平，于是，罗马法上出现了对债务平等清偿的制度。其中"财产冠卖"和"财产分期出售"已经较为明显地显示出债权人平等受偿的观念，且"财产分期出售"更接近于现代破产制度。该制度规定，财产不足清偿时则按下列顺序办理：①首先支付为各债权人的共同利益而产生的费用，如管财人的报酬、拍卖财产的费用等；②如债务人在价金分配前死亡的，支付其丧葬费；③清偿抵押债权，各债权依其抵押的先后顺序和优先债权性质分配，例如修理房屋、船舶等贷款债权；④清偿普通债权如不足，则对各债权按比例分配；⑤偿还因侵权行为所产生的债务；⑥如债务人死亡而生前曾立遗嘱的，则将剩余财产分配给受遗赠人。[②] 由此可以看出，罗马法上的"财产分期出售"制度已初具破产制度的雏形，对中世纪后期产生的商事破产程序具有重要的影响。

（二）中世纪欧洲各国破产法

中世纪的欧洲大陆形成了诸多的商业中心，尤其是意大利的北部城市，为处理商人之间所发生的各种争议，广泛采用古罗马私法和程序法，从而发展起了一整套适用于商人的实体规则和裁判规则。商事破产制度作为中世纪的商习

---

① 周枏：《罗马法原论》，商务印书馆 1996 年版，第 869 页。
② 周枏：《罗马法原论》，商务印书馆 1996 年版，第 907 页。

惯法，同样也没有脱离中世纪的各商业中心城市广泛采用古罗马私法和程序法这一历史过程。因此，学者普遍认为，中世纪欧洲大陆乃至英国，均以古罗马法财产委付制度为基础建立起了商事破产制度。[①]

中世纪欧洲多数国家的破产法奉行商人破产主义，仍存在自力救济因素，立法以对债权人保护为宗旨，少有考虑债务人的利益，对债务人实行不免责主义，实行破产惩戒主义。[②]

二、近现代西方国家破产法

由于商品经济的充分发展，近代欧美主要的资本主义国家的破产法律制度不断发展和完善。欧洲大陆各国破产法形成于19世纪。在立法上，欧洲大陆各国均以法国、德国破产立法为蓝本，纷纷颁布了具有本国特色的破产法或者引进了法德破产立法模式。同时，有关破产法的理论也日益成熟，这就为现代破产法的变革奠定了良好的基础。近代意大利破产制度起源于1865年6月25日颁布施行的意大利破产法，1883年1月1日施行的《商法典》第3卷即为意大利现行有效的破产法。

法国的破产制度继受了古罗马和意大利的制度。1667年的《里昂破产法》即为法国最初的成文破产法。1673年颁布的《商事条例》第9章至第11章包含破产的相关规定，成为较为完整的破产法。1807年的《商法典》第3卷的破产法部分，标志着近代法国破产法的形成。此后，法国破产法经多次修订，将商人破产主义改为一般破产主义。

近代德意志破产法律制度是在吸收古罗马法和意大利商习惯法的基础上发展起来的。1855年的普鲁士破产法是德国最早的破产法。该法采取折中主义的立法例，商人与非商人均可宣告破产。1877年德国颁布了统一后的破产法，并于1899年修订。此后德国破产法经多次修订，成为德国现行的破产法。1927年德国颁布了和解法。

英国、美国是判例法国家，以不成文法为主，但是破产法均表现为成文法。英国在1542年就出现了成文的破产法，适用于商人和非商人。1861年英国颁布的破产条例经多次修订成为现行的英国破产法。英国破产法采取和解先置主义和免责主义。

---

①　张作顺：《破产程序法律制度研究》，中国政法大学2002年博士学位论文，第22页。

②　汤维建：《破产程序与破产立法研究》，人民法院出版社2001年版，第13页。

世界上破产法最发达的国家是美国。美国《宪法》第 1 条第 8 款规定了联邦 18 项权利，其中第 4 项权利规定国籍法和破产法由联邦国会制定，州一级无权制定这两部法律。美国于 1800 年首次颁布《联邦破产法》，仅限于商人破产。此后，又于 1841 年、1876 年、1898 年颁布联邦破产法。1938 年，美国国会通过《坎特勒法》(Chandler Act)对 1898 年破产法进行了全面的修正。1978 年，美国国会对其破产制度进行了革新，颁布了《破产改革法》(Bankruptcy reform Act)，废除了 1898 年破产法和 1938 年《坎特勒法》，并以美国联邦破产法典的形式公布施行。该法典对美国 1938 年以来的破产法进行了全面和实质性的修正。而后美国国会并没有停止其完善破产立法的努力，直至 2005 年 4 月，美国国会通过并由布什总统签署了《2005 年破产滥用预防及消费者保护法案》(Bankruptcy Abuse Prevention and Consumer Protection Act of 2005，以下简称"新破产法")，该法案于 2005 年 10 月 17 日正式生效。新破产法在一定程度上实现了近 10 年来美国银行等金融机构对破产法进行改革的愿望，也是近 30 年来美国国会对破产法作出的一次最重大的修订。

（一）近现代西方国家破产法的特点

1. 破产已经被视为市场经济生活中的一种正常法律现象，破除了破产惩戒主义的影响，免责主义已为多数国家所采纳。

2. 以一般破产主义取代商人破产主义，法人作为破产法主体出现。

3. 以自力救济为主，广义的破产法都是由破产清算制度和预防债务人破产的和解、重整制度组成。

（二）西方破产法理念经历了从惩罚主义到双重保护主义的转变

1. 西方近代以前破产法的理念：惩罚主义
西方法律文化里一直有着悠久的逼债逼到死的传统。
《基督山伯爵》小说里令人印象深刻的是，当摩莱尔先生为了 30 万法郎的到期债务无法偿还、面临破产境遇时，"血可以洗清耻辱"，他打算开枪自杀。而他的儿子马西米兰知道后，竟然伸手去拿手枪，要和父亲一起自杀。摩莱尔赶紧阻止他，要他为母亲和妹妹而活下去。并告诫儿子说："假如我活着，关心会变成怀疑，怜悯会变成敌意。假如我活着，我只是一个不信守诺言，不能偿清债务的人，实际上，只是一个破了产的人。反过来说，假如我死了，要记得，马西米兰，我的尸首是一个诚实而不幸的人的尸首。活着连我最好的朋友也会避开我的屋子，死了，全马赛的人都会含泪送我到我最后的安息地。活着，你会以我的名字为耻，死了，你可以昂起头来说：'我父亲是自杀的，因为他生平第一次在迫不得已的情形之下没有履行他的诺言。'"①

显然，破产是一件被认为极不名誉的、绝不可原谅的恶行。而后来基督山伯爵为了报复当年陷害他的仇人，也是设计使银行家邓格拉尔破产，以此作为最大的惩罚。

惩罚主义的基本内容为破产有罪观念和破产不免责主义，其以保障债权人完全实现债权为圭臬，根本无视债务人的利益，债务人甚至还沦为破产法实施的客体，处于任人宰割的被动地位。

2. 现代西方破产法理念：双重保护主义

具有现代意义的破产法始于英国。1645 年，英国 100 名被关进监狱的债案犯（无力清偿债务的债务人）联名向当局请愿和申诉，指出将无力清偿债务的债务人投到监狱，违反英国宪法，要求释放，并予以免责。1646 年 11 月和 12 月，英国通过法令解免了贫困的、诚实的债务人所欠债务，并给予释放。1705 年和 1711 年，英国通过了两部合名为《安娜法》（The Acts of Anne）的破产法，开始实行破产免责主义。在此法律出来之前，无力清偿债务的债务人往往都被投到监狱里去。《安娜法》规定，凡诚实的资不抵债者，只要符合法律的要求，即应予以免责。《安娜法》标志着破产不免责开始向免责转化，破产有罪开始向破产无罪转化。

破产无罪，将债权人和债务人的利益等量齐观。现代破产立法目标不再是惩罚债务人，而是把挽救债务人，帮助其东山再起作为破产立法的最高目标；对于债权人而言，不仅仅是通过破产程序获得公平受偿，而且要保障其获得最大限度的受偿。

《美国破产法典》第十一章（Chapter 11 of the Bankruptcy Code）创立了破产重整制度。破产重整的积极意义在于它用市场化、法治化的方式最大限度地保障债权人、企业职工等各方利益，帮助企业实现重生。例如，房地产企业破产中"盘子"理论形象地解释了破产重整的作用。"一只多人所有的盘子，如何分割？摔碎它，一人分得一角盘子的碎片，每个人得到的无异于垃圾。只有当盘子完整的时候，它才有价值。"根据"盘子"理论，房地产企业破产时，应注重保护房产项目的完整性，实现资产价值的最大化，从而保护债权人的利益。

通过破产获得重生，不仅不是耻辱，反而十分励志。

---

① 郭建：《〈基督山伯爵〉——破产》，《法律与生活》2008 年第 14 期。

　　美国最大汽车生产商美国通用汽车公司破产重整案，是美国历史上第四大破产案，也是美国工业史上最大的破产案。

　　通用汽车公司（以下简称通用）成立于1908年9月16日，由当时美国最大的马车制造商威廉·杜兰特创建，总部位于底特律。100多年以来，通用先后联合兼并了别克、雪佛兰、庞蒂亚克等公司，并拥有铃木、五十铃和斯巴鲁的股份，形成了丰富的产品线。目前，通用在全球35个国家和地区建立了汽车制造业务，拥有员工26万人。2007年，通用在全球出售近937万辆轿车和卡车，在《财富》杂志的全球500强公司中营业额排名第五。从1927年以来，通用一直是全世界最大的汽车公司。然而，从2005年开始，通用几乎一直在亏损。2008年12月2日，通用在顾问公司Alix Partners及合伙人科赫的帮助下进入预重整阶段，向美国联邦政府与国会提交了应对困境的方案，以申请250亿美元政府紧急救助贷款。通用声称到2008年12月底将至少需要40亿美元来帮助维持日常生产，最迟到2009年3月，通用需要120亿美元贷款来帮其度过2009年。2009年6月1日，通用向纽约南区联邦破产法院正式申请破产保护，即破产重整程序。法官罗伯特·格柏负责处理本案，为了有效监管通用的重整操作、品牌和工厂的出售及清算程序，罗伯特·格柏法官任命了著名的重组顾问公司Alix Partners的合伙人科赫担任通用重整的首席执行官。美国联邦破产法院正式受理通用破产案后，按美国2005年通过的新破产法，对通用的预重整方案及其实施的效力予以认可。按预重整方案，"旧"通用所有的优质资产将转移到新公司中，新公司将不承担"旧"通用任何债务，而是一个没有任何债务负担的全新公司。这一重整模式完成后，新通用公司在成立后发展良好，不到一年半的时间就发行股票，成为上市公司。①

　　人们常常谈"破"色变，认为破产法就是死亡法，缺乏对破产重整制度的了解和认识。破产重整制度作为公司破产制度的重要组成部分，已为多数市场经济国家采用。通用申请破产保护，简而言之就是进入《美国破产法典》第十一章破产重整程序。破产重整制度改变了传统的破产局限于清算，企业一旦进入破产程序就再无挽救余地的桎梏，而是对可能或已经发生破产原因，但又有希望再生的债务人，通过各方利害关系人的协商，并借助法律强制性地调整他们的利益，对债务人进行生产经营上的整顿和债权债务关系上的清理，以期摆脱财务困境，重获经营能力。

---

　　①　参见贺丹：《通用公司重整模式的破产法分析》，载李曙光、郑志斌主编：《公司重整法律评论（第2卷）》，法律出版社2012年版。

三、中国破产法的历史发展

(一) 中华人民共和国成立前破产法的历史

在我国传统法律制度上，由于商品经济长期不发达，加之"父债子还"的习惯法传统及伦理观念统治着中国长达 2000 余年，因此破产制度一直没有真正形成。到了 19 世纪中叶，伴随我国门户的开放，中外贸易的发展，传统的重农抑商转变为工商并举的政策，产生了破产制度的社会需求。1906 年，由修律大臣沈家本起草的《破产律》共 69 条，是我国历史上第一部有关破产的法律，但于两年后的 1908 年被明令废止。

中华民国成立后，在修订多种法律的同时，由北京法律修订馆参照德国和日本的破产法拟定了共计有 337 条的破产法草案(1915 年)。1926 年，该草案曾被暂予适用或援用，直至 1934 年，中华民国前司法行政部又起草了由实体法、程序法、复权和罚则 4 编组成，共计 333 条的破产法草案，并同时颁行了《商人债务清理暂行条例》。但是，这一行动也未实现立法上的突破。到 1935 年，民国立法院民法委员会迫于时事的需要，集前述破产法起草之经验，起草公布了《中华民国破产法》，分为总则、和解、破产、罚则共 4 章计 159 条，于 1935 年 7 月 17 日公布，翌日公布《破产施行法》，两法均自同年 10 月 1 日起施行。

(二) 中华人民共和国成立后的破产法律制度

我国破产法律制度是在中共十一届三中全会以后，随计划经济体制向市场经济体制转化和企业法人制度的确立而建立的。

1. 政策性破产制度(1994—2007 年)

政策性破产，又称计划内破产，是指国务院有关部门确定的纳入国家破产兼并计划并享受相应优惠政策的国有企业的破产。政策性破产始见于 1994 年。1994 年 10 月，《国务院关于在若干城市试行国有企业破产有关问题的通知》(国发〔1994〕59 号)规定，上海、天津等 18 个被国务院确定为优化资本结构试点工作的城市的国有企业破产，企业依法取得的土地使用权转让所得首先用于安置职工，企业在破产前为维持生产经营而向职工筹措的款项视为破产企业所欠职工的工资优先清偿。1986 年 12 月 2 日，第六届全国人大常委会第十八次会议通过了《中华人民共和国企业破产法(试行)》(以下简称《企业破产法(试行)》)。政策性破产除适用《企业破产法(试行)》外，优先适用国务院国发

〔1994〕59 号文、国发〔1997〕10 号文、国经贸企改〔1999〕301 号文及〔2000〕15号文等一系列政策规定。

　　鉴于《企业破产法(试行)》仅适用于全民所有制企业,而全民所有制企业以外的其他企业同样需要破产法的调整,所以,1991 年 4 月 9 日,第七届全国人大第四次会议通过的《中华人民共和国民事诉讼法》(以下简称《民事诉讼法》)在第二编(审判程序)中专设第 19 章"企业法人破产还债程序",适用于全民所有制企业以外的具有法人资格的集体企业、联营企业、私人企业以及设在中国领域内的中外合资经营企业、中外合作经营企业和外资企业等,可称之为非政策性破产。

　　《企业破产法(试行)》共有 6 章 43 条法律规定,《民事诉讼法》中的"企业法人破产还债程序"一章只有 8 个条文。随着我国经济体制改革的不断深入以及对市场经济体制改革目标的确立,这些较为笼统的规定,无论是在实体权利的处理方面还是在程序规范的适用方面,都不能完全满足经济体制改革和经济发展的需要,并日益暴露出其诸多缺陷,影响到对破产关系的正确调整。从各方面的反映看,这些缺陷主要包括:①受计划经济观念和体制的影响,立法理念和目标方面出现偏差,导致存在许多部分或者全部与市场经济不能相容的规定;②立法内容过于简单、粗糙,诸多制度存在疏漏,法律规范缺少可操作性;③对国外已有的成功立法经验与制度借鉴不足;④适用对象范围上存在较大的局限性,针对不同企业采取不同的制度,立法体制上的双轨制破坏了法制的内在统一;⑤一些新法的出台使其与其他法律之间的相互协调性不够,与相关破产法规和行政规章包括《国务院关于在若干城市试行国有企业破产有关问题的通知》之间存在冲突和矛盾等。因此,由于《企业破产法(试行)》及其配套制度日益凸显的缺陷,政策性破产注定不能长久,我国迫切需要一部新的市场化破产法。

　　2. 市场化破产制度(2007 年至今)

　　1994 年 3 月,全国人大财经委员会根据第八届全国人大常委会立法规划的要求,"抛开旧的窠臼,重新立法"①,着手组织新破产法的起草工作。1995年 9 月,全国人大财经委员会将新破产法草案提交全国人大常委会。从公布的第八届人大常委会 1995 年的立法规划来看,破产法应属于 1995 年出台的立法文件之一。但因种种原因,破产法草案并未付诸审议。2003 年,第十届全国人大财经委员会又成立新的破产法起草组。新的破产法起草组对破产法进行了

---

　　①　转引自徐阳光:《认真对待破产法》,载《月旦财经法杂志》2016 年第 1 期。

积极起草，广泛开展调研，多次召开立法座谈会，征求了各方面的意见，经过多次审查修改，经第十届全国人大常委会第二十三次会议于 2006 年 8 月 27 日通过《中华人民共和国企业破产法》（简称《企业破产法》）。自《企业破产法》施行之日起，《企业破产法（试行）》同时废止。《企业破产法》的颁布实施，使得我国建立起一套新的破产法律制度。

在前述立法过程中，塑造中国的市场经济国家地位以保障出口贸易中的国际贸易利益成为推动《企业破产法》出台的根本动力。欧盟 1998 年 4 月 27 日《第 905/98 号理事会条例》第 2 条规定，给予一国市场经济国家地位的标准之一，是企业应受破产法的约束和保护。《企业破产法（试行）》中的非市场化因素成为欧盟否认中国市场经济国家地位的理由。作为对欧盟评估中国市场经济国家地位问题的回应，一部符合市场经济规律的破产法就成为中国市场经济体制确立的重要标志，也成为中国融入世界经济贸易体系的重要条件。时任全国人大常委会副委员长李铁映在 2004 年 5 月 15 日长沙研讨会上指出，"破产法是确立市场经济基础的一个关键性法律"，"破产法要尽快争取出台"。至此，《企业破产法》草案终于在 2004 年 6 月提交全国人大常委会十届会议首次审议，于 2006 年 8 月 27 日审议通过。[①]

为正确适用《企业破产法》，结合审判实践，迄今为止最高人民法院公布了下列司法解释和规范性文件：2007 年 4 月 12 日，《最高人民法院关于审理破产案件指定管理人的规定》（法释〔2007〕8 号）；《最高人民法院关于审理破产案件确定管理人报酬的规定》（法释〔2007〕9 号）；2011 年 9 月 9 日，《最高人民法院关于适用〈中华人民共和国企业破产法〉若干问题的规定（一）》（法释〔2011〕22 号）；2012 年 10 月 29 日，《关于审理上市公司破产重整案件工作座谈会纪要》（法〔2012〕261 号）；2013 年 9 月 5 日，《最高人民法院关于适用〈中华人民共和国企业破产法〉若干问题的规定（二）》（法释〔2013〕22 号）；2016 年 7 月 6 日，《最高人民法院关于调整强制清算与破产案件类型划分的通知》（法〔2016〕237 号）；2016 年 7 月 26 日，《最高人民法院关于企业破产案件信息公开的规定（试行）》（法〔2016〕19 号）；2016 年 7 月 28 日，《最高人民法院关于破产案件立案受理有关问题的通知》（法〔2016〕469 号）；2017 年 1 月 20 日，《最高人民法院关于执行案件移送破产审查若干问题的指导意见》（法发〔2017〕2 号）；2018 年 3 月 4 日，《全国法院破产审判工作会议纪要》（法〔2018〕53 号）；2019 年 3 月 29 日，《最高人民法院关于适用〈中华人民共和国

---

① 参见徐阳光：《认真对待破产法》，《月旦财经法杂志》2016 年第 1 期。

企业破产法〉若干问题的规定(三)》(法释〔2019〕3 号);《最高人民法院关于推进破产案件依法高效审理的意见》(法发〔2020〕14 号)等。上述这些司法解释和规范性文件构成企业破产法律制度的重要组成部分。

《企业破产法》借鉴国外立法经验,确立了符合市场规律的救治和退出机制以及与之配套的市场化条件下的具体制度,初步实现了我国破产制度的法治化,在制度上终结了"政策性破产"时代,进入"市场化破产"的新时期。

四、《企业破产法》实施以来的审判实践

昏暗的厂房里,债权人代表打着手电检查设备;厂房外,一群愤怒的工人正在上访,一块石头狠狠地砸在公司的牌匾上,乱哄哄的场面让人揪心——这是中央电视台播放的反映中核华原钛白股份有限公司(以下简称"中核钛白")破产重整历程的纪录片《绝境求生》刚开始的画面。①

钛白粉是一种以二氧化钛为主要成分的白色颜料,俗称"工业味精",由于其无毒,越来越成为工业生产不可或缺的原料之一。其主要是作为着色剂,广泛应用于涂料、塑料、油墨、造纸、服装等行业。中核钛白前身为甘肃华原钛白分厂,主营钛白粉生产与销售,曾是业界龙头老大。2007 年 8 月 3 日,中核钛白在深圳证券交易所挂牌上市交易。由于经营管理问题,产量达不到设计产能,中核钛白一度陷入严重的财务危机。因 2008—2010 年连续经营性巨额亏损,中核钛白面临退市和破产危机。

2007 年 6 月 1 日实施的《企业破产法》引入了美国的破产重整制度。正是依据新破产法关于破产重整的相关规定,在甘肃省嘉峪关中级人民法院的主持下,中核钛白破产重整案通过将托管、重整与重组并行考虑,实现了托管、重整、重组的紧密衔接,做到了同行业并购和业务整合紧密衔接,持续经营与技术改造同步进行。既实现了企业经营的连续性,摆脱了清算退市的命运,实现了较高的清偿率,又实现了 1200 名职工全员就业,稳定了职工队伍。在破产法领域,中核钛白重整案是 2006 年《企业破产法》实施以来一个标志性的案例。2016 年 6 月 15 日,最高人民法院公布破产领域十大典型案例,其中就选入该案。《绝境求生》纪录片总策划、中国企业改革与发展研究会副会长周放生先生在中国政法大学放映这部纪录片时曾表示,他既希望用口述历史和影像的方式记录中国企业的发展和转型,亦希望这种影像资料能够成为大学商学

---

① 陈夏红:《一部影像中的破产重整史——〈绝境求生〉纪录片观后》,《法制日报》2016 年 8 月 15 日第 8 版。

院、法学院相关课堂的教学资料。

我国破产法的历史虽然短暂，但业已走过了 30 余个春秋。《企业破产法》及其司法解释构成了较为完整的破产法制度体系，破产审判机制不断健全。目前，北京、上海、深圳、广州、天津、温州等地已设立专门的破产法庭，全国法院已经设立 100 多家清算与破产审判庭，开启了破产审判专业化的进程。破产案件数量也逐年上升，近两年在经济发达地区呈井喷之势，① 破产法的理念、文化与规则也得到了更广泛的传播与认可。

随着我国改革开放的不断深化和社会主义市场经济的发展，我国政治、经济状况都已发生了深刻的变化，《企业破产法》已经不能完全满足需要。2018 年 8 月第十三届全国人大常委会立法规划发布，《企业破产法》的修订纳入立法规划，由全国人大财政经济委员会牵头修改这部法律。"具体企业破产法的修改规范的内容就是要根据党中央的决策部署，围绕供给侧结构性改革的要求和改善营商环境，在完善社会主义市场经济法律制度上下功夫，推动健全企业的破产法律制度。"②2019 年 7 月，经国务院同意，国家发展改革委、最高人民法院等十三个部门联合发布了《加快完善市场主体退出制度改革方案》，这一重要文件对市场主体退出制度的改革进行了全面的规划与设计，在指导思想上，强调要"按照市场化、法治化原则，建立健全市场主体退出制度，提高市场重组、出清的质量和效率，促进市场主体优胜劣汰和资源优化配置，推动经济高质量发展和现代化经济体系建设"。最终实现"逐步建立起与现代化经济体系相适应，覆盖企业等营利法人、非营利法人、非法人组织、农民专业合作社、个体工商户、自然人等各类市场主体的便利、高效、有序的退出制度"。目前，浙江省温州市、台州市已正式施行个人破产制度，并在社会上获得积极反响。将来通过全面修改《企业破产法》，《企业破产法》将更加科学有效，在市场出清、供给侧结构改革、处置僵尸企业、降杠杆、处置不良资产等方面发挥更大的功效。

---

① 2019 年 3 月 28 日，最高人民法院新闻发布会披露：2015 年供给侧结构性改革以来，破产案件爆炸性增长，每年保持超过 50%的增速，且逐年递增。2018 年全国法院新收强制清算与破产类案件 18823 件，同比增长 97.3%；审结 11669 件，同比增长 86.5%。

② 最高人民法院：《优化营商环境两个司法解释新闻发布会》，http://courtapp.chinacourt.org/zixun-xiangqing-148652.html，2019 年 3 月 28 日访问。

第三节　我国破产法的立法目的

立法目的是立法追求的价值目标。我国企业破产法开篇明义，表明了破产法立法的目的。《企业破产法》第1条规定："为规范企业破产程序，公平清理债权债务，保护债权人和债务人的合法权益，维护社会主义市场经济秩序，制定本法。"从本条的规定可以看出，破产法立法的目的包括以下内容：

一、规范企业破产程序

企业破产程序属于司法程序，人民法院审理企业破产案件，严格适用规范的企业破产程序。我国破产法律体系由《企业破产法》和相关司法解释组成，客观上讲还是比较完整且具有超前性的市场化破产法律规范体系。但《企业破产法》实施以来，各项破产法律制度在我国长期失灵，未能发挥应有的价值功能。清华大学国家金融研究院联合中国政法大学破产法与企业重组研究中心共同发布的《加强破产法实施、依法促进市场出清》（以下简称"报告"）披露，2007年6月新破产法实施后，全国各级法院审理的各类破产案件结案数量呈明显下滑趋势，由《企业破产法》实施前的4000案件降为2014年的2059件。与发达经济体相比，我国破产案件数量明显偏低。美国每年商业性质的破产案件结案数量约为3.93万件，是我国年平均审结企业破产案件数量的10.4倍。西欧国家中，英国公司年破产数量平均1.8万家，德国公司年破产数量平均3万家，法国公司年破产数量平均为5.5万家，均远高于我国年平均审结企业破产案件数量。[1] 近几年，由于中央着力推进供给侧改革，全国各级法院受理破产案件的数量稳步上升，但与清理僵尸企业的市场化需求仍有不少的差距。造成这样局面的原因有很多，其中，破产法律规范自身不足是一个主要因素。如尚缺个人破产、企业合并破产、跨境破产以及市场化破产配套法律制度等。因此，《企业破产法》已出现与中国市场经济不相适应的一面，这正是从事破产理论研究和实务的"破人"呼吁修改《企业破产法》，完善破产程序的原因。

二、公平清理债权债务，保护债权人和债务人的合法权益

破产法是以公平清偿债务为目标。债务人不能清偿到期债务时，通过破产

---

[1]　吴晓灵、李曙光：《加强破产法实施 依法促进市场出清（总报告）》，清华五道口网站，http://www.pbcsf.tsinghua.edu.cn/content/details414_12447.html，2018年8月7日访问。

程序可以合理地协调众多债权人的债权如何受偿而发生的利益冲突。比如，一家工业企业进入破产重整程序，就有众多不同利益主体的诉求。有债权人的不同利益诉求，如员工工资及社会保险金、供应商的货款、金融债权和民间借款等，还有国家税收、股东的出资权益、债务人的利益以及战略投资者的利益，甚至涉及地方政府维稳等社会利益。破产重整程序旨在搭建一个可以对所有利益进行平衡或者博弈的平台。企业一旦重整成功，企业债务危机得到化解，债权人和债务人的合法权益就会得到公平合理的实现。

三、维护社会主义市场经济秩序

市场经济健康、有效运行，依赖市场经济法律制度的维护和保障。市场经济运行法律体系由三部分构成：市场准入法、市场交易法和市场退出法。市场准入法就是对市场主体资质的规范与确认法，如公司法；市场交易法是界定市场公平诚信交易的行为规则，如合同法；市场退出法则是市场竞争失败者退出市场或司法救助的特别机制，主要就是破产法。这三方面的法律制度构建起市场经济运行的法律体系。[①] 市场经济是通过商品交换运转的经济模式，商品交易是其资源配置的主要方式。信用交易即钱货交换时间隔开的交易是最重要的交换手段，信用关系是维系市场经济正常运转与资源配置的关键。信用交易借贷关系就是法律上的债。保证债务关系实现是确立市场经济秩序的基础，是任何一个市场经济国家在法律上必须解决的问题。债务人有清偿能力时的债务清偿，可以通过诉讼执行等制度解决。但债务人丧失清偿能力时，因无财产还清全部债务，导致多数债权在债务人有限财产的权利竞合上，使债务清偿矛盾从债权人与债务人之间扩展到债权人之间。这时只解决债权人与债务人个别清偿矛盾的诉讼与执行等制度已不能公正、有序地解决新问题，需要一种集体清偿法律制度来调整，这就是破产法。

在债务关系的保护上，破产法具有其他法律没有的特殊调整作用，即在债务人丧失清偿能力时，停止个别清偿程序，启动集体清偿程序，解决因多数债权在债务人有限财产上竞合而在债权人间发生的矛盾，保证对全体债权人公平、有序的清偿，并通过重整、和解、免责等法律制度挽救企业、维护债务人的正当权益，保障社会秩序，实现社会实质公平，进而保障市场对资源的配置效用，促进社会和谐发展。所以欧盟在其立法中将破产法视为判定一国是否属

---

① 李曙光：《完善破产制度：推进供给侧结构性改革》，微信公众号："破产法快讯"，2016 年 2 月 26 日。

于市场经济国家的重要标准，而杭州 G20 会议的中美会谈成果中也专门列出了破产法的问题。因此，破产法是市场经济最为重要的法律制度。①

改革开放以来，我国经济快速发展，取得了巨大成就，一跃成为世界第二大经济体。但是，我国经济也面临严峻的挑战，阻滞经济良性运行的负面因素和潜在风险与日俱增，尤其是企业因资金链和担保链断裂引发系统性金融风险已不断显现，严重影响了我国经济发展秩序良性运转和社会稳定。目前，防控系统性金融风险是中央经济工作的重中之重。要防范化解金融风险，就要进一步明确加强供给侧结构性改革，抓好去产能、去库存、去杠杆、降成本、补短板五大任务，尤其强调要积极稳妥化解产能过剩，依法为实施市场化破产程序创造条件，尽可能多兼并重组，少破产清算，严格控制增量，防止新的产能过剩。在深入学习贯彻党的十九大精神，深化供给侧结构性改革的背景下，企业破产法作为挽救危困企业、规范市场主体退出的法律制度，是我国市场经济法律体系的重要组成部分，对淘汰落后产能、促进市场经济的健康发展起着重要作用。

第四节 《企业破产法》的适用范围

法律的适用范围，即法律的效力范围，是指法律的时间效力、对人的效力和空间效力。《企业破产法》的适用范围主要是指对企业法人的效力及破产法的域外效力。

一、《企业破产法》的主体适用范围

《企业破产法》第 2 条规定："企业法人不能清偿到期债务，并且资产不足以清偿全部债务或者明显缺乏清偿能力的，依照本法规定清理债务。企业法人有前款规定情形，或者有明显丧失清偿能力可能的，可以依照本法规定进行重整。"根据本条第 1 款，《企业破产法》适用于企业法人，包括一人有限责任公司、有限责任公司、股份有限公司和其他取得法人资格的各种类型的企业。

（一）企业法人是指营利法人

我国《民法通则》将法人分为企业法人、机关法人、事业单位法人、社会

---

① 王欣新：《破产法实施十周年的回顾与展望》，微信公众号："中国破产法论坛"，2017 年 6 月 16 日。

团体法人四类，后三类又统称为非企业法人。《中华人民共和国民法总则》(以下简称《民法总则》)修改了《民法通则》关于法人的分类，将法人分为营利法人、非营利法人和特别法人。《民法总则》第76条规定："以取得利润并分配给股东等出资人为目的成立的法人，为营利法人。营利法人包括有限责任公司、股份有限公司和其他企业法人等。"

但是，《民法总则》第73条规定了"法人破产"①，从体系上看，此条列于"法人一般规定"中，意味着承认了所有法人均可为破产主体。这要看将来《企业破产法》修改时如何依据《民法总则》的规定作出相应的修改。

另外，《企业破产法》第134条对金融机构的破产作出了特别的规定。2015年3月31日，中国已经正式颁布了《存款保险条例》，为银行破产提供托底保障。按照该条例，如果银行破产，储户最多可获得50万元的赔付，也就意味着超过50万元部分的存款将得不到赔付。随着相关法律法规出台，那些经营出现风险、经营出现失败的金融机构退出市场，有序破产的日子将很快到来。

另外，根据《最高人民法院关于个人独资企业清算是否可以参照适用企业破产法规定的破产清算程序》的规定，对因资不抵债无法继续办学被终止的民办学校，人民法院组织破产清算的，参照适用《企业破产法》规定的程序，并依照《中华人民共和国民办教育促进法》第59条规定的顺序清偿。②

(二)其他法律规定企业法人以外的组织

《企业破产法》第135条规定："其他法律规定企业法人以外的组织的清算，属于破产清算的，参照适用本法规定的程序。"

现行法只规定了合伙企业和个人独资企业的破产清算参照《企业破产法》规定的程序。

1. 合伙企业不能清偿到期债务的，债权人可以依法向人民法院提出破产清算申请。《合伙企业法》第92条规定："合伙企业不能清偿到期债务的，债权人可以依法向人民法院提出破产清算申请，也可以要求普通合伙人清偿。合伙企业依法被宣告破产的，普通合伙人对合伙企业债务仍应承担无限连带

---

① 《民法总则》第73条："法人被宣告破产的，依法进行破产清算并完成法人注销登记时，法人终止。"

② 《最高人民法院关于个人独资企业清算是否可以参照适用企业破产法规定的破产清算程序的批复》(法释〔2012〕16号)。

责任。"

2. 个人独资企业不能清偿到期债务，并且资产不足以清偿全部债务或者明显缺乏清偿能力的情况下，可以参照适用《企业破产法》规定的破产清算程序进行清算。①

二、企业破产法境外效力

（一）中国破产程序境外效力

《企业破产法》第 5 条第 1 款规定："依照本法开始的破产程序，对债务人在中华人民共和国领域外的财产发生效力。"一般认为，我国破产程序境外效力应包括《企业破产法》第 16 条至第 20 条的内容。我国破产程序对债务人在中华人民共和国领域外的财产发生效力应当指：

（1）破产财产的范围，不只限于债务人在国内的财产，还包括债务人在国外的财产；

（2）人民法院受理破产案件后，债务人的债务人或者财产持有人，包括债务人在境外的债务人或者财产持有人应当向管理人清偿债务或者交付财产；

（3）人民法院受理破产申请后，有关债务人财产在国外的保全措施也应当解除，执行程序应当中止；在国外已经开始而尚未终结的有关债务人的民事诉讼或者仲裁应当中止。在管理人接管债务人的财产后，诉讼或者仲裁继续进行；

（4）人民法院受理破产申请后，债务人以其境外的财产对个别债权人实施的债务清偿无效。

中国破产程序境外效力实际上涉及跨境破产问题，是指债务人在中华人民共和国境内且具有境外因素的破产，境外因素包括债务人、债权人、破产财产、破产事由等跨境因素。学理上通常把跨香港、澳门、台湾地区的破产归并为跨境破产。中国首例涉外公司破产案发生于 1992 年，广东省深圳市中级人民法院受理了深圳市友谊纺织品商行申请宣告深圳富友塑料有限公司破产案。中国在国际上影响最大的跨境破产案件当属 1999 年的广东国投及其全资子公司破产案。广东国投破产案是中国首例非银行金融机构破产案件，涉及债权人320 人，申请债权总额 387.7 亿元人民币，其中境外债权额约占 80%。经清

---

① 《最高人民法院关于个人独资企业清算是否可以参照适用企业破产法规定的破产清算程序的批复》（法释〔2012〕16 号）。

算，广东国投总负债 361.65 亿元，资不抵债 146.9 亿元。该系列案件采用"一拖三"的审理模式、聘请中介机构参与破产清算工作、在债权人会议中设立债权人主席委员会等做法在中国法院属于首创。在该案审理过程中，对 2 万多自然人 5.9 亿多元的存款兑付问题及广东国投属下 9 家证券营业部 8 万多股民的保证金被挪用问题进行了巧妙的技术性处理。广东省政府委托中国银行广东省分行收购案涉个人存款，取得对广东国投的存款债权，在广东国投宣告破产后以债权人身份申报破产债权，平等参与破产财产分配。另对广东国投属下 9 家证券营业部先行托管经营，在破产清算中进行整体竞价转让，所得收入列入破产财产进行分配。这个做法，既不违反有关破产、证券的法律法规，又维护了社会稳定。香港高等法院认定广东国投破产程序透明、公正，平等对待所有债权人，最终承认广东国投破产宣告裁定的效力。在对外债权追收上，广东国投首创国内对外债权统一指定执行的追收方式，收回财产 15.1 亿元；对广东国投在国内其他省市的财产追回约 5.4 亿元；对在包括美国、我国香港地区等地的境外财产，由破产清算组依据当地法律予以回收，共计追回约 2.3 亿元。至破产程序终结前，广东国投经过三次破产财产分配，债权清偿率达到 12.52%。破产程序终结后，清算组继续进行工作，陆续追回及分配破产财产。2017 年 6 月 29 日，广东国投最后一笔重大资产以 551 亿元天价成功拍卖，追加分配后，广东国投的破产债权将得到百分百清偿。①

随着经济全球化和贸易自由化的不断深入，我国境内投资者跨境贸易与投资日益常态化，跨境破产的法律问题日渐凸显。2016 年 11 月 23 日，由中国与全球化智库（CCG）研究编写、社会科学文献出版社出版的企业国际化蓝皮书《中国企业全球化报告（2016）》指出，2015 年，中国首次成为全球第二大对外投资国。2015 年、2016 年，中国成为资本净输出国，已经从商品输出为主进入商品和资本输出并重的阶段。② 2017 年全年，我国境内投资者共对全球 174 个国家和地区的 6236 家境外企业新增非金融类直接投资，累计实现投资 1200.8 亿美元。我国企业对"一带一路"倡议沿线的 59 个国家有新增投资，合计 143.6 亿美元，占同期总额的 12%，比去年同期增加 3.5 个百分点。③ 随着

---

① 杨靖：《中国跨境破产研究综述》，广东法院网站，http://www.gdcourts.gov.cn/web/content/40940-?lmdm=1041，2018 年 8 月 11 日访问。

② 《专家：中国首次成为资本净输出国》，人民网，http://world.people.com.cn/n1/2016/1123/c57506-28891106.html，2018 年 8 月 11 日访问。

③ 《2017 年全年我国对外投资合作有关情况》，中国商务部网站，http://www.mofcom.gov.cn/article/ae/ag/201801/20180102699398.shtml，2018 年 8 月 11 日访问。

"一带一路"倡议的深入推进，中国与沿线国家的经济交往更加频繁，跨境破产案件的数量将会越来越多。我国跨境破产方面的立法过于简单，法律实践经验不足，加强和完善跨境破产法律制度建设已是当务之急。

（二）我国对外国破产裁判的承认

《企业破产法》第5条第2款规定："对外国法院作出的发生法律效力的破产案件的判决、裁定，涉及债务人在中华人民共和国领域内的财产，申请或者请求人民法院承认和执行的，人民法院依照中华人民共和国缔结或者参加的国际条约，或者按照互惠原则进行审查，认为不违反中华人民共和国法律的基本原则，不损害国家主权、安全和社会公共利益，不损害中华人民共和国领域内债权人的合法权益的，裁定承认和执行。"

2001年广东省佛山市中级人民法院（以下简称佛山中院）受理的 B&T Ceramic Group s.r.1 有限公司申请承认和执行意大利法院破产判决一案，是中国大陆第一次以司法裁定的形式承认境外破产程序的域外效力的案件。佛山中院根据中意之间的司法协定包含相互承认民事裁决的内容，直接承认了意大利法院作出的破产判决的法律效力。

有不少外国法院承认中国破产程序的案例，如2014年浙江尖山光电股份有限公司破产重整案中，该公司在美国的代表向美国法院提交申请，请求承认这项中国破产重整程序获得在美国的域外效力并给予相应的破产救济。该申请得到了美国联邦破产法院的批准，是美国法院首次承认中国破产程序的案件。①

2020年6月10日，新加坡高等法院大法官维诺德·库马拉斯瓦米（Vinodh Coomaraswamy）签署《命令》，认可南京破产法庭审理的江苏舜天船舶发展有限公司破产清算程序为外国主要程序以及该案管理人身份。该案系首例新加坡法院认可我国破产主程序及破产管理人身份的破产案件。②

随着经济全球化进程的加快，美国、日本、韩国等发达国家和欧盟都采纳了《联合国国际贸易法委员会跨国界破产示范法》（以下简称《示范法》），各国互相承认破产程序效力。随着中国企业国际化步伐加快，企业也可能成为跨境

① 杨靖：《中国跨境破产研究综述》，广东法院网站，http://www.gdcourts.gov.cn/web/content/40940-? lmdm=1041，2018年8月11日访问。
② 宁法宜、万承源：《首例！我国破产程序及破产管理人身份获新加坡法院认可》，扬子晚报网，http://www.yangtse.com/zncontent/614607.html，2020年8月14日访问。

破产案件的主体，由于中国未采纳《示范法》，也未加入任何有关跨境破产的多边条约，中国企业将无法依《示范法》相关规定向外国法院申请承认破产程序，只能基于双边协定或目标国家国内法向相关国家申请承认我国法院的破产判决/裁定。如果中国企业的财产在境外被查封扣押，而中国法院的破产判决/裁定又不能得到该国承认，国内债权人平等受偿的权利将可能受到不利影响。①

　　近年来，许多学者建议我国加入，2018 年《最高人民法院关于跨境破产司法协助若干问题的指导意见(征求意见稿)》已向社会公布。最高人民法院制定有关跨境破产司法协助的指导意见，将对加强我国与其他国家和地区法院之间在破产案件的国际合作，公正高效审理跨境破产案件，树立我国司法的良好开放形象具有重要意义。

---

　　① 钱颜：《中国债权人如何应对国际航企破产？——航运史上最大破产案启示(下)》，中国贸易新闻网站，http：//www.chinatradenews.com.cn/shangshi/201801/09/c9279.html，2018 年 8 月 11 日访问。

第二章　破产的申请和受理

第一节　破产能力与破产原因

一、破产能力相关概述

破产能力（Ronrwrsguhigkeit）概念源于德国破产法理论，破产能力即破产的主体资格，是指"债务人能够使用破产程序解决债务清偿问题的资格，亦即民事主体得被宣告破产的资格"①。民事主体的破产能力不仅是破产程序开始的必要条件之一，而且是构成法院宣告债务人破产的必要条件。没有破产能力的债务人，法院不得宣告其破产。

（一）国外关于破产法适用范围的立法例

破产能力涉及的范围主要包括自然人、法人及其他组织等。各国出于社会政策需要或因立法历史背景不同，对具有破产能力的主体范围作出不同的规定。概括来讲，各国关于破产能力有两种立法例：一般破产主义和商人破产主义。②

1. 一般破产主义

一般破产主义主张对所有人不能清偿债务的情况均适用破产程序解决，不因是否为商人而有区别。它承认所有民事主体的破产能力，不能清偿债务的自然人、法人乃至遗产，均可由债务人自己或债权人向法院申请破产。一般破产主义已被西方发达国家破产立法采取，成为现代破产立法的趋势。

（1）美国破产法。其第 101 条和 109 条规定，在美国居住或在美国有住所

---

① 范建、王建文：《破产法》，法律出版社 2009 年版，第 2 页。
② 齐树洁：《破产法研究》，厦门大学出版社 2004 年版，第 73 页。

地、营业场所或财产的个人、公司和合伙等债务人皆可成为破产主体。①

（2）英国破产法。1986年英国颁布了《1986年破产法》，将自然人破产与公司破产合为一体。英国法还规定，不仅本国自然人可以被宣告破产，在英国从事贸易或居住于英国的外国自然人或其代理人，受英国法院的管辖，也可被宣告破产，但是享有外交豁免权者例外。此外，遗产在英国法上也有破产能力。②

（3）德国破产法。《德国破产法》可以对所有的民事主体包括遗产均赋予破产能力，该法第11条规定，破产程序可以对任何(有生命的)自然人和任何法人的财产启动，还可以对无法律人格公司的财产启动；无权利能力的社团等同于法人；破产程序也可以对遗产、持续共同共有关系中的共有财产或配偶共同管理的共有财产进行。③

（4）日本破产法。凡具有民事诉讼之当事人能力的，原则上具有破产能力。自然人都具有破产能力，即使没有行为能力也不例外。自然人的破产能力因死亡而消灭。遗产具有破产能力。④

2. 商人破产主义

商人破产主义是指破产法仅适用于商人而不适用于非商人。这一原则起始于1807年的《法国商法典》。商人破产主义立法例在20世纪后虽然发生了很大的变化，破产法的适用开始向非商人扩展。但是，对于商自然人的适用却仍然是相当严格的，非商人的法人实体或许可以适用破产法，而非商人的自然人却仍被排除在适用破产法之外。现在法国已修改了立法，也采取一般主义。

（二）我国破产法关于破产能力的规定

《企业破产法》第2条明确规定："企业法人不能清偿到期债务……"可见，我国只有承担有限责任的各种所有制企业法人营利法人才具有破产能力。自然人、非营利法人及其他社会组织均不具有破产能力。但是，虽然《企业破产法》的适用范围为"企业"，但该法为企业之外的法人和非法人组织如农民专业

---

① 李飞主编：《当代外国破产法 》，中国法制出版社2006年版，第446~469页。
② 黄兴志：《我国破产法律问题研究》，黑龙江大学2004年硕士学位论文，第26页。
③ 参见[德]莱因哈德·波克：《德国破产法导论(第六版)》，王艳柯译，北京大学出版社2014年版，第14~17页。
④ 参见樊穗：《论个人破产》，载《法制与社会》2009年第16期。

合作社、民办学校、合伙企业、个人独资企业参照适用《企业破产法》作出开放性的规定。① 按照《北京市高级人民法院企业破产案件审理规程》关于对债务人破产能力审查的规定，被申请破产的企业应具有企业法人资格。其他法律规定企业法人以外的组织的清算，属于破产清算的，参照适用《企业破产法》规定的程序。目前，合伙企业、民办学校、农民专业合作社、个人独资企业可参照适用破产清算程序。② 这些规定比较客观地概括了我国现行法律关于破产能力的一般规定和特别规定。

随着我国市场经济制度的逐步完善，自然人越来越多地参与到社会经济活动中来，自然人的破产能力已是理论研究的热点问题。个人破产是市场经济发展的必然产物，是现代法治国家的必然要求。现今市场经济较为发达的国家和地区，比如美国、英国、法国、日本，都建立了比较完善的个人破产制度。在我国，个人破产制度的确立可以缓解法院执行难的问题，化解长期悬置的债权债务关系，可以有效地促进我国个人财产公示制度的建立，促进个人信用体系的完善，同时也可以利用破产免责的功能，鼓励债务人通过破产制度从沉重的债务中解脱出来。许多学者呼吁建立我国个人破产制度。早在 2019 年 2 月，最高人民法院就提出要推动建立个人破产制度；2019 年 7 月 16 日，国家发改委等 13 个部门联合印发《加快完善市场主体退出制度改革方案》，提出研究建立个人破产制度，重点解决企业破产产生的自然人连带责任担保债务问题。2019 年 9 月 27 日，全国首例具备个人破产实质功能和相当程序的个人债务集中清理案件已经顺利办结。月收入 4000 元、资产不到 5 位数，却负债 214 万余元的某破产企业股东蔡某，在温州市平阳县人民法院的积极实践下取得 4 位债权人的谅解，最终只需偿还 3.2 万余元，且能保持一定程度的生活"体面"。③ 2020 年 4 月 29 日，《深圳经济特区个人破产条例（草案）》已提请深圳市人大常委会会议审议，个人破产制度在深圳正式"破冰"。2020 年 5 月 18日，中共中央、国务院发布的《关于新时代加快完善社会主义市场经济体制的意见》提出"推动个人破产立法"的要求，我国建立个人破产制度已经势在必行。

---

① 参见本书第一章第四节《〈企业破产法〉的适用范围》。

② 《北京市高级人民法院企业破产案件审理规程》（2013 年 7 月 22 日）第 5、6 条。

③ 参见李卓雅、朱健勇：《温州审结全国首例"个人破产"案》，《北京青年报》2019年 10 月 11 日第 8 版。

二、破产原因

(一)破产原因的含义

破产原因,又称"破产界限",是指认定债务人丧失清偿能力,当事人得以提出破产申请,法院据以启动破产清算程序或者破产重整程序即受理破产案件的法律事实,也就是引起破产程序发生的原因。

掌握破产法中规定的破产原因,必须首先将破产原因与企业破产的原因区别开来,企业破产的原因是指企业生产经营所处的经济方面的因素,它可能是因为国家的产业政策调整,使得企业生产成本提高,难以维持经营,也可能是因为企业生产经营的决策者没有看清市场商机,导致经营失误使得企业承担过重的债务而破产,还可能是其他各种各样的市场行为导致企业不能继续经营。但破产法规定的破产原因是指可以适用破产制度的原因,它是不考虑企业因何种缘故走向破产,只考虑人民法院在决定对企业适用破产制度时该企业所处的法律状态是否符合破产法的规定。这个静态的法律状态就是破产法规定的破产原因,它是破产制度可以适用的原因,而非导致企业破产的经济原因。

《企业破产法》第2条规定:"企业法人不能清偿到期债务,并且资产不足以清偿全部债务或者明显缺乏清偿能力的,依照本法规定清理债务。企业法人有前款规定情形,或者有明显丧失清偿能力可能的,可以依照本法规定进行重整。"本条即为我国破产法所规定的破产原因。

(二)破产原因的认定和法律适用①

我国企业破产法程序包括和解、重整和破产清算三大程序。不同的破产程序适用法定的破产原因有所不同。例如解散公司的破产程序简单适用"资不抵债"标准。对于破产重整程序,《企业破产法》还规定了更为宽松的破产原因,即企业法人"有明显丧失清偿能力可能的"。因此,认定不同的破产程序适用的破产原因就有所不同。

我们先从一则破产申请案例看破产原因的认定和法律适用。

---

① 主要参考《最高人民法院民二庭负责人就〈破产法司法解释(一)〉答记者问》,最高人民法院网站http://www.court.gov.cn/zixun-xiangqing-3154.html,2018年8月12日访问。

【案例 2-1】

严京泉申请江苏明日汽车销售服务有限公司破产清算案

申请人严京泉以被申请人经营不善，债务长期无法偿还，严重资不抵债为由，于 2014 年 7 月 11 日向江苏省扬州市邗江区人民法院申请对被申请人江苏明日汽车销售服务有限公司(以下简称明日公司)进行破产清算。法院认为，申请人提供的证据仅表明申请人对被申请人享有到期债权，被申请人未能清偿到期债务。法律规定法院受理破产案件除被申请人不能清偿到期债务，还需具备资产不足以清偿全部债务或明显缺乏清偿能力。被申请人现虽停业，主要财产被抵押且正被法院强制执行，但这些都不能证明被申请人资不抵债或明显缺乏清偿能力。据此邗江区人民法院(2014)扬邗破字第 001 号裁定不受理严京泉对明日公司的破产清算申请。申请人严京泉不服一审裁定，上诉至扬州市中级人民法院。严京泉上诉称：一审法院认为现有证据不能证明明日公司资不抵债或明显缺乏清偿能力，是认定事实错误；在债权人申请债务人破产清算的审查程序中，一审法院将本应属于债务人对破产原因的举证责任，不当地由债权人承担，是适用法律错误。二审法院认为，上诉人严京泉提交的相关证据能够证明其与明日公司的债权债务关系依法成立；债权人履行期限已经届满；明日公司未完全清偿债务。故人民法院应当认定债务人明日公司不能清偿到期债务。同时，因明日公司资产不足以清偿全部债务；且明显缺乏清偿能力。故人民法院应当认定其具备破产原因。据此扬州市中级人民法院(2014)扬商破终字第 00002 号裁定撤销一审不予以受理破产申请的裁定，指定一审法院受理破产申请。①

本案系债权人提出的申请破产清算案件，一审与二审法院在破产原因的认定上存在重大的区别。

关于破产原因，我国《企业破产法》采取概括主义立法模式。根据《企业破产法》第 2 条第 1 款关于"企业法人不能清偿到期债务，并且资产不足以清偿全部债务或者明显缺乏清偿能力"的规定，判断债务人是否存在破产原因有两个并列的标准：一是债务人不能清偿到期债务并且资产不足以清偿全部债务；

---

① 参见谈志全：《从一则破产申请案例，看破产申请举证责任分配及破产原因的认定》，http://blog.sina.com.cn/s/blog_58b383fc0102vy7x.html，2020 年 7 月 1 日最后访问。

二是债务人不能清偿到期债务并且明显缺乏清偿能力。因此，人民法院在债务人具备"不能清偿到期债务并且资产不足以清偿全部债务"，或者"不能清偿到期债务并且明显缺乏清偿能力"的破产原因之一时，方能裁定受理债务人的破产清算申请。

在认定债务人是否具备破产原因时，一定要注意区分破产原因与申请人提出债务人破产申请的条件这两个不同的概念。《企业破产法》第2条和第7条分别就上述两个概念作出了规定。破产原因是人民法院在判断破产申请是否应予受理时审查的内容，而提出债务人破产申请的条件是申请人向人民法院提出债务人破产申请时应当具备的要件。对于债务人自行提出破产申请的，债务人的破产原因和其提出破产申请的条件是一致的，但对债权人而言，则差别很大。根据《企业破产法》第7条第2款的规定，债务人不能清偿到期债务是债权人提出债务人破产申请的条件，债权人向人民法院提出申请时，只要证明债务人不能清偿其到期债务即可。至于债务人系基于什么原因不能清偿其到期债务，以及债务人是否出现了"不能清偿到期债务并且资产不足以清偿全部债务"，或者"不能清偿到期债务并且明显缺乏清偿能力"的破产原因，无需债权人提出债务人破产申请时举证证明。因此，只要债权人提出申请时能证明债务人不能清偿其到期债务，且债务人未能依据《企业破产法》第10条第1款的规定，及时举证证明自己既非资产不足以清偿全部债务，也没有明显缺乏清偿能力的，人民法院即可当然推定债务人出现了上述两个破产原因之一。因此，在债权人申请债务人破产清算的情形下，不能清偿到期债务既是债权人提出破产申请的条件，也是债务人存在破产原因的推定依据。

上述案例中，作为债权人的上诉人严京泉，已完成了"债务人不能清偿其到期债务"的举证责任，一审法院对此也予以了认定。而作为债务人江苏明日汽车销售服务有限公司在规定的异议期限内，未予答复。人民法院即可当然推定债务人出现两个破产原因之一。一审法院将本应属于债务人对破产原因的举证责任，不当地由债权人承担，是适用法律错误。

(三)关于破产原因中"不能清偿到期债务"的认定

司法实践中，对于《企业破产法》第2条第1款规定的破产原因的认定标准，存在不同的理解和认识。要明确破产原因的认定标准，首先要明确"不能清偿到期债务"的构成要件。这是由于根据《企业破产法》第2条第1款和第7条第2款的规定，"不能清偿到期债务"是两个破产原因共同前提。明确"不能清偿到期债务"的含义，是理解破产原因认定标准的关键。"不能清偿到期债务"是指债务人以明示或默示的形式表示其不能支付到期债务，其强调的是债务人不能清偿债务的外部客观行为，而不是债务人的财产客观状况。根据《最高人民法院关于适用〈中华人民共和国企业破产法〉若干问题的规定（一）》（以下简称《破产法司法解释一》）第2条的规定，认定不能清偿到期债务应当同时具备三个方面的要件：第一，债权债务关系依法成立。债权债务关系依法成立是指债务人不否认债务的存在或者无正当理由否认债权债务关系，经法院进行形式审查后，没有发现任何证据支持或者明显与事实不符的，或者债务已经生效法律文书确定，即可构成债权债务关系依法成立。第二，债务人不能清偿的是已到偿还期限的债务。如果债权人在债务到期前认为债务人到期后将无法偿还，不能视为不能清偿。破产程序本质上属于概括执行程序，债务尚未到期的，债务人不负有立即履行的义务，故不应受执行程序的约束。第三，债务人未清偿债务的状态客观存在。不论债务人的客观经济状况如何，只要其没有完全清偿到期债务，均构成不能清偿到期债务。将不能清偿到期债务作为破产原因中的主要依据，尤其是作为债权人申请债务人破产清算时破产原因的推定依据，易于为债权人发现和举证证明，能够使债权人尽早启动破产程序，从而保护债权人的合法权益。

（四）关于破产原因中"资产不足以清偿全部债务"的认定

资产不足以清偿全部债务是指债务人的实有资产不足以清偿全部债务，即通常所说的"资不抵债"或"债务超过"。资不抵债的着眼点是资债比例关系，考察债务人的偿还能力仅以其实有财产为限，不考虑信用、能力等可能影响债务人清偿能力的因素，计算债务数额时，不考虑是否到期，均纳入债务总额之内。通常用来判断债务人是否资不抵债的标准为资产负债表，其反映了企业资产、负债、所有者权益的总体规模和结构，以此判断债务人的资产状况具有明确性和客观性。但是，考虑到资产负债表反映的企业资产价值具有期限性和不确定性，在其由企业自行制定的情况下甚至可能存在严重的造假情况，因此，《破产法司法解释一》第3条同时规定审计报告或者资产评估报告等也可作为判断债务人是否资不抵债的依据。资产不足以清偿全部债务是对债务人客观偿债能力的判断，因此应当以债务人的真实财产数额为基础，如果当事人认为债务人的资产负债表、审计报告或者资产评估报告等记载的资产状况与实际状况不符的，应当允许当事人提交相应证据予以证明，从而推翻资产负债表、审计报告或者资产评估报告的结论。

（五）关于破产原因中"明显缺乏清偿能力"的认定

明显缺乏清偿能力是指债务人因丧失清偿能力而无法偿还到期债务的客观财产状况，即不能以财产、信用或者能力等任何方式清偿债务。债务人不能清偿到期债务时通常都已资不抵债，但有的情况下，在债务人账面资产尚未超过负债时，也可能因资产结构不合理而对到期债务缺乏现实支付能力，如发生现金严重不足、资产长期无法变现等无法支付的情况。明显缺乏清偿能力的着眼点在于债务关系能否正常了结，与资不抵债的着眼点在于资债比例关系不同。《企业破产法》将"债务人不能清偿到期债务并且明显缺乏清偿能力"作为破产原因之一，目的在于涵盖"债务人不能清偿到期债务并且资产不足以清偿全部债务"之外的其他情形，以适度缓和破产程序适用标准，弱化破产原因中关于资不抵债的要求。《破产法司法解释一》第4条列举了明显缺乏清偿能力的五种主要情形：一是因资金严重不足或者财产不能变现等原因，无法清偿债务；二是法定代表人下落不明且无其他人员负责管理财产，无法清偿债务；三是经人民法院强制执行，无法清偿债务；四是长期亏损且经营扭亏困难，无法清偿债务；五是导致债务人丧失清偿能力的其他情形。

（六）企业法人解散时破产原因的认定

《企业破产法》第7条第3款规定："企业法人已解散但未清算或者未清算完毕，资产不足以清偿债务的，依法负有清算责任的人应当向人民法院申请破产清算。"只要债务人"资不抵债"即债务人的实有资产不足以清偿全部债务，就能认定企业法人解散时出现破产原因。

第二节　破　产　申　请

一、破产申请的概念

破产申请就是破产申请人依法向有管辖权的人民法院提出，请求裁定对债务人适用破产程序的民事法律行为。由于我国破产程序的启动采取申请主义，所以破产申请是启动破产程序的绝对条件，没有相应的主体提出申请，法院就不能启动破产程序。需要强调的是，破产申请只是启动破产程序的动因，并非是破产程序的开始。

二、破产申请的主体

(一)债权人

债权人提出的破产又称非自愿性破产,《企业破产法》第7条第2款规定:"债务人不能清偿到期债务,债权人可以向人民法院提出对债务人进行重整或者破产清算的申请。"对债权人利益的保护是《企业破产法》的重要价值目标之一,因此,债权人作为破产申请的主体应是不言自明之理。但是,这里指的债权人一般是指普通债权人。特殊债权人的破产申请权要根据不同情形予以分别审查。

(1)附条件债权与附期限债权的破产申请权。附条件债权与附期限债权在债务人破产宣告后可以作为破产债权并没有异议,但是对其是否享有破产申请权一直存有争议。附条件债权与附期限债权是否享有破产申请权与破产法对破产原因的规定有关,根据我国破产法的规定,破产原因中含有不能清偿到期债务的元素,因此附条件债权与附期限债权因其债权行使条件未成就,不应享有破产申请权。

(2)有财产担保与法定优先权保障的债权的破产申请权。有财产担保与法定优先权保障的债权是否享有破产申请权,依债权性质分析,赋予有财产担保的债权人破产申请权更为合理,且有财产担保的债权人除有受偿权利外,还可能存在其他利益,如是否维系债务人的存在,是否启动和解与重整程序等,破产申请权可以作为有财产担保的债权人达到正当目的的手段。我国破产法未就职工债权人的破产申请权作出明确规定,原则上应理解为"未予禁止"。

(3)自然债权和丧失执行请求权的破产申请权。自然债权和丧失执行请求权的债权因丧失执行力不应享有破产申请权。

(4)税收以及罚款、罚金等公法上债权人的破产申请权。通说认为,公法上的债权人无破产申请权。关于公法债权人是否可以提起破产申请,有的学者认为税收债权人应享有申请权。笔者认为不宜允许此类债权人申请债权人破产。理由主要是,公法机构既可以通过民事诉讼和执行程序解决债权问题,也比一般私法债权人额外具有很多行政手段解决这一问题,不必通过破产程序解决其债权,而允许公法债权人申请债务人破产则可能会产生公权机构搅扰民事交易秩序的弊端。该类债权有足够的法律强制保障手段来实现,无须适用破产程序解决问题。

司法实践中,债务人欠缴税款、社会保险费用或者法定住房公积金的,税务部门、劳动保障部门或者住房公积金管理部门可以向人民法院申请债务人破产。江苏省高级人民法院民二庭《破产案件审理指南(修订版)》和北京市高级人民法院《企业破产案件审理规程》均明确税务机关可以向人民法院申请欠税企业破产。例如，近年来，北京市、浙江省、江苏省和山东省等地某些税务机关以债权人的名义主动向法院申请欠税企业破产清算案，均被法院立案受理。

(二)债务人

根据《企业破产法》第 7 条第 1 款之规定，债务人具有《企业破产法》第 2 条规定的情形，债务人可以向人民法院提出重整、和解或者破产清算的申请。债务人提出破产申请的重要原因是因为现代破产法规定了债务人的免责制度，这是对债务人提出破产申请的有利激励。一个诚实的债务人可以通过破产程序而获得免责的优惠，从而摆脱债务危机。正是这种有利的激励使得更多的债务人产生了申请破产的原动力。只有适当的免责制度，才能使债务人具有适时申请破产的积极性，所以，世界各国 90% 以上的破产案件是由债务人而非债权人提出的。但是，债务人不能滥用破产免责制度，债务人提出破产申请时必须符合不能清偿到期债务且资不抵债或者明显缺乏清偿能力的条件。

(三)依法负有清算责任的人

《企业破产法》第 7 条第 3 款规定："企业法人已解散但未清算或者未清算完毕，资产不足以清偿债务的，依法负有清算责任的人应当向人民法院申请破产清算。"所谓"依法负有清算责任的人"，《民法总则》第 70 条第 2 款规定："法人的董事、理事等执行机构或者决策机构的成员为清算义务人。法律、行政法规另有规定的，依照其规定。"在公司清算的场合，根据《中华人民共和国公司法》(以下简称《公司法》)第 183 条和《最高人民法院关于适用〈中华人民共和国公司法〉若干问题的规定(二)》第 18 条第 2 款的规定，有限责任公司的股东、股份有限公司的董事和控股股东为清算义务人。有限责任公司的股东、股份有限公司的董事或者股东大会确定的人员以及特定情形下人民法院指定有关人员组成清算组。企业法人已解散但未清算或者未清算完毕的，属于清算法人，即为清算目的而存在的法人。企业法人解散是指企业因发生章程规定或者法律规定的除破产以外的事由而停止业务活动，进入待清算状态或者实施清算的过程，此时，其法人人格在法律上视为存续，但其营业资格已经丧失。如果企业存在资不抵债的事实，则应当适用破产清算程序清理债务。《企业破产法》第 7 条第 3 款的规定是关于依法负有清算责任的人在破产法中的一项特别申请义务而非权利。所以，清算义务人无权选择不提出破产申请，也不得故意拖延申请。清算义务人违反此项义务，不及时申请，导致债务人财产减少，给债权人造成损失的，应当承担赔偿责任。

关联企业不当利用关联关系，导致关联企业成员之间法人人格高度混同，损害债权人公平受偿利益的，关联企业成员、关联企业成员的债权人、关联企业成员的清算义务人、已经进入破产程序的关联企业成员的管理人，可以向人民法院提出对关联企业进行合并破产的申请。

（四）金融监管机构

商业银行、证券公司、保险公司等金融机构也是法人主体，其具有破产能力。根据我国《企业破产法》第 134 条的规定，商业银行、证券公司、保险公司等金融机构有《企业破产法》第 2 条规定情形的，国务院金融监督管理机构可以向人民法院提出对该金融机构进行重整或者破产清算的申请。

三、破产申请的提出

根据《企业破产法》第 8 条的规定，提出破产申请，应当采用书面形式，即"提交破产申请书和有关证据"。"破产申请书"采用法院规定的统一格式，依据《企业破产法》第 8 条第 2 款的规定，破产申请书应当载明：①申请人、被申请人的基本情况；②申请目的，即申请重整、和解还是破产清算；③申请的事实和理由；④人民法院认为应当载明的其他事项。

1. 债务人提出申请的，还应当向人民法院提交下列材料：

（1）债务人主体资格证明，即工商行政管理机关颁发的企业法人营业执照，及债务人最近一个年度的工商年检材料；

（2）债务人股东会或股东大会、董事会(外商投资企业)、职工代表大会或者其他依法履行出资义务的人同意申请破产的文件；债务人为国有独资企业、国有独资公司的，还应当提交对债务人履行出资人职责的机构同意申请破产的文件；

（3）债务人法定代表人或者主要负责人名单、联系方式，及债务人董事、监事、高级管理人员和其他管理部门负责人名单、联系方式；

（4）财产状况说明，包括有形资产、无形资产、对外投资情况、资金账户情况等；

（5）债务清册，列明债权人名称、住所、联系方式、债权数额、有无担保、债权形成时间和被催讨情况；

（6）债权清册，列明债务人名称、住所、联系方式、债务数额、有无担保、债务形成时间和催讨偿还情况；

（7）有关财务会计报告；

（8）债务人涉及的诉讼、仲裁、执行情况；

（9）企业职工情况和安置预案，列明债务人解除职工劳动关系后依法对职工的补偿方案；债务人为国家出资企业的，职工安置预案应列明拟安置职工基本情况、安置障碍及主要解决方案等，且职工安置预案报对债务人履行出资人职责的机构备案；

（10）职工、高级管理人员工资的支付和社会保险费用、住房公积金的缴纳情况；

（11）债务人为国家出资企业的，应提交企业工会或职工代表大会对企业申请破产的意见；

（12）债务人申请重整的，应提交重整的必要性和可行性评估材料；

（13）债务人申请和解的，应提交和解协议草案。

2. 债权人申请债务人破产，除应当提交破产申请书以外，还应当向人民法院提交下列材料：

（1）债权人及债务人的主体资格证明；

（2）债权发生的事实及债权性质、数额、有无担保，并附证据；

（3）债务人不能清偿到期债务的证据；

（4）申请债务人重整的，应提交重整的必要性和可行性评估报告。

【文书样式 2-1】

债权人破产申请书

申请人（债权人）：基本情况

被申请人（债务人）：×××××公司，住所地：＿＿＿＿＿＿＿。

法定代表人：＿＿＿＿＿＿＿＿＿＿。

申请事项：

申请贵院依法宣告被申请人破产清算。

事实与理由：

＿＿＿＿＿＿＿＿＿＿＿＿＿＿＿＿（写明事情的经过并证明债权金额，有无财产担保，以及债务人不能清偿到期债务的有关证据，包括有关的合同文本、公证文书、担保协议、往来账务以及债务人不能清偿债务的事实等)。

　　此致

×××桑人民法院

申请人：_____

___年___月___日

【文书样式 2-2】

债务人破产申请书

　　申请人(债务人)：××××有限公司,住所地：_____。

　　法定代表人：×××,该公司总经理。

　　申请事项：

　　申请××××有限公司破产清算。

　　事实与理由：

　　××××有限公司成立于××××年××月××日,注册资本为×××
××万元,经营范围为：××××、××××;股东为××××有限公
司、×××和××,其中××××有限公司出资××××万元,占股×
×%,×××出资××××万元,占股××%,×××出资××××万
元,占股××%。

　　××××有限公司经营场所位于×××××××××,用地面积×××
平方米,一直未实际经营,且已严重资不抵债。根据《××××会计师事务
所有限公司专项审计报告》显示：截至××××年××月××日,××××
有限公司资产总额为××××元,负债总额为××××元;所有者权益
-××××元。××××年××月至××××年××月其账面亏损为×××
×元。××××有限公司现已明显缺乏清偿能力或者有明显丧失清偿能力。

　　现×××有限公司全部股东一致同意向人民法院申请破产。为此,
申请人作为债务人依法向人民法院提出进行破产清算的申请。

　　此致

××××人民法院

申请人：××××有限公司

___年___月___日

　　附：

　　1. 企业法人营业执照;

2. 关于批准公司申请破产的股东会决议；

3. 财产状况说明、债务清册、债权清册；

4. ××××有限公司专项审计报告；

5. 职工安置预案以及职工工资的支付和社会保险费用的缴纳情况。

四、网上平台申请

根据《最高人民法院关于企业破产案件信息公开的规定（试行）》，申请人可以在全国企业破产重整案件信息平台（网址：http：//pccz. court. gov. cn）实名注册后申请预约立案并提交相关材料的电子文档。最高人民法院于 2016 年发布的《企业破产案件法官工作平台使用办法（试行）》对该网上平台的使用有了更具体的规定。申请人在该平台网上预约提交申请和相关材料的电子文档后，法院经审查符合立案条件的，将以电子邮件、移动通信、电话等方式告知申请人另行以邮寄、现场等方式提交书面的申请材料。人民法院认为需要补充材料的，申请人可在规定时间内补充在线提交。

五、破产申请的撤回

根据《企业破产法》第 9 条的规定，人民法院受理破产申请前，申请人可以请求撤回申请。《企业破产法》之所以如此规定，是因为我国破产法采取的是受理开始主义，即法院收到破产申请之时，程序尚未开始，只有当法院对破产申请作出受理裁定时，程序才告开始。除清算责任人外，申请人向人民法院提出破产申请是行使法律赋予的权利，其撤回申请也是行使权利。但是，对于人民法院受理破产案件后，人民法院是否准许申请人撤回破产申请，《企业破产法》未明确作出规定。《最高人民法院关于全国法院民商事审判工作会议纪要》（法〔2019〕254 号）第 108 条第 2 款规定："人民法院裁定受理破产申请系对债务人具有破产原因的初步认可，破产申请受理后，申请人请求撤回破产申请的，人民法院不予准许。除非存在《企业破产法》第 12 条第 2 款规定的情形，人民法院不得裁定驳回破产申请。"因为，法院一旦受理了破产申请，即初步认定债务人已经具备了破产原因，无论是债务人提出破产申请，还是债权人提出破产申请，所涉及的利益关系便不再限于申请人。在债务人具备破产原因时，其他债权人的利益也依赖破产程序的保障，如果允许申请人在破产申请后撤回申请，一是会损害债权人整体的利益；二是在法院受理破产申请的裁定作出后，一系列的法定程序已经开始进行，如果此时允许申请人撤回申请会造成一定的损失。收到破产申请后，破产程序尚未开始时，申请人可以撤回申请；但在法院受理破产申请后，破产程序已经开始，申请人请求撤回申请的，人民法院应不予准许。①

第三节　破产申请的受理

一、破产案件的管辖

（一）地域管辖

破产案件由债务人住所地人民法院管辖。我国《企业破产法》第3条规定："破产案件由债务人住所地人民法院管辖。"《民法总则》第63条规定："法人以其主要办事机构所在地为住所。依法需要办理法人登记的，应当将主要办事机构所在地登记为住所。"法人尤其是营利法人登记具有公示公信力，法人应当依照第63条规定，将主要办事机构所在地登记为住所，法人依法登记后，又以其登记的住所与其主要办事机构所在地不一致为由，提出管辖异议或者主张人民法院相关法律文书送达地址有误的，不予支持。②

（二）级别管辖

《企业破产法》对级别管辖未作明确规定。基层人民法院一般管辖县、县级市或者区的市场监督管理机关核准登记企业的破产案件；中级人民法院一般管辖地区、地级市（含本级）以上的市场监督管理机关核准登记企业的破产案件。上市公司破产重整案件法律关系复杂，影响面广，专业知识和综合能力要求高，人力、物力投入多，一般应由中级人民法院管辖。

2016年6月21日，最高人民法院颁布的《最高人民法院关于在中级人民法院设立清算与破产审判庭的工作方案》，对中级人民法院集中管辖的问题没有作出统一规定，而是建议由各高级法院综合辖区内经济状况、地理环境、审

---

① 参见最高人民法院民事审判第二庭编著：《〈全国法院民商事审判工作会议纪要〉理解与适用》，人民法院出版社2019年版，第552页。
② 沈德咏主编：《〈中华人民共和国民法总则〉条文理解与适用（上）》，人民法院出版社2017年版，第85页。

判力量等情况，自行考虑是否由中级人民法院集中管辖此类案件。① 如北京市高级人民法院将市级以上(含市级)市场监督管理机关核准登记公司(企业)的破产案件和金融机构、上市公司强制清算与破产案件交给北京市第一中级人民法院集中管辖。②

从最高人民法院的相关规定来看，将来破产案件的管辖在级别管辖上，可能要实行以中级人民法院管辖为原则、基层人民法院管辖为例外的管辖制度。

(三)管辖权转移、指定管辖

中级人民法院确有必要将本院管辖的企业破产案件移交基层人民法院审理的，应当报请高级人民法院批准，是否批准应当综合基层人民法院意愿、中级人民法院破产审判任务、移交管辖是否有利案件审理等因素审慎判断。中级人民法院有权审理下级人民法院管辖的企业破产案件；基层人民法院对其管辖的企业破产案件，认为需要由中级人民法院审理的，可以报请中级人民法院审理。

《最高人民法院关于执行案件移送破产审查若干问题的指导意见》(法发〔2017〕2号)第3条规定，执行移送破产审查案件，实行以中级人民法院管辖为原则、基层人民法院管辖为例外的管辖制度；中级人民法院经高级人民法院批准，也可以将案件交由具备审理条件的基层人民法院审理。

二、破产申请的受理程序

(一)破产申请的受理审查

人民法院在受理破产案件时，主要是对当事人的申请进行形式审查。为了突破破产案件受理难的困境，2016年8月1日正式实施的《最高人民法院关于破产案件立案受理有关问题的通知》(以下简称《2016年最高院通知》)确立了破产案件形式审查的原则。《2016年最高院通知》明确要求：

1. 债权人、债务人等法定主体提出的破产申请材料，人民法院立案部门应一律接受并出具书面凭证，然后根据《企业破产法》第8条的规定对破产申

---

① 罗书臻：《最高人民法院民二庭负责人就设立清算与破产审判庭答记者问》，《人民法院报》2016年8月11日第1版。

② 2016年1月25日，《北京市高级人民法院关于调整中级人民法院公司强制清算与企业破产案件管辖的若干规定》第1条。

请进行形式审查。

2. 立案部门经审查认为申请人提交的材料符合法律规定的，应按最高人民法院《强制清算与破产案件类型及代字标准》①，以"破申"作为案件类型代字编制案号，案号为"（××××）×破（预）字第×号"。人民法院在审理一个破产案件中作出的各类文书应编排序号。如：民事裁定书应当分别以"（××××）×破字第×-1号"民事裁定书、"（××××）×破字第×-2号"民事裁定书、"（××××）×破字第×-3号"民事裁定书依次编号；决定书应当分别以"（××××）×破字第×-1号"决定书、"（××××）×破字第×-2号"决定书、"（××××）×破字第×-3号"决定书依次编号等。不符合法律规定的，应予释明，并以书面形式一次性告知应当补充、补正的材料，补充、补正期间不计入审查期限，申请人按要求补充、补正的，应当登记立案。立案部门登记立案后，应及时将案件移送负责审理破产案件的审判业务部门。

3. 审判业务部门应当在5日内将立案及合议庭组成情况通知债务人及提出申请的债权人。对于债权人提出破产申请的，应在通知中向债务人释明，如对破产申请有异议，应当自收到通知之日起7日内向人民法院提出。

4. 债权人提出破产申请的，审判业务部门应当自债务人异议期满之日起10日内裁定是否受理。其他情形的，审判业务部门应当自人民法院收到破产申请之日起15日内裁定是否受理。有特殊情况需要延长上述审限的，经上一级人民法院批准，可以延长15日。

《2016年最高院通知》建立了破产立案登记制度，优化了立案程序。对破产申请的受理只需形式审查，即法院仅对案件有无管辖权，破产申请人是否具备申请破产资格即是否具有破产能力，以及申请人提交的材料是否符合法律规定。

【文书样式2-3】

××××人民法院

民事裁定书

（受理债权人的破产清算申请用）

（××××）×破（预）字第×-×号

申请人：×××（写明名称或者姓名等基本情况）。

---

① 《最高人民法院关于调整强制清算与破产案件类型划分的通知》（法〔2016〕237号）。

被申请人：×××(写明名称等基本情况)。

×××年××月××日，×××(申请人名称或者姓名)以……为由向本院申请对×××(被申请人名称)进行破产清算。本院于××××年××月××日通知了×××(被申请人名称)。×××(被申请人名称)在法定期限内就该申请向本院提出异议称……(或者×××在法定期限内未提出异议)。

本院查明：……(写明申请人对被申请人享有的债权情况、被申请人的住所地、工商登记注册情况及资产负债情况等)。

本院认为：……(从本院是否具有管辖权，申请人对被申请人是否享有债权，被申请人是否属于破产适格主体、是否具备破产原因等方面写明受理申请的理由。有异议的，写明异议不成立的理由)。依照《中华人民共和国企业破产法》第二条第一款、第三条、第七条第二款、第十条第一款之规定，裁定如下：

受理×××(申请人名称或者姓名)对×××(被申请人名称)的破产清算申请。

本裁定自即日起生效。

审判长×××

审判员×××

审判员×××

××××年××月××日

(院印)

本件与原本核对无异议

书记员×××

(二)破产案件申请的驳回

法院受理企业破产案件后，发现申请人的破产申请不符合法律规定或法律要求的应当以裁定形式驳回其申请。例如某债务人破产申请被驳回一案。

【案例 2-2】

河南省侯马市某饲料厂是股份制企业法人。2010 年 6 月，该饲料厂以企业亏损严重、已经资不抵债为由，向法院提出申请破产。该院于2010 年 7 月裁定受理其破产申请。但随后法院在审查中发现，该饲料厂在经营活动中会计核算不规范，账册不健全，仅向管理人移交了部分账本，未能提供任何财务凭证，财务资料严重缺失，致使管理人无法获得债务人有关材料，无法掌握企业的真实资产财务状况，无法进行正常的破产清算程序。该院合议庭认为，该饲料厂所提供的账目清册不能全面、真实地反映企业的资产和财务收支状况，无法证明其确实是严重资不抵债、不能清偿到期债务，不符合破产案件受理条件，故破产原因不成立。为切实保护债权人的合法权益，防止债务人借破产之名逃废债，遂依法裁定驳回了该饲料厂的破产申请。①

人民法院在受理破产申请后，经审查确认下列情形之一的，裁定驳回破产申请：

（1）法院对案件无管辖权；

（2）申请人不具备申请资格；

（3）申请人提交的材料不符合法定要求；

（4）申请人主观上具有破产逃债的故意，客观上实施了损害债权人利益的行为；

（5）法律规定的其他情形。

上述案例就是债务人具有破产逃债的故意，客观上损害了债权人的合法权益。故法院依法裁定驳回了该饲料厂的破产申请。

依据《企业破产法》第12条规定，人民法院裁定不受理破产申请或者受理破产申请后裁定驳回申请，申请人可以自裁定送达之日起10日内向上一级人民法院提起上诉。

在司法实践中，有的法院对当事人的申请不予审查，或者审查后既不及时作出受理裁定亦不作出不予受理裁定，使《企业破产法》规定的申请人对于不予受理裁定的上诉权形同虚设，损害了申请人的权利。申请人可以依据《破产法司法解释一》第9条的规定向上一级人民法院提出破产申请。上一级人民法院收到破产申请后，应当责令下级法院依法审查并及时作出是否受理的裁定；下级法院仍不作出裁定的，上一级人民法院可以径行作出裁定。上一级人民法院裁定受理的，可同时指令下级人民法院审理该案件。

---

① 参见侯成丽：《企业提供账务不明 法院驳回破产申请》，http://shanxify.chinacourt. gov.cn/article/detail/2011/05/id/1074659.shtml，2020年7月1日最后访问。

第四节　进入破产程序后的衔接工作

为了保障破产程序有序、合法地进行，审判业务庭裁定受理破产申请后，立案庭应以"（××××）×破字第×号"确定案号，指定承办人并组成合议庭，及时指定管理人，通知债权人、债务人参加破产程序；管理人也应及时做好破产程序启动后的准备工作，协助人民法院履行相关法律程序。

一、人民法院裁定受理破产案件后的工作

（一）指定管理人

人民法院裁定受理破产申请的，应当同时指定管理人。法院确定管理人的时间不计入审查受理期间。由于选定管理人是在中级人民法院的管理人名册中选定，还要决定管理人是摇号产生还是竞争性产生。因此，选定管理人工作必须提前规划，以便衔接好裁定受理破产申请后的其他程序，不耽误时间。

【文书样式 2-4】

江苏省连云港市中级人民法院
决 定 书

（2018）苏 07 破申 7 号

2018 年 8 月 23 日，本院根据李美平的申请，裁定受理连云港天裕建材有限公司破产清算一案。经公开摇号程序，依照《中华人民共和国企业破产法》第二十二条第一款之规定，指定连云港市中元企业清算代理有限公司担任连云港天裕建材有限公司管理人。

管理人应当勤勉尽责，忠实执行职务，履行《中华人民共和国企业破产法》规定的管理人的各项职责，向人民法院报告工作，并接受债权人会议和债权人委员会的监督。管理人职责如下：

（一）接管债务人的财产、印章和账簿、文书等资料；

（二）调查债务人财产状况，制作财产状况报告；

（三）决定债务人的内部管理事务；

（四）决定债务人的日常开支和其他必要开支；

（五）在第一次债权人会议召开之前，决定继续或者停止债务人的

营业；

（六）管理和处分债务人的财产；

（七）代表债务人参加诉讼、仲裁或者其他法律程序；

（八）提议召开债权人会议；

（九）本院认为管理人应当履行的其他职责。

2018 年 8 月 23 日

（二）送达

人民法院受理裁定应当自作出之日起 5 日内送达申请人和被申请人。

债权人提出申请的，债务人应当自裁定送达之日起 15 日内，向人民法院提交财产状况说明、债务清册、债权清册、有关财务会计报告以及职工、高管人员工资的支付和社会保险费用、住房公积金的缴纳情况。

（三）通知和公告

通知已知债权人并予以公告。法院受理破产申请后，应当自行或委托管理人向已知债权人发出书面通知，并应当在全国企业破产重整案件信息网发布公告，[①] 同时还可以通过在破产案件受理法院公告栏张贴、法院官网发布、报纸刊登或者在债务人住所地张贴等方式进行公告。涉及境外已知债权人的，可通过邮寄、传真、电子邮件等能够确认收悉的适当方式通知。根据《企业破产法》第 14 条规定："人民法院应当自裁定受理破产申请之日起二十五日内通知已知债权人，并予以公告。通知和公告应当载明下列事项：（一）申请人、被申请人的名称或者姓名；（二）人民法院受理破产申请的时间；（三）申报债权的期限、地点和注意事项；（四）管理人的名称或者姓名及其处理事务的地址；（五）债务人的债务人或者财产持有人应当向管理人清偿债务或者交付财产的要求；（六）第一次债权人会议召开的时间和地点；（七）人民法院认为应当通知和公告的其他事项。"

已知债权人的范围可以根据债务人提交的债务清册，或者清算责任人提交的财务报告或清算报告确定。

按照债务清册、财务报告或清算报告的记载，无法与债权人取得联系的，

---

① 《最高人民法院关于推进破产案件依法高效审理的意见》第 1 条。

该债权人视为未知债权人。

【文书样式 2-5】

××××人民法院

通　知　书

（受理破产清算中通知已知债权人用）

（××××）×破字第×-×号

×××(债权人名称)：

本院根据×××(申请人名称或者姓名)的申请于××××年××月××日裁定受理×××(债务人名称)破产清算一案，并于××××年××月××日指定×××为×××(债务人名称)管理人。×××(债务人名称)的债权人应自××××年××月××日前，向×××(债务人名称)管理人(通信地址：＿＿＿＿＿＿＿；邮政编码：＿＿＿＿＿＿＿＿＿；联系电话：＿＿＿＿＿＿＿＿＿＿)申报债权。未在上述期限内申报债权的，可以在破产财产分配方案提交债权人会议讨论前补充申报，但对此前已进行的分配无权要求补充分配，同时要承担为审查和确认补充申报债权所产生的费用。未申报债权的，不得依照《中华人民共和国企业破产法》规定的程序行使权利。

本院定于××××年××月××日××时在＿＿＿＿＿＿(地点)召开第一次债权人会议。依法申报债权的债权人有权参加债权人会议。参加会议的债权人系法人或其他组织的，应提交营业执照、法定代表人或负责人身份证明书，如委托代理人出席会议，应提交特别授权委托书、委托代理人的身份证件或律师执业证，委托代理人是律师的还应提交律师事务所的指派函。参加会议的债权人系自然人的，应提交个人身份证明。如委托代理人出席会议，应提交特别授权委托书、委托代理人的身份证件或律师执业证，委托代理人是律师的还应提交律师事务所的指派函。

特此通知。

××××年××月××日

（院印）

【文书样式 2-6】

××××人民法院

公　告

（受理破产清算用）

（××××）×破字第×-×号

本院根据×××（申请人名称或者姓名）的申请于××××年××月××日裁定受理×××（债务人名称）破产清算一案，并于××××年××月××日指定×××为×××（债务人名称）管理人。×××（债务人名称）的债权人应自××××年××月××日前，向×××（债务人名称）管理人（通信地址：＿＿＿＿＿＿＿＿；邮政编码：＿＿＿＿＿＿＿＿＿＿；联系电话：＿＿＿＿＿＿＿＿＿）申报债权。未在上述期限内申报债权的，可以在破产财产分配方案提交债权人会议讨论前补充申报，但对此前已进行的分配无权要求补充分配，同时要承担为审查和确认补充申报债权所产生的费用。未申报债权的，不得依照《中华人民共和国企业破产法》规定的程序行使权利。×××（债务人名称）的债务人或者财产持有人应当向×××（债务人名称）管理人清偿债务或交付财产。

本院定于××××年××月××日××时在＿＿＿＿＿＿（地点）召开第一次债权人会议。依法申报债权的债权人有权参加债权人会议。参加会议的债权人系法人或其他组织的，应提交营业执照、法定代表人或负责人身份证明书，如委托代理人出席会议，应提交特别授权委托书、委托代理人的身份证件或律师执业证，委托代理人是律师的还应提交律师事务所的指派函。参加会议的债权人系自然人的，应提交个人身份证明。如委托代理人出席会议，应提交特别授权委托书、委托代理人的身份证件或律师执业证，委托代理人是律师的还应提交律师事务所的指派函。

特此公告。

××××年××月××日

（院印）

（四）告知债务人的相关事项

1. 通知债务人停止向债权人清偿债务。债务人的日常开支和其他必要开支由管理人审查批准。

2. 告知债务人或有关人员应承担的义务。如在管理人接管之前，妥善保管其占有和管理的财产、印章和账簿、文书等资料；根据人民法院、管理人的要求进行工作，并如实回答询问；列席债权人会议并如实回答债权人的询问；未经人民法院许可，不得离开住所地等。

【文书样式 2-7】

××××人民法院

通 知 书

（告知债务人有关人员的相关义务用）

（××××）×破字第×-×号

×××(债务人名称)：

　　本院于××××年××月××日根据×××(申请人姓名或名称)的申请裁定受理×××(债务人名称)破产清算(或重整、和解)一案，并于××××年××月××日指定×××(管理人名称或者姓名)为×××(债务人名称)管理人。依照《中华人民共和国企业破产法》第十五条之规定，从即日起至破产清算(或重整、和解)程序终结(或终止)之日，你应当承担下列义务：

　　一、自收到受理破产申请的裁定之日起十五日内向本院提交财产状况说明、债务清册、债权清册、有关财务会计报告以及职工工资的支付和社会保险费用的缴纳情况。

　　二、自案件受理之日起停止清偿债务。

　　三、自本院受理破产申请的裁定送达之日起至破产程序终结之日，法定代表人、财务管理人员及其他经营管理人员承担下列义务：(1)妥善保管占有和管理的财产印章和账簿、文书等资料；(2)根据本院管理人的要求进行工作，并如实回答询问；(3)列席债权人会议并如实回答债权人的询问；(4)未经本院许可，不得离开住所地；(5)不得新任其他企业的董事、监事、高级管理人员。

　　四、管理人接管时，法定代表人应向管理人办理移交手续，并答复有关财产及业务的询问。

　　五、第一次债权人会议定于××××年××月××日于本院第×审判庭召开，法定代表人及财务管理人员必须准时参加。

　　特此通知。

××××年××月××日

（院印）

【文书样式 2-8】

××××人民法院

通 知 书

（受理债权人的破产清算申请后通知债务人提交材料用）

（××××）×破字第×-×号

×××(债务人名称)：

　　××××年××月××日，本院根据×××(债权人姓名或名称)的申请裁定受理×××(债务人名称)破产清算一案。依据《中华人民共和国企业破产法》第十一条第二款之规定，你单位应在收到本通知之日起十五日内，向本院提交财产状况说明、债务清册、债权清册、有关财务会计报告以及职工工资的支付和社会保险费用的缴纳情况。如拒不提交或提交的材料不真实，本院将依据《中华人民共和国企业破产法》第一百二十七条第一款之规定，对直接责任人员处以罚款。

　　特此通知。

××××年××月××日

（院印）

（五）通知银行停止支付结算

【文书样式 2-9】

××××人民法院

通 知 书

（通知债务人开户银行停止支付和结算业务用）

（××××）×破字第×-×号

××××银行：

　　本院于××××年××月××日依法受理了×××(债务人名称)申请破产清算一案。现将有关事项通知如下：

　　一、本通知送达之日起停止办理×××(债务人名称)的支付和结算业务(只进不出)。

二、×××(债务人名称)支付维持正常生产经营所必需的费用，由管理人审查批准。

特此通知。

×××年××月××日

(院印)

(六)冻结查封扣押相关财产

破产案件受理后，债务人的有关财产即处于被保全状态。依据《最高人民法院关于适用〈中华人民共和国企业破产法〉若干问题的规定(二)》(以下简称《破产法司法解释二》)第 6 条的规定，破产申请受理后，对于可能因利益相关人的行为或者其他原因，影响破产程序依法进行的，受理破产申请的人民法院可以根据管理人的申请或者依职权，对债务人的全部或者部分财产采取保全措施。

二、人民法院裁定受理破产案件后管理人的工作

管理人接受人民法院指定后，应当立即组建团队进场接管破产企业，接管破产财产，及时做好破产案件受理后的程序衔接工作。

(一)通知义务人清偿债务、交付财产

【文书样式 2-10】

通　知　书
(要求债务人的债务人清偿债务用)

(××××)××破管字第×号

×××(债务人的债务人名称/姓名)：

×××(债务人名称)因_____(写明破产原因)，×××(申请人名称/姓名)于××××年××月××日向××××人民法院提出对×××(债务人名称)进行重整/和解/破产清算的申请[债务人自行申请破产的，写×××(债务人名称)因_____(写明破产原因)，于××××年××月××日向××××人民法院提出重整/和解/破产清算申请]。

　　××××人民法院于××××年××月××日作出(××××)×破(预)字第×-×号民事裁定书，裁定受理×××(债务人名称)重整/和解/破产清算，并于××××年××月××日作出(××××)×破字第×-×号决定书，指定×××担任管理人。

　　根据管理人掌握的材料，你公司/你因＿＿＿＿＿事项(列明债务事由)，尚欠×××(债务人名称)人民币××元(大写：＿＿＿＿＿)。根据《中华人民共和国企业破产法》第十七条之规定，请你公司/你于接到本通知之日起×日内，向管理人清偿所欠债务。债务清偿款应汇入：××银行(列明开户单位和银行账号)。

　　若你公司/你对本通知书列明的债务持有异议，可在接到本通知书之日起×日内向管理人书面提出，并附相关证据，以便管理人核对查实。若你公司/你在破产申请受理后仍向×××(债务人名称)清偿债务，使×××(债务人名称)的债权人受到损失的，不免除你公司/你继续清偿债务的义务。

　　特此通知。

(管理人印鉴)

××××年××月××日

　　附：1. 受理破产申请裁定书复印件一份；

　　2. 指定管理人的决定书复印件一份；

　　3. 管理人联系方式：＿＿＿＿＿。

【文书样式 2-11】

通　知　书

(要求债务人财产的持有人交付财产用)

(××××)××破管字第×号

×××(债务人财产的持有人名称/姓名)：

　　×××(债务人名称)因＿＿＿＿＿(写明破产原因)，×××(申请人名称/姓名)于××××年××月××日向×××人民法院提出对××(债务人名称)进行重整/和解/破产清算的申请[债务人自行申请破产的，写×××(债务人名称)因＿＿＿＿＿(写明破产原因)，于××××年××月××日向××××人民法院提出重整/和解/破产清算申请]。

　　××××人民法院于××××年××月××日作出（××××）破（预）×-×号民事裁定书，裁定受理××（债务人名称）重整/和解/破产清算，并于××××年××月××日作出（××××）×破字第×-×号决定书，指定×××担任管理人。

　　根据管理人掌握的材料，你公司/你因_____（列明事由）占有（债务人名称）的下列财产（列明财产种类、数量等）：

　　　　1. _____；

　　　　2. _____；

　　　　3. _____。

　　根据《中华人民共和国企业破产法》第十七条之规定，请你公司/你于接到通知书之日起七日内，向管理人交付上述财产。财产应交至：_____。

　　若你公司/你对本通知书项下要求交付财产的有无或者交付财产种类、数量等持有异议，可在收到本通知书之日起七日内向管理人书面提出，并附相关合法、有效的证据，以便管理人核对查实。

　　若你公司/你在破产申请受理后仍向×××（债务人名称）交付财产，使×××（债务人名称）的债权人受到损失的，不免除你公司/你继续交付财产的义务。

　　特此通知。

（管理人印鉴）

××××年××月××日

附：1. 受理破产申请裁定书复印件一份；

2. 指定管理人的决定书复印件一份；

3. 管理人联系方式_____。

（二）通知涉诉法院等机构的相关事项

　　法院受理破产申请后，应当督促管理人通知法院等机构解除对债务人财产保全措施、中止民事诉讼及仲裁或者中止执行程序。

　　已经开始而尚未终结的有关债务人的民事诉讼或者仲裁程序应当中止；在管理人接管债务人的财产后，该诉讼或者仲裁继续进行。

【文书样式 2-12】

告 知 函

（告知相关法院/仲裁机构中止法律程序用）

（××××）××破管字第×号

××××（受理有关债务人诉讼或仲裁的人民法院或仲裁机构名称）：

　　×××（债务人名称）因＿＿＿＿＿＿（写明破产原因），×××（申请人名称/姓名）于××××年××月××日向××××人民法院提出对×××（债务人名称）进行重整/和解/破产清算的申请［债务人自行申请破产的，写×××（债务人名称）因（写明破产原因）＿＿＿＿＿＿，于××××年××月××日向××××人民法院提出重整/和解/破产清算申请］。

　　××××人民法院于××××年××月××日作出（××××）×破（预）字第×-×号民事裁定书，裁定受理×××（债务人名称）重整/和解破产清算，并于××××年××月××日作出（××××）×破字第×-×号决定书，指定×××担任管理人。

　　根据管理人掌握的材料，贵院/贵仲裁委员会于××××年××月××日受理了有关×××（债务人名称）的民事诉讼/仲裁案件，案号为×××××，目前尚未审理终结。根据《中华人民共和国企业破产法》第二十条之规定，该民事诉讼/仲裁应当在破产申请受理后中止，但贵院/贵仲裁委员会尚未中止对上述民事诉讼/仲裁案件的审理。根据《中华人民共和国企业破产法》第二十条之规定，现函告贵院/贵仲裁委员会裁定中止上述对×××（债务人名称）的民事诉讼/仲裁程序。

　　特此告知。

（管理人印鉴）

××××年××月××日

附：1. 受理破产申请裁定书复印件一件；

　　2. 指定管理人的决定书复印件一份；

　　3. 管理人联系方式：＿＿＿＿＿＿＿＿。

【文书样式 2-13】

告　知　函
（中止执行程序用）

（××××）××破管字第×号

××××人民法院：

　　×××（债务人名称）因_____（写明破产原因），×××（申请人名称/姓名）于××××年××月××日向××××人民法院提出对×××（债务人名称）进行重整/和解/破产清算的申请［债务人自行申请破产的，写×××（债务人名称）因_____（写明破产原因），于××××年××月××日向××××人民法院提出重整/和解/破产清算申请］。

　　××××人民法院于××××年××月××日作出（××××）×破（预）字第×-×号民事裁定书，裁定受理×××（债务人名称）重整/和解/破产清算，并于××××年××月××日作出（××××）×破字第×-×号决定书，指定×××担任管理人。

　　根据管理人掌握的材料，贵院于××××年××月××日受理了有关×××（强制执行申请人名称/姓名）对×××（债务人名称）申请强制执行一案，案号为××××，执行内容为：_____。

　　根据《中华人民共和国企业破产法》第十九条之规定，人民法院受理破产申请后，有关债务人财产的执行程序应当中止，但贵院至今尚未中止对×××（债务人名称）的执行，_____（简述案件执行状态）。现特函请贵院裁定中止对×××（债务人名称）的执行程序。

　　特此告知。

（管理人印鉴）

××××年××月××日

附：1. 受理破产申请裁定书复印件一件；

2. 指定管理人的决定书复印件一份；

3. 强制执行案件相关资料复印件一套；

4. 破产案件受理法院联系方式：_____；

5. 管理人联系方式：_____。

【文书样式2-14】

告　知　函
（解除财产保全措施用）

（××××）××破管字第×号

××××（作出财产保全措施的人民法院或者单位）：

×××（债务人名称）因＿＿＿＿＿＿＿＿（写明破产原因），×××（申请人名称/姓名）于××××年××月××日向××××人民法院提出对××（债务人名称）进行重整/和解/破产清算的申请［债务人自行申请破产的，写×××（债务人名称）因（写明破产原因）＿＿＿＿＿＿，于××××年××月××日向××××人民法院提出重整/和解/破产清算申请］。

××××人民法院于××××年××月××日作出（××××）×破（预）字第×-×号民事裁定书，裁定受理×××（债务人名称）重整/和解破产清算，并于××××年××月××日作出（××××）×破字第×-×号决定书，指定×××担任管理人。

根据管理人掌握的材料，贵院/贵单位于××××年××月××日对×××（债务人名称）的下列财产采取了保全措施：

1.＿＿＿＿＿＿＿＿＿＿＿＿＿＿＿＿＿＿＿＿＿＿＿＿＿＿＿＿＿；

2.＿＿＿＿＿＿＿＿＿＿＿＿＿＿＿＿＿＿＿＿＿＿＿＿＿＿＿＿＿；

……

根据《中华人民共和国企业破产法》第十九条之规定，人民法院受理破产申请后，有关债务人财产的保全措施应当解除，但贵院/贵单位至今尚未解除对×××（债务人名称）财产所采取的保全措施，现特函请贵院/贵单位解除对×××（债务人名称）财产的保全措施。

特此告知。

（管理人印鉴）

××××年××月××日

附：1. 受理破产申请裁定书复印件一件；

2. 指定管理人的决定书复印件一份；

3. 财产保全措施相关资料复印件一套；

4. 破产案件受理法院联系方式：＿＿＿＿＿＿＿；

5. 管理人联系方式：＿＿＿＿＿＿＿＿。

第五节　破产案件受理的法律效力

破产案件受理裁定作出后便产生相应的法律效力，起到财产保全的作用，以保障全体债权人在破产程序中的公平受偿。我国现行《企业破产法》第 16 条到第 20 条以及《企业破产法司法解释二》对破产申请受理后的法律效力作了具体的规定。

一、禁止债务人对个别债权人的清偿行为

为保证对全体债权人的公平清偿，《企业破产法》第 16 条规定："人民法院受理破产申请后，债务人对个别债权人的债务清偿无效。"但是，为保证破产受理之后债务人营业的继续维持，债务人仍然有可能与其他人发生往来而实施清偿行为。为了保证这种交易不影响债权人的利益与破产程序的进行，在程序上应当规定这种个别清偿行为在管理人接管以前需经法院同意，在管理人接管以后当然由管理人决定；在实体上应当规定以继续进行生产经营为前提，以债务人与债权人负对等义务为条件。

二、解除有关债务人财产的保全措施

《企业破产法》第 19 条规定："人民法院受理破产申请后，有关债务人财产的保全措施应当解除，执行程序应当中止。"

这里的保全措施既包括民事诉讼保全措施，也包括在行政处罚程序中的保全措施，如海关、工商管理部门等采取的财产扣押、查封等措施，还应包括刑事诉讼中公安部门、司法部门采取的相关措施。《企业破产法司法解释二》第 7 条明确规定："对债务人财产已采取保全措施的相关单位，在知悉人民法院已裁定受理有关债务人的破产申请后，应当依照企业破产法第十九条的规定及时解除对债务人财产的保全措施。"在该司法解释制定过程中，全国人大法工委就此问题向最高人民法院复函指出，对《企业破产法》第 19 条规定，应理解为法院受理破产申请后，有关债务人财产的保全措施应当当然解除，由管理人接管财产；在相关法院或者行政机关未依据上述规定解除保全的受理破产案件的法院可以径行作出解除对债务人财产的所有保全措施的裁定。[①] 实践中，作出

---

① 最高人民法院民事审判二庭编著：《最高人民法院关于企业破产案件司法解释理解与适用破产法解释（一）、破产法解释（二）》，人民法院出版社 2013 年版，第 171 页。

保全措施的人民法院或者行政机关接到解除保全措施的通知书后不予解除的现象较为普遍，对此，2019 年《全国法院民商事审判工作会议纪要》第 109 条规定，对债务人财产采取保全措施或者执行措施的人民法院未依法及时解除保全措施、移交处置权，或者中止执行程序并移交有关财产的，上级人民法院应当依法予以纠正。相关人员违反上述规定造成严重后果的，破产受理人民法院可以向人民法院纪检监察部门移送其违法审判的线索。

三、中止对债务人财产的执行程序

人民法院受理破产申请后，有关债务人财产的执行程序应当中止。这里的执行程序既包括民事执行，也包括行政执行和刑事执行。已经审结但尚未申请或移送执行的，不得再提起新的执行程序。但人民法院受理破产申请前，对于已经执行完毕的财产，以及已部分执行完毕的财产，《企业破产法》第 19 条的规定无溯及力。

最高人民法院关于《全国法院破产审判工作会议纪要》（以下简称《破产审判会议纪要》）第 25 条规定，在破产清算和破产和解程序中，对债务人特定财产享有担保权的债权人可以随时向管理人主张就该特定财产变价处置行使优先受偿权，管理人应及时变价处置，不得以须经债权人会议决议等为由拒绝。但因单独处置担保财产会降低其他破产财产的价值而应整体处置的除外。根据《企业破产法》第 109 条规定，对破产人的特定财产享有担保权的权利人，对该特定财产享有优先受偿的权利。担保权人优先受偿权不限于就变现价款的优先受偿权，还应包括对担保财产实现的权利即变现权。在破产程序中确保担保权人优先受偿的权利，是各国破产法普遍接受的一项原则。但是出于保障对企业进行挽救的需要，担保权人权利的行使仍然要受到重整程序的适当限制。

四、对债务人的债务人和财产持有人的效力

《企业破产法》第 17 条规定："人民法院受理破产申请后，债务人的债务人或者财产持有人应当向管理人清偿债务或者交付财产。债务人的债务人或者财产持有人故意违反前款规定向债务人清偿债务或者交付财产，使债权人受到损失的，不免除其清偿债务或者交付财产的义务。"

债务人的债务人是指对破产企业负有债务的人，即破产企业对其拥有债权的人。债务人的财产持有人是指基于各种原因而占有、控制、管理债务人财产的人，既包括依照法律规定而持有债务人财产的人，如行使留置权而形成的占有，又包括依据双方约定而持有债务人财产的人，如根据租赁、借用、保管等

合同而形成占有，还可以是非法占有债务人财产的人，如强行侵占债务人机械设备、车辆的人。人民法院受理破产申请后，债务人的债务人或者财产持有人应当向管理人清偿债务或者交付财产。①

债务人的债务人或者财产持有人故意违反法律规定向债务人清偿债务或者交付财产，使债权人受到损失的，不免除其清偿债务或者交付财产的义务。所谓故意违反规定，是指上述当事人明知或应知人民法院已经受理破产申请，仍向债务人清偿债务或者交付财产。所谓不免除清偿债务或者交付财产的义务，是以债权人因其行为而受到的实际损失范围为限确定。如果债务人的债务人或者财产持有人故意违反规定向债务人清偿债务或者交付财产，但债务人将接收到的清偿款项或者交付财产全部上交管理人，债权人并未受到损失，则不必承担民事责任。

五、管理人对未履行完毕合同的处置权

《企业破产法》第18条规定："人民法院受理破产申请后，管理人对破产申请受理前成立而债务人和对方当事人均未履行完毕的合同有权决定解除或者继续履行，并通知对方当事人。管理人自破产申请受理之日起二个月内未通知对方当事人，或者自收到对方当事人催告之日起三十日内未答复的，视为解除合同。"

法律赋予管理人对于人民法院受理破产申请后债务人和对方当事人均未履行完毕的合同有权决定解除或者继续履行。管理人决定解除或者继续履行合同，应当以保障债权人权益最大化为原则，同时还应考虑到对方当事人因合同解除而可能提出的损害赔偿额，综合权衡利弊。但是，对债务人已完全履行而对方当事人尚未履行或未履行完毕的合同，管理人无权决定解除，只能要求对方当事人继续履行。

六、债务人企业涉讼案件的影响

（一）对已经进行民事诉讼、仲裁程序的影响

《企业破产法》第20条规定："人民法院受理破产申请后，已经开始而尚未终结的有关债务人的民事诉讼或者仲裁应当中止；在管理人接管债务人的财产与管理事务后，该诉讼或者仲裁继续进行。"人民法院受理破产案件后，破

---

① 徐根才：《破产法实践指南》，法律出版社2016年版，第48页。

产案件受理后债务人企业所涉诉讼或者仲裁应当中止，因为此时债务人已经丧失对财产的管理、处分权，自然也就无权再就破产财产权益继续进行诉讼或仲裁，此权利应由接管破产财产的管理人承受。在管理人就任并能够接手诉讼或仲裁之前，诉讼或仲裁不得不暂时中止。管理人接受指定后，应尽快接管债务人的财产，熟悉了解债务人的情况后，致函中止诉讼法院或仲裁机构，继续进行该诉讼或仲裁。

（二）对后续与债务人有关的民事诉讼的影响

《企业破产法》第21条规定："人民法院受理破产申请后，有关债务人的民事诉讼，只能向受理破产申请的人民法院提起。"实践中，主要是债权人对管理人核查的债权数额不服而提起。

（三）关于企业破产涉刑民交叉问题

在进入破产程序的许多破产企业中，企业控股股东、实际控制人、法定代表人、其他企业高管（以下简称"企业股东及高管"）涉嫌集资类犯罪等经济犯罪，这便引发了如何处理破产程序与刑事程序相互交织即"刑民交叉"关系的问题。在既往的审判实践中，当出现两种程序交织时往往采用刑事程序优先的做法，即把刑事程序的终结作为启动民事程序的前提。

破产程序和一般民事诉讼程序存在区别，不能把破产程序简单地等同于一般民事诉讼程序；不能在破产案件中简单套用"先刑后民"规则。因为破产程序与一般民事诉讼程序（民事执行程序）本质上是不同的，破产程序是公平偿债程序，是对所有债权人的债权实施公平保护的一种特别法律程序。破产是对债务人现存全部法律关系的彻底清算和债权债务关系的彻底清结。所以破产程序在化解"企业股东及高管"涉嫌集资类犯罪等经济犯罪中具有一般民事诉讼程序无法比拟的优势。另外，破产法还有一个特点就是"实体法和程序法的结合"，其程序效力高于一般的民事诉讼程序。

破产审判实践中造成"刑民交叉"的情形有两种：一是在破产程序启动之前刑事程序已经启动；二是在破产程序启动之后刑事程序发生。对此，应当区别情况分别处理：

首先，针对第一种情况，即使刑事程序已经发生，如果破产申请符合法定条件，法院也应立案和进行破产申请审查。在破产申请审查过程中如果受理破产申请的法院认为具备破产申请的法定受理条件，且刑事程序不构成对破产程序的实质性影响，则应当作出受理破产申请的裁定，因此而启动破产程序。应当改变目前普遍存在的只要存在刑事程序，法院就一律拒绝启动破产程序的做法，恢复破产程序应有的法律严肃性。其次，针对第二种情况，已经启动的破产程序并不能因刑事程序的发生而必然自动中止。这是由破产程序所具有的法律特殊性和承担的特殊社会功能所决定的。

第三章　管理人制度

第一节　管理人概述

一、管理人的概念

管理人在不同的国家或者地区有不同的称谓。《美国联邦破产法》称为"破产托管人"、"临时管财人"和"政府破产托管人";英国《破产法》称为"官方管理人"、"受托人"和"清理人";法国《破产法》称为"司法管理人"和"受托清理人";德国《支付不能法》称为"支付不能管理人";日本《破产法》称为"破产管财人"。我国《企业破产法(试行)》使用了"清算组"这一独创的概念。《企业破产法》则称为"管理人",并在第三章中对此作了专门的规定。这些不同的称谓从某种意义上表征着立法者对管理人法律地位的不同考虑。

管理人,是指依照《企业破产法》的规定,破产案件受理后依法成立的,在法院的指导和监督之下全面接管债务人企业并负责债务人财产的保管、清理、估价、处理和分配等事务的专门机构。[①] 破产程序开始后,破产事务的管理和破产财产的清算工作繁杂沉重,加之大量的法律事务和非法律事务掺杂其间,因而远非法院的人力、物力所能胜任,故有必要成立专门的清算或管理机构。

管理人是破产程序的主要推动者和破产事务的具体执行者。管理人的能力和素质不仅直接影响企业破产的质量和效率,还关系到破产企业的命运与未来发展。2007 年最高人民法院根据《企业破产法》的精神发布了《最高人民法院关于审理企业破产案件指定管理人的规定》(以下简称《指定管理人规定》)和《最高人民法院关于审理企业破产案件确定管理人报酬的规定》(以下简称《管理人报酬规定》)两个司法解释。《企业破产法》和上述两个司法解释形成了目前管

---

① 王欣新:《破产法》(第三版),中国人民大学出版社 2011 年版,第 63 页。

理人制度的基本法制格局。

二、管理人的法律地位

管理人的法律地位，是指破产法律关系中管理人的权利与责任。管理人的法律地位关乎管理人法律制度的设计。解决管理人与债权人、债务人之间是一种什么样的法律关系，与法院之间权责怎么分配，管理人在什么情形下承担法律责任等问题都需要明确规定管理人的法律地位。关于管理人法律地位的理论学说，学术界具有代表性的观点主要有①：

1. 代理说。该学说较诸其他学说都为古老，迄今仍为一个重要的理论流派。该说认为管理人就是破产人代理人，他是以他人的名义行使破产程序的职务权限。将民法中的代理人理论引入管理人，认为管理人实质上是代表被代理人利益，以被代理人名义参加破产事务的代理人。该学说又分为三种学说：第一，债权人代理说，即认为基于破产宣告，债务人不再享有对破产财产的完整权利，全体债权人取得对破产财产的支配权，而管理人则代理全体债权人行使该权利。第二，债务人代理说，该说认为破产宣告后，债务人虽丧失了对破产财产的处分权，但在法律上仍然享有破产财产的所有权，管理人是法院任命用以代理债务人对破产财产进行处分还债的，是债务人的法定代理人。第三，债权人和债务人共同代理说，该说糅合了前两种学说的内容，认为管理人既可以代理债权人，也可以代理债务人，为实现各方利益的最大化不断地变更自己的角色，无固定的代理关系。代理说源自破产程序的自力救济主义，它的主要根据是认为破产程序的性质本质上是非诉程序，属于清偿关系，重在破产人与债权人之间的私人清偿关系，本质上是一种私权。

2. 职务说。该学说最早源自1892年3月30日德国帝国法院民事判例集中所载的一则判例，是破产程序公力救济主义的产物。该说认为，破产程序在法律上为全体债权人对破产人所进行的强制执行程序，重视国家强制执行机关对破产人与债权人之间的公法关系，因而管理人类似于执行机关的公务员，其行为是一种公务行为。它是与代理说相对立的一种理论学说。该说产生于破产程序"公力救济主义"的思想，突出了管理人"公权力机关"的地位。该说认为破产程序是为全体债权人的利益所进行的概括执行程序，管理人是基于职务参加破产程序，既不代表债务人，也不代表债权人，而是具有公法性质的执行机构。

---

① 参见孙创前主编：《破产管理人实务操作》，法律出版社2018年版，第11~16页。

3. 破产财团代表说。该说由德国汉堡大学民事诉讼法教授狄奇于 1964 年倡导，目前已成为世界上较流行的一种理论学说，我国有许多学者持该观点。他认为，债务人的财产因破产宣告而成为以破产清算为目的独立存在的财产，这些财产整体人格化而形成破产财团，管理人是这种人格化财产的代表机关，在破产人之外取得独立地位，以破产财团所有人的名义管理、变价和分配破产财产。

4. 信托说。信托说以英美法系的信托法律制度为基础，将管理人视为信托关系中的受托人。美国联邦破产法典、英国破产法都对管理人的法律地位作出明文规定，如美国将管理人称为"破产受托人"，在法律上具有独立于法院之外的地位，其仅以受托人的名义为法律行为。这种制度实际上就是将财产上的信托关系引入破产法，从而有效地避免了理论上的争议。

三、管理人的义务和责任

(一)管理人的义务

所谓管理人的义务是破产法对管理人履行职责的基本要求，同时也是管理人违反履行职责要求应当承担法律责任的基础。对于管理人义务的规定，大陆法系和英美法系采取了两种不同的方式：大陆法系传统上认为管理人应尽善良管理人的注意义务，而英美法系将管理人的基本义务比照适用信托法关于受托人义务的规定。

《企业破产法》主要借鉴了英美法系国家破产受托人理论，对管理人的基本义务也比照信托法中关于受托人义务的规定。《企业破产法》第 27 条规定："管理人应当勤勉尽责，忠实执行职务。"此条规定了管理人承担的一般义务是勤勉尽责，忠实执行职务。勤勉尽责就要求管理人要恪尽职责，尽到一个善良管理人的注意义务，其涉及管理技能和标准的法律认定，需结合《企业破产法》和相关司法解释规定的管理人任职资格加以判断。忠实执行职务，就要求管理人执行职务要忠诚老实，不弄虚作假，不搞欺诈，不得利用自身地位为自己或某一方利害关系人牟取不当利益，违反忠实义务通常表现为利益冲突、自我交易等。除一般义务规定外，《企业破产法》第 25 条、第 31 条、第 32 条、第 34 条到第 36 条、第 57 条、第 69 条等，以及《破产法司法解释二》第 6 条、第 9 条、第 25 条、第 42 条等还规定了管理人的具体职责。但是，对于管理人的义务和法律责任，规定得不够详细和系统。为此，我国一些高级人民法院和中级人民法院制定了管理人工作职责或规范的专门性文件，例如，上海市高级人民法院《上海法院企业破产案件管理人工作职责指引》（沪高法（审）〔2014〕号）、成都市中级人民法院《破产案件管理人工作规范（试行）》等规范性文件在总结破产审判经验的基础上，较为详细地规定了管理人的具体职责。

（二）管理人的法律责任

有义务就有责任，管理人在执行职务过程中，若违反法定义务，当然需要承担相应的责任。《企业破产法》第130条规定："管理人未依照本法规定勤勉尽责，忠实执行职务的，人民法院可以依法处以罚款；给债权人、债务人或者第三人造成损失的，依法承担赔偿责任。"《指定管理人规定》第39条规定："管理人申请辞去职务未获人民法院许可，但仍坚持辞职并不再履行管理人职责，或者人民法院决定更换管理人后，原管理人拒不向新任管理人移交相关事务，人民法院可以根据企业破产法第一百三十条的规定和具体情况，决定对管理人罚款。对社会中介机构为管理人的罚款5万元至20万元人民币，对个人为管理人的罚款1万元至5万元人民币。管理人有前款规定行为或者无正当理由拒绝人民法院指定的，编制管理人名册的人民法院可以决定停止其担任管理人一年至三年，或者将其从管理人名册中除名。"管理人的责任从法律性质上来说，可以分为民事责任、行政责任、刑事责任。

近年来，涉及管理人民事赔偿责任纠纷的案件不断出现。最高人民法院认为管理人系破产程序中为接管破产财产并负责破产财产的保管、清理、估价、处理和分配等事务而临时设立的专门职能机构，并非独立的民事主体。在涉及破产管理人民事责任的诉讼中，应当将担任管理人的中介机构列为被告。管理人对谨慎、忠实、信用、注意等基本义务的违反，是其承担民事责任的前提和依据。管理人未勤勉尽责，忠实执行职务的判断标准应当限定于管理人有故意或者重大过失的范围内，即必须有充分证据证明管理人在履行职务过程中因故意或重大过失造成破产财产损失时，才可追究管理人的民事赔偿责任。[①] 管理人民事赔偿责任在性质上属于侵权责任，各级法院在审理涉及管理人民事赔偿责任纠纷的案件中，应当按照侵权责任的构成要件认定管理人是否应当承担民事赔偿责任。

[①] 参见《中华人民共和国最高人民法院民事裁定书》，（2014）民申字第827号，最高人民法院网，http://www.court.gov.cn/wenshu/xiangqing-5220.html，2018年11月13日访问。

【案例 3-1】

河南安彩高科股份有限公司与华飞彩色显示系统有限公司
管理人责任纠纷一案

2011 年 8 月 19 日，江苏省南京市中级人民法院裁定受理北京化工厂对华飞彩色显示系统有限公司（以下简称华飞公司）的破产清算申请，同时指定江苏高的律师事务所为华飞公司破产管理人。2012 年 4 月 23 日，该院裁定宣告华飞公司破产。2011 年 8 月 19 日，一审法院裁定受理北京化工厂对华飞公司的破产清算申请之前，华飞公司因经营困难进行停产清算，在停产清算期间该公司提前与全体员工解除劳动合同，并向全体员工按工作年限支付经济补偿金和一次性补助 41639750 元。河南安彩高科股份有限公司（以下简称河南安彩公司）诉称：职工债权由管理人调查后列出清单并予以公示。而管理人在履行职务时，未将职工债权进行公示，将不属于职工债权中的 4100 万元列入所谓的职工安置奖励费，该部分费用不得参与破产受偿，更不能按第一顺序进行清偿。华飞公司管理人的行为违反法律规定，未尽到勤勉尽责、忠于执行职务的义务，严重侵害债权人河南安彩公司的合法权益，造成重大损失。故就河南安彩公司在 4100 万元的所占债权份额诉至南京市中级人民法院，请求判令华飞管理人赔偿其损失 12030220 元。一审法院认定河南安彩公司认为华飞管理人未勤勉尽责、忠于执行职务依据不足，一审法院对河南安彩公司的诉讼请求不予支持。河南安彩公司向江苏省高级人民法院提起上诉。2014 年 1 月 15 日，江苏省高级人民法院（2013）苏商终字第 0202 号民事判决书认为华飞公司股东熊猫电子公司、华东电子公司向华飞公司职工代为垫付一次性补偿款 41639750 元，而优先获得清偿，并无不当。且江苏省南京市中级人民法院亦已裁定确认华飞管理人制定的破产财产分配方案，故河南安彩公司主张华飞管理人未能勤勉尽责的上诉理由不能成立，本院不予采纳。后河南安彩公司向最高人民法院申请再审。2014 年 7 月 11 日，最高人民法院（2014）民申字第 827 号再审民事裁定书认为，依照《企业破产法》的规定，管理人应当勤勉尽责，忠实履行职务；管理人未勤勉尽责，忠实执行职务，给债权人、债务人或者第三人造成损失的，应当依法承担赔偿责任。管理人对谨慎、忠实、信用、注意等基本义务的违反，是其承担民事责任的前提和依据。管理人未勤勉尽责，忠实执行职务的判断标准应当限定于管理人有故意或者重大过失的范围内，即必须有充分证据证明管理人在履行职务过程中因故意或重大过失造成破产财产损失时，才可追究管理人的民事赔偿责任。华飞管理人认定华飞公司熊猫电子公司、华东电子公司两股东单位垫资款项应当按照职工债权的受偿顺序在破产财产分配时，由熊猫电子公司、华东电子公司优先获得清偿，并无不当。且江苏省南京市中级人民法院亦已裁定确认华飞管理人制定的破产财产分配方案，故河南安彩公司主张华飞管理人未能勤勉尽责的上诉理由不能成立，本院不予采纳。[①]

第二节　管理人的选任

一、管理人的任职资格

管理人的任职资格由法律规定，即具备什么样条件的主体可以担任破产案件的管理人。管理人的任职资格主要涉及两个问题，一是管理人应当由自然人还是社会组织担任；二是管理人任职的具体资格要求。对于前者，多数国家立法规定，管理人须由自然人而非社会组织出任。如德国《支付不能法》第56条第1款规定：“应当任命一名对具体案件来说合适的，特别是懂行且独立于债权人及债务人的自然人为破产管理人。”英国《破产法》第390条第1款规定：“非自然人无资格担任破产执业人。”少数国家规定，管理人不限于自然人，也规定社会组织可以担任管理人。如日本、美国等国的破产法都规定法人可以担任管理人。各国立法大多重视对管理人任职的具体资格的规定。在英国，具有会计师、律师资格的人可以充当管理人。其他符合条件的人也可以充当管理人。作为专职管理人，则必须首先通过专业特殊考试，具有3年以上从事破产事务的经验，并且参加相关的行业协会；在美国，一般要求任职的管理人具有较高的道德水准且与债务人和债权人无利益冲突；在德国，管理人须有专业知识，实践中可由大学教授、律师、会计师等专业人士担任。[②]

---

① 参见《中华人民共和国最高人民法院民事裁定书》，〔2014〕民申字第827号，载最高人民法院网，http://www.court.gov.cn/wenshu/xiangqing-5220.html,2018年11月13日最后访问。

② 王欣新主编：《破产法原理与案例教程》(第二版)，中国人民大学出版社2015年版，第71~73页。

　　我国《企业破产法》及《指定管理人规定》对管理人的主体及任职资格作了较为详尽的规定。《企业破产法》第 24 条第 1 款和第 2 款规定："管理人可以由有关部门、机构的人员组成的清算组或者依法设立的律师事务所、会计师事务所、破产清算事务所等社会中介机构担任。人民法院根据债务人的实际情况，可以在征询有关社会中介机构的意见后，指定该机构具备相关专业知识并取得执业资格的人员担任管理人。"按照这条规定，管理人可以由以下主体担任：

　　1. 有关部门、机构的人员组成的清算组。《企业破产法》保留了清算组可以担任管理人的制度，主要原因是我国目前大量国有企业面临破产，如何避免国有资产流失以及职工安置等问题，都不得不依赖于政府各部门的支持、协调、配合。《指定管理人规定》第 18 条明确了清算组担任管理人的案件范围：①破产申请受理前，根据有关规定已经成立清算组，人民法院认为符合《指定管理人规定》第 19 条的规定。《指定管理人规定》第 19 条规定："清算组为管理人的，人民法院可以从政府有关部门、编入管理人名册的社会中介机构、金融资产管理公司中指定清算组成员，人民银行及金融监督管理机构可以按照有关法律和行政法规的规定派人参加清算组。"②审理《企业破产法》第 133 条规定的案件。《企业破产法》第 133 条规定："在本法施行前国务院规定的期限和范围内的国有企业实施破产的特殊事宜，按照国务院有关规定办理。此条规定指的是国有企业政策性破产案件。"③有关法律规定企业破产时成立清算组的。④人民法院认为可以指定清算组为管理人的其他情形。

　　2. 依法设立并编入管理人名册的律师事务所、会计师事务所、破产清算事务所等社会中介机构。

　　3. 上述社会中介机构中从业并具备相关专业知识，取得执业资格的并被编入个人管理人名册中的自然人。

　　按照《企业破产法》第 24 条第 2 款的规定，人民法院根据债务人的实际情况，可以在征询有关社会中介机构的意见后，指定该机构具备相关专业知识并取得执业资格的人员担任管理人。考虑到有些规模较小、债权债务关系又比较简单的债务人，也可以由法院征求有关机构的意见后，指定符合条件的个人担任管理人。自然人担任管理人要取得执业资格，并且要参加执业责任保险。

　　《企业破产法》第 24 条第 3 款规定："不得担任管理人的情形：（一）因故意犯罪受过刑事处罚；（二）曾被吊销相关专业执业证书；（三）与本案有利害关系；（四）人民法院认为不宜担任管理人的其他情形。"

　　《指定管理人规定》第 9 条规定："社会中介机构及个人具有下列情形之一

的，人民法院可以适用企业破产法第二十四条第三款第四项的规定：（一）因执业、经营中故意或者重大过失行为，受到行政机关、监管机构或者行业自律组织行政处罚或者纪律处分之日起未逾三年；（二）因涉嫌违法行为正被相关部门调查；（三）因不适当履行职务或者拒绝接受人民法院指定等原因，被人民法院从管理人名册除名之日起未逾三年；（四）缺乏担任管理人所应具备的专业能力；（五）缺乏承担民事责任的能力；（六）人民法院认为可能影响履行管理人职责的其他情形。"

《指定管理人规定》第 23 条规定："社会中介机构、清算组成员有下列情形之一，可能影响其忠实履行管理人职责的，人民法院可以认定为企业破产法第二十四条第三款第三项规定的利害关系：（一）与债务人、债权人有未了结的债权债务关系；（二）在人民法院受理破产申请前三年内，曾为债务人提供相对固定的中介服务；（三）现在是或者在人民法院受理破产申请前三年内曾经是债务人、债权人的控股股东或者实际控制人；（四）现在担任或者在人民法院受理破产申请前三年内曾经担任债务人、债权人的财务顾问、法律顾问；（五）人民法院认为可能影响其忠实履行管理人职责的其他情形。"第 24 条规定："清算组成员的派出人员、社会中介机构的派出人员、个人管理人有下列情形之一，可能影响其忠实履行管理人职责的，可以认定为企业破产法第二十四条第三款第三项规定的利害关系：（一）具有本规定第二十三条规定情形；（二）现在担任或者在人民法院受理破产申请前三年内曾经担任债务人、债权人的董事、监事、高级管理人员；（三）与债权人或者债务人的控股股东、董事、监事、高级管理人员存在夫妻、直系血亲、三代以内旁系血亲或者近姻亲关系；（四）人民法院认为可能影响其公正履行管理人职责的其他情形。"

二、管理人的选任

（一）域外国家和地区关于管理人的选任方式

目前，世界各国及地区立法关于管理人的选任方式，主要存在三种立法例：

1. 由法院选任并指定管理人。此方式为日本、西班牙等国采用（我国也采用这一方式）。法院在破产程序中决定指定何人为管理人，债权人会议一般不得干预。但债权人会议对法院指定的管理人不服的，可以向法院提出异议。

2. 由债权人会议选任管理人。以美国、加拿大等国为代表。在这些国家破产宣告后，由债权人会议选任管理人，在破产宣告至管理人被选任出来前或债权人会议一直未选任出管理人这两种情况下，由法院任命临时管理人负责清算事务。

3. 由债权人会议选任和法定权力机关指定：这以德国为代表，但这种选任方式可能导致事权不一，因而受到较多的批评。

(二)我国管理人的选任方式——管理人名册制度

我国在管理人的执业资格管理上采用管理人名册制度。管理人名册的编制是由高级人民法院或中级人民法院根据本辖区律师事务所、会计师事务所、破产清算事务所等社会中介机构及专职从业人员数量和企业破产案件数量，确定编制管理人名册。浙江省高级人民法院建立了较为完备的管理人名册制度。浙江省高级人民法院分别编制了社会中介机构管理人和个人管理人名册，即《浙江省人民法院破产案件社会中介机构管理人名册》和《浙江省人民法院破产案件个人管理人名册》，并邀请省外法院编制的破产案件管理人名册内的社会中介机构到浙江省备案履职。[①]《浙江省高级人民法院关于规范企业破产案件管理人工作若干问题的意见》对管理人的指定、定期业务培训、提交《履职报告》进行规定，分级建立管理人履职资料库，对管理人进行较全面的管理。浙江省、广东省等省市高级人民法院或中级人民法院还建立了对管理人的分级管理制度。高级人民法院或者自行编制管理人名册的中级人民法院可以综合考虑管理人的专业水准、工作经验、执业操守、工作绩效、勤勉程度等因素，合理确定管理人等级，对管理人实行分级管理、定期考评。由法院司法技术部门对申报的中介机构和个人采用书面审核、询问、实地考察等方式进行初审后，再由法院评审委员会根据评分标准确定一级、二级、三级管理人。个人管理人不分级。并将破产案件分为重大破产案件、普通破产案件和小额破产案件三类，不同种类的破产案件在对应同级管理人名册中产生管理人。[②]

(三)管理人的指定

1. 指定管理人的一般规则

受理企业破产案件的人民法院指定管理人，一般应从本地管理人名册中指定，必要时也可以从外省市编制的管理人名册中指定。一级管理人可以担任所

---

①　《浙江省高级人民法院关于邀请省外破产案件管理人社会中介机构备案履职的通告》，2016 年 5 月 16 日，浙高法鉴〔2016〕2 号。

②　《深圳市中级人民法院破产案件管理人分级管理办法》，2013 年 5 月 23 日，深中法发〔2013〕3 号。

有案件的管理人，二级管理人可以担任二类、三类破产案件的管理人，三级管理人只能担任三类破产案件的管理人。受理破产案件的人民法院可根据具体案情，将破产案件分为一类、二类、三类破产案件。破产案件类别由人民法院认定。

2. 管理人的指定方式

(1)随机方式指定管理人。《指定管理人规定》第 20 条规定："人民法院一般应当按照管理人名册所列名单采取轮候、抽签、摇号等随机方式公开指定管理人。"目前，各地法院一般是在管理人名册中摇号产生管理人。

(2)竞争方式指定管理人。对于商业银行、证券公司、保险公司等金融机构、上市公司破产案件，或者在全国范围有重大影响、法律关系复杂、债务人财产分散的企业破产案件，人民法院可以采取公告的方式，邀请编入各地人民法院管理人名册中的社会中介机构参与竞争，从参与竞争的社会中介机构中指定管理人。参与竞争的社会中介机构不得少于三家。人民法院应当组成专门的评审委员会。评审委员会应当结合案件的特点，综合考量社会中介机构的专业水准、经验、机构规模、初步报价等因素，从参与竞争的社会中介机构中择优指定管理人。被指定为管理人的社会中介机构应经评审委员会成员二分之一以上通过。采取竞争方式指定管理人的，人民法院应当确定一至两名备选社会中介机构，作为需要更换管理人时的接替人选。

(3)指定清算组担任管理人。依照《指定管理人规定》第 18 条规定："企业破产案件有下列情形之一的，人民法院可以指定清算组为管理人：(一)破产申请受理前，根据有关规定已经成立清算组，人民法院认为符合本规定第十九条的规定；(二)审理企业破产法第一百三十三条规定的案件；(三)有关法律规定企业破产时成立清算组；(四)人民法院认为可以指定清算组为管理人的其他情形。"第 19 条规定："清算组为管理人的，人民法院可以从政府有关部门、编入管理人名册的社会中介机构、金融资产管理公司中指定清算组成员，人民银行及金融监督管理机构可以按照有关法律和行政法规的规定派人参加清算组。"

人民法院应当鼓励两家以上具备资质的中介机构联合担任同一破产案件的管理人，共同履行管理人职责。联合担任管理人的请求符合自愿协商、优势互补、权责一致要求且确有必要的，人民法院可以准许。人民法院指定管理人的同时应当指定负责人。管理人需要变更负责人的，应当向人民法院申请变更。

3. 管理人的更换

（1）债权人会议决议并向人民法院申请，由人民法院决定。若管理人不能依法、公正执行职务或者有其他不能胜任职务情形的，经债权人会议决议认定，由债权人会议主席代表债权人会议向人民法院申请予以更换。

（2）人民法院直接决定。依照《指定管理人规定》第33条规定："社会中介机构管理人有下列情形之一的，人民法院可以根据债权人会议的申请或者依职权径行决定更换管理人：（一）执业许可证或者营业执照被吊销或者注销；（二）出现解散、破产事由或者丧失承担执业责任风险的能力；（三）与本案有利害关系；（四）履行职务时，因故意或者重大过失导致债权人利益受到损害；（五）有本规定第二十六条规定的情形。清算组成员参照适用前款规定。"第34条规定："个人管理人有下列情形之一的，人民法院可以根据债权人会议的申请或者依职权径行决定更换管理人：（一）执业资格被取消、吊销；（二）与本案有利害关系；（三）履行职务时，因故意或者重大过失导致债权人利益受到损害；（四）失踪、死亡或者丧失民事行为能力；（五）因健康原因无法履行职务；（六）执业责任保险失效；（七）有本规定第二十六条规定的情形。清算组成员的派出人员、社会中介机构的派出人员参照适用前款规定。"

（3）管理人申请辞去职务。管理人有正当理由申请辞去职务，人民法院可参照适用《指定管理人规定》第33条、第34条规定的情形决定是否许可。管理人无正当理由申请辞去职务，人民法院不予许可；管理人仍坚持辞去职务并不再履行管理人职责的，人民法院应当决定更换管理人。

人民法院决定更换管理人的，应将决定书送达原管理人、新任管理人、破产申请人、债务人以及债务人的注册登记机关，并予公告。人民法院决定更换管理人的，原管理人应当自收到决定书之次日起，在人民法院监督下向新任管理人移交全部资料、财产、营业事务及管理人印章，并及时向新任管理人书面说明工作进展情况。原管理人不能履行上述职责的，新任管理人可以直接接管相关事务。

【司法文件3-1】

《淄博市中级人民法院关于规范企业破产案件
管理人选任工作的实施办法（试行）》节选

……

第二条　【管理人选任范围】管理人一般应当从《山东省高级人民法院企业破产案件管理人名单》中选任。

第三条　【管理人选任主体】管理人选任程序一般由管理人选任委员

会(以下简称"选任委员会")组织实施。

选任委员会由人民法院根据破产案件受理审查情况,在征求申请人、债务人及其他已知主要债权人的意见后,从申请人、债务人、担保债权人、职工债权人、税款债权人、普通债权人中确定3~9人(单数)组成(同类别债权人中优先选定债权份额较大的债权人),人民法院同时确定申请人或一名主要债权人作为召集人,债务人驻地政府或有关职能部门可派员参加。债务人不参加管理人选任委员会的,不影响选任委员会的组成。

第四条 【选任委员会职责与议事规则】选任委员会应当对以下事项形成决议:1. 管理人选任方式;2. 管理人选任人选;3. 与选任管理人有关的其他事项。

选任委员会的决议,应当由委员会成员过半数通过,并形成会议记录,报请人民法院审查确认。

第五条 【管理人选任依据与方式】选任委员会根据债务人情况、案件情况等,并可参考管理人履职信息数据库,确定以推荐或招投标方式选任管理人。

选任委员会以招投标方式选任管理人的,相关程序接受人民法院指导与监督。

第六条 【备选管理人】选任委员会选任管理人,应当一并排序确定两名备选管理人,作为更换管理人时的接替人选。

第七条 【人民法院对选任过程的指导与监督】人民法院对管理人选任过程进行指导与监督。

选任委员会成员应当签署承诺书,承诺根据案件情况以及管理人团队建设、社会评价、工作业绩等,按照公平公正原则选任管理人。

选任委员会成员发表选任意见时应当说明选任理由,并记录在案,报请法院审查。

第八条 【人民法院对选任管理人人选的审查】人民法院对选任委员会选任的管理人人选进行审查;没有不得担任管理人的相关法定情形的,人民法院应当指定选任人选为管理人。

如果存在《最高法院〈指定管理人的规定〉》第二十三条、第二十四条规定的任职回避情形,或《最高法院〈指定管理人的规定〉》第二十六条、第三十三条、第三十四条规定的不能担任管理人的情形时,人民法院按照备选管理人排序审查确定管理人。

第九条 【选任委员会未选任管理人的处理】债务人、债权人无法组成选任委员会，或选任委员会未能选出管理人人选，或选任委员会决议申请人民法院选任管理人的，人民法院依法选任管理人。

重大破产案件一般应当以竞争方式选任管理人，其他破产案件以竞争或随机方式选任管理人。

第十条 【清算组内中介机构的选任】破产申请受理前，根据有关规定成立清算组的，清算组中的社会中介机构应当依照本办法选任，《最高法院〈指定管理人的规定〉》第二十二条规定的情形除外。

【评析】《淄博市中级人民法院关于规范企业破产案件管理人选任工作的实施办法（试行）》是对我国目前通行的破产管理人选任方式的重大突破。由债权人组成选任委员会按一定程序选任破产管理人，能够明确界定破产管理人的法律地位，符合国际上破产法选任管理人制度发展的趋势。

第三节 管理人接管工作规程

一、管理人的职责

人民法院指定管理人以后，管理人应当勤勉尽责，恪尽职守，履行谨慎合理、积极高效管理的义务。依据《企业破产法》第 25 条的规定，管理人应当履行下列职责：

1. 接管债务人的财产、印章和账簿、文书等资料；
2. 调查债务人财产状况，制作财产状况报告；
3. 决定债务人的内部管理事务；
4. 决定债务人的日常开支和其他必要开支；
5. 在第一次债权人会议召开之前，决定继续或者停止债务人的营业；
6. 管理和处分债务人的财产；
7. 代表债务人参加诉讼、仲裁或者其他法律程序；
8. 提议召开债权人会议；
9. 人民法院认为管理人应当履行的其他职责。

二、管理人接管前的准备工作

接收人民法院指定为破产企业管理人的决定书后，管理人要进入工作状态，做好接管债务人财产前团队组建、建章立制、办理相关手续等方面的准备工作。

（一）组建破产管理人工作团队

管理人应当根据破产案件的实际情况组建管理人工作团队，合理配置工作人员，并将团队名单报人民法院备案。

管理人团队应当指定负责人，对外代表管理人，对内全面负责团队管理。根据破产案件的实际需要，设立内部职能机构，分工履行职责。内部职能机构可设立以下工作组：综合组，负责管理人日常工作事务；债权审核组，负责债权的申报、登记、审查和编制债权表等；资产管理组，负责破产企业财产的管理、清算及评估、变价、分配；安置及维稳组，负责编制破产企业员工名册，准确计算员工债权数额，实施职工分流方案，管理破产企业留守人员，及时有效化解企业破产引发的社会矛盾纠纷，加大对不稳定因素的预防预控，发现有新的犯罪线索交公安部门侦查或处置。

管理人更换管理人团队成员或调整分工，管理人负责人应及时将调整结果书面报告人民法院。

（二）制定管理人工作方案

【文书样式 3-1】

××××（债务人名称）管理人工作方案

为了使破产工作顺利、有序、高效地开展，现管理人在法院的监督与指导下，本着对法院负责，对企业负责，对债权人负责的精神，依据国家的有关法律、法规及政策，结合实际工作需要，特拟定本工作方案，本方案将根据破产案件的实际进展适时作出调整。

一、破产工作的基本原则

1. 应当勤勉尽责、忠实执行职务，并始终贯彻审慎原则，依法办理相关事务，切实防范法律风险。

2. 应当注重工作效率，节约破产费用，减少共益费用。

3. 应当依法向人民法院报告工作，并依法接受债权人会议和债权人委员会的监督。

4. 应当严格履行保密义务。对于在执业中知悉的有关债务人、债权人和其他利害关系人的商业秘密、个人隐私以及其他不能对外披露的事项，管理人应当予以保密。

5. 不得以任何方式将管理人应当履行的职责全部或者部分转让给其他社会中介机构或者个人。

二、管理人的主要工作任务

（一）债权清收

1. 审查债务人财产清册；

2. 按照法律规定并根据工作计划协助法院及时发出催收通知，并且做好相应的登记工作；

3. 编制清收计划，确定清收人员，并按计划组织实施。

（二）债权申报登记

1. 审查、编制债权清册；

2. 按照法律的相关规定并根据工作计划协助法院在法律规定的时间内，向已知债权人发出申报债权通知书，并做好相应登记工作；

3. 负责对债权人的联系和接待，并对申报的债权进行确认、登记。

（三）审计、评估

1. 审查企业提供的资产清册是否符合破产工作要求，并完善与破产工作有关的财务手续和文件，如贷款合同及抵押贷款合同等；

2. 全面审查企业财务状况，及时调整账目报表，在最短的时间内完成财务审计工作；

3. 组织盘点债务人资产工作并做好登记；

4. 做好债务人应收款中呆账、坏账的核销及资产的盘盈、盘亏、报废的处理工作；

5. 进行评估立项并在资产盘点的基础上，做好资产的评估工作及评估之后的确认工作。

（四）财务与保障

1. 拟定破产期间所需的各种文件材料或书面报告，并负责对企业所移交的公章及文字资料的管理等；

2. 负责督促、监督企业留守人员；

3. 对管理人负责，并要及时与法院沟通或取得联系；

4. 生活、办公等方面的综合后勤工作；

5. 接待工作包括对职工和债权人等的接待；

6. 财务工作，主要指破产费用的管理，包括编制预算，建立账户，拟定财务管理制度，专人负责等；

7. 保护企业资产；

8. 协调工作。

三、阶段性工作计划

根据破产案件审理的进程，管理人的工作从总体上分为4个阶段。

（一）基础工作阶段

1. 管理人根据法律有关规定全面接管债务人，全面完成交接工作；

2. 完成对债权清册、债务清册、资产状况明细表、资产负债表等审查、补充和登记工作；

3. 通知已知债权人；

4. 选择并聘请审计、评估人员，签订相关合同；

5. 开始职工花名册的审查确认工作。

（二）审计审核阶段

1. 审计、评估人员进厂工作，审计人员完成对基准日资产负债表的审查或填报工作，并同时进行评估立项工作；

2. 审计调整、评估论证，出具阶段性评估报告数据；

3. 职工花名册应统计核定完毕，职工构成的界定应有定论，能够计算出拖欠职工工资、养老保险和医疗保险等费用，以及在职职工和离退休人员的安置费用；

4. 开始债权申报的登记确认工作，并且要分类登记；

5. 根据资产构成，评估初步结果及职工各项费用明细减产费用等，开始初步论证分配方案问题。

（三）汇总阶段

1. 完成账目调整与资产认定工作；

2. 完成已知债权人的债权申报登记与确认工作；

3. 出具正式审计与评估报告的样稿；

4. 起草清算报告初稿，继续论证分配方案相关问题。

（四）收尾阶段

1. 完成评估确认工作；

2. 全面检查工作是否遗漏；

3. 确定分配方案，确定破产报告；

4. 准备债权人会议，做好开会前的一切准备工作，包括材料、人员、物品及会场等，并进一步仔细检查破产工作，对分配方案做最后的检验测算，而且要对可能出现的问题进行预测及准备好应变策略。

四、工作要求

1. 管理人工作人员在人民法院的监督指导下，依据法律、法规等规定，依法进行公正合理的清算。

2. 按时间规定完成工作任务，如有特殊情况需要延长的，要及时请示法院批准。

3. 管理人工作人员在工作中，对企业债权人、债务人及咨询问题的职工，要热情、礼貌待人，耐心解答问题及进行必要的法律宣传，应当树立朴素的形象。

4. 各种书面材料需经组长同意加盖公章后方可进行发送。

5. 对×××公司领导班子成员的要求：

（1）原企业法定代表人及主管部门，积极配合好管理人工作并协调与政府各部门的工作，同时，协助管理人处理有关问题。

（2）为保证清算工作按预期进行，原企业法定代表人及主管部门人员应恪尽职守，保证该企业财务人员等积极响应管理人的各项工作要求，并负责筹集破产费用，保证资金如期到位。

五、工作纪律

1. 管理人工作人员应当认真负责，按时出席管理人会议，按时完成工作计划。

2. 管理人工作人员应当做好保密工作，对清算工作管理人成员无宣传义务。对向外透露清算秘密、失职等造成损失的追究行政和法律责任。

××××(债务人名称)管理人

××××年××月××日

（三）刻制印章，开设账户

管理人应当在收到指定管理人决定书之日起 10 个工作日内，持受理破产申请裁定书、指定管理人决定书、刻制印章函等法律文书到公安机关刻制管理人印章，管理人印章交人民法院封样备案后启用。管理人印章刻制后，管理人可以持人民法院受理破产申请的裁定书、人民法院指定管理人的决定书和管理人的决定及身份证明等文件材料，到银行申请开立管理人账户。

（四）制定各项规章制度

管理人应当制定各项工作制度，包括但不限于财务收支管理制度、管理人印章管理和使用办法、档案管理制度、开会制度、向人民法院报告制度、处理突发事件应急预案等。

【文书样式3-2】

关于提请人民法院许可聘用工作人员的报告

（××××）××破管字第×号

××××人民法院：

　　本管理人在破产管理工作中，根据《中华人民共和国企业破产法》第二十八条之规定，拟聘请以下人员作为×××（债务人名称）（重整/和解/破产清算）案件的工作人员：

　　1. 拟聘工作人员姓名＿＿＿＿；工作内容：＿＿＿；拟聘请期限为自××××年××月××日至××××年××月××日止；拟聘请费用为×××元；聘用理由：

　　……

　　特此报告。

（管理人印鉴）

××××年××月××日

附：1. 拟签订的《聘用合同》复印件；

　　2. 拟聘请工作人员简历复印件；

　　3. 拟聘请工作人员证件复印件；

　　4. 拟聘请工作人员联系方式：＿＿＿＿＿＿＿＿。

【文书样式3-3】

申　请　书

（管理人刻制公章用）

××××人民法院：

　　×××（债务人名称）管理人于××××年××月××日，因工作需要，申请刻制×××（债务人名称）××章、××专用章各×枚。

　　现委托×××（身份证号码××××）前来办理刻章备案手续。

　　特此报告。

（管理人印鉴）

××××年××月××日

附：1. 民事裁定书；

2. 指定管理人决定书；

3. 担任管理人的社会中介机构出具的介绍信；

4. 经办人的身份证复印件等。

【文书样式 3-4】

通　知　书

××××公安局：

　　××××年××月××日，本院裁定受理（××××）×破（预）字第×-×号破产案，指任××××（管理人名称）为×××（债务人名称）管理人，因工作需要，需刻制：

　　1. ＿＿＿＿＿＿＿＿＿＿＿＿＿＿章，＿＿＿＿枚；

　　2. ＿＿＿＿＿＿＿＿＿＿＿＿＿＿章，＿＿＿＿枚；

　　3. ＿＿＿＿＿＿＿＿＿＿＿＿＿＿章，＿＿＿＿枚；

　　……

（院印）

××××年××月××日

附：1. 民事裁定书；

2. 指定管理人决定书；

3. 担任管理人的社会中介机构出具的介绍信；

4. 经办人的身份证复印件等。

【文书样式 3-5】

介　绍　信

××××公安局：

　　兹有我所＿＿＿＿＿＿律师等＿＿＿＿＿＿人前往贵处刻制＿＿＿＿＿＿（债务人名称）公司破产案件管理人印章＿＿＿＿＿＿＿＿＿＿＿＿＿＿＿＿等相关事宜，请予接洽。

　　致礼

××××律师事务所

××××年××月××日

【文书样式 3-6】

介　绍　信
（开设管理人账户用）

中国××银行××支行：

　　兹有我所×××公司管理人×××，身份证号：××××，前往贵行办理开户一切事宜，望予以协助办理。

　　特此证明

×××律师事务所

××××年××月××日

【文书样式 3-7】

授权委托书
（开设管理人银行账户用）

　　兹委托×××为×××公司管理人的受托人，授权其代表×××公司管理人办理×××公司破产重整一案的相关事宜，授权范围如下：

　　开设×××公司管理人银行账户。

（管理人印鉴）

××××年××月××日

三、协助人民法院履行相关法律程序

1. 协助人民法院登报公告和在全国企业破产重整信息网上发布公告；
2. 协助人民法院通知有关机关解除对债务人的财产保全措施；
3. 协助人民法院通知有关人民法院中止对债务人的强制执行程序；
4. 协助人民法院通知有关人民法院中止对债务人的民事诉讼；
5. 协助人民法院通知有关仲裁机构中止对债务人的仲裁程序。

四、管理人接管职责

（一）接管准备工作

1. 召开交接工作会议。由管理人工作人员和债务人工作人员召开交接会

议。会议的主要内容有:

(1)管理人工作人员告知接管债务人财产的相关法律政策,说明管理人的职责和债务人相关人员的法定义务及责任;

(2)听取债务人负责人介绍目前公司情况及财产状况;

(3)商定交接的对口人员、交接步骤、交接程序等具体交接事宜;

(4)管理人要求债务人的有关人员做好财产交接的准备工作:安排分工负责人员、继续妥善管理公司财产、整理账簿文书资料、开列财产交接清单等;

(5)法院案件承办人员参与交接的全部过程,并在监交栏处签字。

管理人对债务人的财产、印章和账簿、文书等资料情况有基本了解后,可以对债务人的财产、印章和账簿、文书等资料进行全面接管,也可以根据实际情况进行分期、分批接管。

2. 管理人应当制定接管方案,报人民法院备案。

(二)接管内容

1. 管理人应当接管债务人的财产、印章和账簿、文书等资料,包括但不限于:

(1)债务人的包括动产和不动产在内的实物财产及其权利凭证;

(2)债务人的现金、有价证券、银行账户印鉴、银行票据;

(3)债务人的知识产权、对外投资、特许权等无形资产的权利凭证;

(4)债务人的公章、财务专用章、合同专用章、海关报关章、法定代表人人名章及其他印章;

(5)债务人的法人营业执照、税务登记、外汇登记证、海关登记证明、经营资质文件等与债务人经营业务相关的批准、许可或授权文件;

(6)债务人的总账、明细账、台账、日记账、会计凭证、重要空白凭证、会计报表等财务账簿及债务人审计、评估等资料;

(7)债务人的批准设立文件、章程、管理制度、股东名册、股东会决议、董事会决议、监事会决议以及债务人内部会议记录等档案文件;

(8)债务人的各类合同协议及相关债权、债务等文件资料;

(9)债务人诉讼、仲裁案件及其案件材料;

(10)债务人的人事档案文件;

(11)债务人的电脑数据和授权密码;

(12)不属于债务人所有但由债务人占有或者管理的相关人的财产、印章和账簿、文书等资料,管理人应当一并接管;

（13）债务人分支机构的财产、印章和账簿、文书等资料；

（14）债务人的其他重要资料。

2. 资料交接手续。管理人应当与债务人的有关人员办理交接手续，并由管理人和债务人的有关人员在交接书和交接清单上共同签字确认。应接管的债务人的财产、印章和账簿、文书等资料在实际交接时未能交接的，应当在交接书或者交接清单上予以注明。

3. 制定财产管理方案并管理财产。

（三）确定债务人留守人员

管理人完成接管后，经人民法院许可，可以聘用债务人的有关人员作为留守人员。管理人决定聘用留守人员时，应当与其签订聘用合同。聘用合同应当对双方的权利义务、劳动报酬标准等事项作出明确约定。留守人员的劳动报酬原则上不高于原报酬，从破产费用中支出。

（四）决定债务人的营业状态

依据《企业破产法》第 26 条规定，在第一次债权人会议召开之前，管理人决定继续或者停止债务人的营业，应当经人民法院许可。

【文书样式 3-8】

关于提请人民法院许可继续/停止债务人营业的报告

（××××）××破管字第×号

××××人民法院：

本管理人在接管债务人财产后，经调查认为，债务人继续营业将有利于/不利于广大债权人、职工和相关各方的利益，决定继续/停止债务人的营业，详细理由见附件《关于继续/停止债务人营业的分析报告》。

现根据《中华人民共和国企业破产法》第二十六条之规定，请贵院予以许可。

特此报告。

（管理人印鉴）

××××年××月××日

附：《关于继续/停止债务人营业的分析报告》

（五）决定债务人的内部管理事务

【文书样式3-9】

×××律师事务所
管理人内部管理方案

×××律师事务所依据《中华人民共和国律师法》和《中华人民共和国企业破产法》的有关规定，接受×××人民法院的指定，担任×××公司破产案件的管理人。现依据法律和债务人的实际情况，对管理人聘用的人员除要求定员定岗，在破产案件处理期间应履行岗位责任制外，特作出如下规定，以便遵照执行：

一、对财务人员的规定

1. 现金管理。现金收入应于当日存入银行，库存备用金为××元；财务人员须严格遵守《现金管理暂行条例》，定期清查。

2. 支票管理。严格遵守支票管理的有关规定；严格履行请领、签发、保管、核销、及时报账等制度；不得签发空头支票、远期支票、空白支票。

3. 会计核算管理。严格按照《中华人民共和国会计法》的有关规章制度建立会计账册，做到：根据审核无误的原始凭证填制记账凭证；登记会计账簿应连续，不得跳行、隔页，定期结账、对账，保证账证相符、账账相符、账实相符。

4. 认真履行会计监督职责。会计人员对不真实、不合法的原始凭证不予受理，对于伪造、编造、故意毁坏会计账簿或者账外设账的行为，应及时纠正，必要时向破产管理人负责人反映。财务人员定期向破产管理人负责人汇报财务管理人状况。

二、对行政人员的管理规定

1. 收、发文件必须进行统一记录。

2. 对聘用人员出勤情况负责考核。

3. 负责债务人日常办公管理。

4. 车辆使用必须填写请示单，并监督及时返还。

5. 监督和实施财产管理人员岗位责任考核。

三、对合同的管理规定

1. 合同管理由行政秘书负责。

2. 对聘用人员的合同实行单独管理。

3. 对合同履行、终止等问题必须经破产管理人同意后，方可执行。

4. 未经破产管理人同意，不得自行对外签订任何合同。

四、对财产的管理规定

1. 财产管理应确定岗位责任制。

2. 除夜间值守外，财产管理人员应制定巡视制度，每次巡视的人数应为两人。

3. 密切关注天气变化，并且根据天气变化对财产提供相应的保护措施。

4. 严格遵守防火制度。

以上岗位应严格按照本方案的内容执行，若违反规定，将严格按照双方签订的聘用合同处理。

五、本规定报经×××人民法院批准后生效。

六、本规定的最终解释权归×××律师事务所。

×××律师事务所

××××年××月××日

（六）决定债务人合同的解除或履行

《企业破产法》第18条规定："人民法院受理破产申请后，管理人对破产申请受理前成立而债务人和对方当事人均未履行完毕的合同有权决定解除或者继续履行，并通知对方当事人。管理人自破产申请受理之日起二个月内未通知对方当事人，或者自收到对方当事人催告之日起三十日内未答复的，视为解除合同。管理人决定继续履行合同的，对方当事人应当履行；但是，对方当事人有权要求管理人提供担保。管理人不提供担保的，视为解除合同。"

（七）代表债务人参加诉讼等法律活动

《企业破产法》第25条第1款第7项规定：由管理人"代表债务人参加诉讼、仲裁或者其他法律程序"。该规定明确了管理人有权参与破产企业涉诉案件，但是何谓"代表参加"，该法及司法解释均未作明确规定。司法理论对此问题也存在分歧。

有的观点认为，我国法律已经赋予管理人取代债务人的诉讼主体地位，对于涉及债务人的诉讼，应当由管理人以自己的名义进行，即管理人有权以自己的名义对债务人的债权人或者债务人提起诉讼，也有权以自己的名义对债务人的债权人起诉债务人的案件进行应诉；而有些观点则认为，在破产程序终结、债务人注销之前，涉及债务人的诉讼应当由管理人以债务人的名义代表债务人进行。可见，两种观点截然相反。

司法理论对此问题的分歧也导致在破产实务中对涉及破产债务人的诉讼活动"以谁的名义进行"存在同样截然相反的做法，即，有直接将管理人列为当事人，由管理人直接参加诉讼的，也有以债务人为当事人，由管理人代表债务人参加诉讼的。造成如此巨大分歧的原因除了《企业破产法》规定不明确之外，还与理论界和实务部门对管理人包括行使类似职责的公司清算组的法律地位、诉讼主体地位的认识不一致存在直接的关系。

根据《江苏省高级人民法院破产案件审理指南》规定，审理有关债务人的民事诉讼过程中，应当依据请求权基础法律关系，指导当事人正确列示诉讼主体。

1. 以债务人作为当事人的纠纷类型：破产债权确认、取回权、抵销权、对外追收债权、追收未缴出资、追收抽逃出资、追收非正常收入、损害债务人利益赔偿、别除权等纠纷。此外，《破产法司法解释三》第 9 条规定，债权人对债权表记载的本人债权有异议的，应将债务人列为被告。

2. 以管理人作为当事人的纠纷类型包括破产撤销权、请求撤销个别清偿行为、请求确认债务人行为无效、管理人责任等纠纷。

第四节　管理人的报酬

由于破产事务的处理耗时费力，责任重大，加之管理人有负担财产责任的风险，因而，国外立法大多规定了管理人享有取得报酬的权利。报酬的数额，德国、日本都规定由法院决定。我国《企业破产法》确认了管理人可以通过管理破产财产而合法地获得报酬。这个制度的确立意旨在于激励管理人，使之在承担巨大责任和风险的同时，获得相应的酬劳。《管理人报酬规定》严格地规定了确立报酬的公开、公平、公正原则，确定报酬的方法，确定报酬的参考因素，确定报酬的计算范围等，还详细地规定了按标的额计算管理人报酬的标准。《破产审判会议纪要》在"管理人制度的完善"一章从多个方面对管理人报酬制度作了进一步说明。

一、管理人报酬的确定

(一)确定主体

《企业破产法》第28条第2款规定:"管理人的报酬由人民法院确定。债权人会议对管理人的报酬有异议的,有权向人民法院提出。"这是借鉴国外立法经验,由人民法院确定管理人的报酬,并赋予了债权人会议的知情权、协商权和异议权。

(二)计算方法

从各国立法看,确定管理人报酬的方法主要有两种:按时间计酬法和按标的计酬法。我国目前采用的是按标的计酬法。《管理人报酬规定》第2条第1款规定:"人民法院应根据债务人最终清偿的财产价值总额,在以下比例限制范围内分段确定管理人报酬:(一)不超过一百万元(含本数,下同)的,在12%以下确定;(二)超过一百万元至五百万元的部分,在10%以下确定;(三)超过五百万元至一千万元的部分,在8%以下确定;(四)超过一千万元至五千万元的部分,在6%以下确定;(五)超过五千万元至一亿元的部分,在3%以下确定;(六)超过一亿元至五亿元的部分,在1%以下确定;(七)超过五亿元的部分,在0.5%以下确定。"高级人民法院认为有必要的,可以参照上述比例在30%的浮动范围内制定符合当地实际情况的管理人报酬比例限制范围,并通过当地有影响的媒体公告,同时报最高人民法院备案。

管理人报酬以债务人最终清偿的财产价值总额为计算基数,担保权人优先受偿的担保物价值不计入用于清偿的财产价值总额。管理人对担保物的维护、变现、交付等管理工作付出合理劳动的,有权向担保权人收取适当的报酬,管理人与担保权人就报酬数额不能协商一致的,人民法院应当根据《管理人报酬规定》第2条规定的方法确定,但报酬比例不得超出该规定限制范围的10%。

(三)报酬调整

确定管理人报酬方案后,法院还可以根据破产案件的具体情况对报酬进行上浮或下调。根据《管理人报酬规定》第8条规定,人民法院确定管理人报酬方案后,可以根据破产案件和管理人履行职责的实际情况进行调整。调整管理人报酬时既要考虑破产案件本身的复杂性,又要考虑管理人的勤勉程度、实际贡献以及承担的风险和责任,还要考虑债务人所在地的实际生活水平等多项因

素。(《管理人报酬规定》第 9 条)

但在以下情况中,法院一般不得再行调整管理人报酬方案:①采取公开竞争方式指定管理人的;②债权人会议审议通过后;③重整计划草案批准后。

（四）确定程序

人民法院确定或者调整管理人报酬方案、确定管理人应收取的报酬数额,应当作出通知书。

二、管理人报酬的支付

管理人报酬从债务人财产中优先支付。《破产审判会议纪要》第 10 条规定,管理人报酬原则上应当根据破产案件审理进度和管理人履职情况分期支付。案情简单、耗时较短的破产案件,可以在破产程序终结后一次性向管理人支付报酬。该条规定确定了管理人报酬以分期支付为主、一次性支付为辅的报酬支付方式。

三、破产费用的综合保障制度

破产企业往往经济状况不佳,很多企业没有财产或者全部财产已经被设定担保,导致管理人难以从企业财产中获得报酬。《破产审判会议纪要》第 12 条明确要求各地法院采取争取地方财政部门支持、从破产案件管理人报酬中提取一定比例成立保障资金等方式来解决无力支付报酬问题。可以说,这个问题是今后一段时期破产审判机制完善的重点。最高人民法院也在协调有关国家机关建立破产费用保障制度。

目前,通行的做法是各地政府和法院联合建立管理人报酬基金,用基金来支付无产可破案件管理人的报酬。基金的来源主要是政府财政拨款作为初始基金,再通过从其他破产案件管理人报酬中提取一定比例等方式作为补充基金。浙江省和深圳市等地均已出台了相应的地方性规定。

【文书样式 3-10】

关于提请人民法院确定管理人报酬方案的报告

（××××）××破管字第×号

××××人民法院:

本管理人接受贵院指定后,对×××(债务人名称)可供清偿的财产价值和管理人工作量进行了预测，并初步确定了《管理人报酬方案》。方案主要内容如下：

一、债务人可供清偿的财产情况

根据管理人截至目前掌握的材料，×××(债务人名称)不包括担保物在内的最终可供清偿的财产价值约为人民币××元，担保物价值约为人民币××元。

二、管理人报酬比例

根据不包括担保权人优先受偿的担保物价值在内的债务人最终可供清偿的财产总额价值和管理人工作量所作的预测(详见附件《管理人工作量预测报告(或者竞争管理人报价书)》)，依照《最高人民法院关于审理企业破产案件确定管理人报酬的规定》第二条之规定，确定管理人在以下比例限制范围内分段确定管理人报酬：

1. 不超过_____元(含本数，下同)的，按_____%确定；

2. 超过_____元至_____元的部分，按_____%确定；

……

三、管理人报酬收取时间

最后一次性收取的：

本方案确定管理人最后一次性收取报酬，收取时间为破产财产最后分配之前。

分期收取的：

本方案确定管理人在破产程序期间分期收取报酬，收取时间分别为：

第一次：本方案经第一次债权人会议通过后×日内；

第二次：_____；

第三次：_____；

……

四、管理担保物的费用

破产程序期间，管理人对担保物的维护、变现、交付等管理工作付出了合理劳动，经与担保权人协商，确定管理人在担保物变现价值或范围内收取适当报酬，报酬金额为人民币××元，收取时间为：_____。

五、其他需要说明的问题

现根据《最高人民法院关于审理企业破产案件确定管理人报酬的规

定》第四条之规定，请贵院予以确定。

（管理人印鉴）

××××年××月××日

附：1.《管理人报酬方案》；

　　2.《管理人工作量预测报告(或者竞争管理人报价书)》。

【文书样本 3-11】

关于提请债权人会议审查管理人报酬方案的报告

（××××）××破管字第×号

×××(债务人名称)债权人会议：

　　本管理人根据对×××(债务人名称)可供清偿的财产价值和管理人工作量所作的预测，于××××年××月××日制作《管理人报酬方案》报请××××人民法院确定。××××人民法院于××××年××月××日通知本管理人，初步确定了《管理人报酬方案》。现根据《中华人民共和国企业破产法》第六十一条第一款第二项、《最高人民法院关于审理企业破产案件确定管理人报酬的规定》第六条第二款之规定，向第一次债权人会议报告，请债权人会议审查。

（管理人印鉴）

××××年××月××日

附：××××人民法院确定的《管理人报酬方案》

【文书样式 3-12】

关于提请人民法院准予管理人收取报酬的报告

（××××）××破管字第×号

××××人民法院：

　　×××(债务人名称)破产一案《管理人报酬方案》已由贵院确定，并报告第一次债权人会议审查通过。(报酬方案经过调整的，还应当注明：贵院并于××××年××月××日确定对该报酬方案进行调整。)

　　截至××××年××月××日，×××(债务人名称)可供清偿的财产情况为_____，管理人已完成_____(履行职责情况)。根据《管理人报酬方案》，可收取第×期(或者全部)报酬，人民币

××元。

本管理人现根据《最高人民法院关于审理企业破产案件确定管理人报酬的规定》第十一条之规定，申请收取报酬人民币××元，请贵院予以核准。

特此报告。

（管理人印鉴）

××××年××月××日

附：《管理人报酬方案》（报酬方案经过调整的，再附《管理人报酬调整方案》）

第四章 债务人财产

第一节 债务人财产概述

一、债务人财产的概念和特征

债务人财产是整个破产程序的物质基础，可以说，债务人财产是贯穿整个破产程序始终的。弄清债务人财产的概念，合理界定债务人财产的范围对于破产程序的顺利进行和债权人利益的保护至关重要。

债务人财产的概念早在 1986 年《企业破产法(试行)》中已经出现，但是，相关法律和司法解释对债务人财产和破产财产没有作很明确的区分，有的甚至将"债务人财产"等同于"破产财产"。理论界也有不少学者认为"债务人财产"和"破产财产"没有什么区别。[1]《企业破产法》第 107 条对"债务人财产"和"破产财产"这一概念进行了区分，在破产宣告之前称之为"债务人财产"，在破产宣告之后称之为"破产财产"。

根据《企业破产法》第 30 条规定，债务人财产是指，破产申请受理时属于债务人的全部财产，以及破产申请受理后至破产程序终结前债务人取得的财产。

债务人财产具有如下法律特征：

(1)特定的时间性。债务人财产不是指任何时间段内债务人所有的财产，而是指在破产申请受理时到破产程序终结之前这一特定时间内债务人企业所有和所取得的财产。

(2)鲜明的目的性。债务人财产的目的就是依照破产程序向全体债权人公平地清偿债务。

(3)相对的独立性。债务人财产本来是属于债务人所管理和支配的财产，

---

① 李国光主编：《新企业破产法教程》人民法院出版社 2006 年版，第 144 页。

一旦进入破产程序，该财产虽然归债务人所有，但是，债务人此时不能对该财产进行管理和支配，该财产便有了相对的独立性。债权人和管理人均只能按照法律规定的程序和权限在一定范围内处分该财产。

二、债务人财产的性质

目前，我国《企业破产法》对破产宣告后破产财产的法律地位问题没有明文规定。从法学理论上讲，在破产财产的性质上，大陆法系国家的破产法理论主要有两派观点。其一是"权利客体说"，即破产财产本质上只是权利的客体的理论。这种理论认为债务人被宣告破产后，虽丧失对破产财产的管理与处分权，但破产财产的所有权仍属于破产人，破产财产仍只是破产人权利的客体；其二是"权利主体说"，即破产财产自身即构成权利主体的理论。这一理论的基础是财团法人制度，主张破产财产本身即构成权利主体，可享有权利，其作为主体属于财团法人的性质，具有民事主体的资格。

本书认为"权利主体说"和"权利客体说"的关键区别在于将债务人财产置于何种地位。"权利主体说"是将债务人财产视为一个财团，认为其具有一定的法律身份；而"权利客体说"否认其独立存在的法律地位，认为其是依附于债务人而存在的。从世界范围内来看，债务人财产并不是财产简单的相加，其对外具有一定的诉权，这体现了债务人财产是具有一定的法律地位的，从这个意义上讲，"权利主体说"似乎更为合理。我国自然人破产制度很快由试点逐步向全国推广，因此，采用"权利主体说"更有利于我国统一破产制度的建立。

第二节　债务人财产的范围

一、债务人财产的范围及认定

(一)债务人财产范围的认定标准

债务人财产范围，需要从时间和空间两个方面来进行界定。从时间上界定债务人财产，各国破产法主要有固定主义和膨胀主义两种立法例。固定主义认为应当以受理破产申请回执至宣告债务人破产为时间点确定债务人财产范围；膨胀主义认为应当以破产程序终结为时间点确定债务人财产范围。我国《企业破产法》采用的是膨胀主义立法例。根据《企业破产法》的规定，债务人财产包括破产申请受理时属于债务人的全部财产，以及破产申请受理后至破产程序终结前债务人取得的财产，甚至包括破产程序终结后发现破产人有应当可供分配的财产。

从空间上界定债务人财产范围，实际上就是债务人境内财产与境外财产是否归入破产财产的问题。《企业破产法》第 5 条规定："依照本法开始的破产程序，对债务人在中华人民共和国领域外的财产发生效力。对外国法院作出的发生法律效力的破产案件的判决、裁定，涉及债务人在中华人民共和国领域内的财产，申请或者请求人民法院承认和执行的，人民法院依照中华人民共和国缔结或者参加的国际条约，或者按照互惠原则进行审查，认为不违反中华人民共和国法律的基本原则，不损害国家主权、安全和社会公共利益，不损害中华人民共和国领域内债权人的合法权益的，裁定承认和执行。"

（二）债务人财产范围的具体构成

关于债务人财产的具体范围，《企业破产法》第 30 条规定："破产申请受理时属于债务人的全部财产，以及破产申请受理后至破产程序终结前债务人取得的财产，为债务人财产。"债务人被宣告破产后，债务人被称为破产人，债务人的财产被称为破产财产。我国《企业破产法》对债务人财产这个概念在破产宣告前后的不同阶段，分别用了债务人财产和破产财产两个不同称谓，但其本质均为法人财产，二者范围是一致的。《破产法司法解释二》第 1 条进一步明确了破产财产的范围：除债务人所有的货币、实物外，债务人依法享有的可以用货币估价并可以依法转让的债权、股权、知识产权、用益物权等财产和财产权益，人民法院均应认定为债务人财产。根据该司法解释第 3 条、第 4 条的规定，债务人已依法设定担保物权的特定财产，债务人对按份享有所有权的共有财产的相关份额，或者共同享有所有权的共有财产的相应财产权利，以及依法分割共有财产所得部分，均应认定为债务人财产。另外，债务人的对外投资及其收益属于债务人财产。管理人在清理债务人对外投资时，不得以该投资价值为负或为零而不予清理。

但下列财产不应认定为债务人的财产：①债务人基于仓储、保管、承揽、代销、借用、寄存、租赁等合同或者其他法律关系占有、使用的他人财产；②债务人在所有权保留买卖中尚未取得所有权的财产；③所有权专属于国家且不得转让的财产；④其他依照法律、行政法规不属于债务人的财产。

（三）债务人财产的追收

根据我国《企业破产法》的规定，债务人财产既包括债务人破产时占有的静态财产和债务人破产时没有占有但基于相关权利依法应当追回的属于债务人的动态财产，也包括债务人继续营业时新取得的财产。破产程序中的各项实体性权利，包括撤销权、取回权、抵销权、债务人财产保全的自动解除和执行中止，以及有关债务人财产的衍生诉讼等都是紧紧围绕着债务人财产的确定、增加、减少而展开的。债务人财产的准确把握和有效追收，直接决定破产程序能否顺利进行，以及债权人能否得到最大化的权利保护和公平受偿。[1]　债务人破产时占有的静态财产比较好把握，关键是动态财产，管理人应当尽到勤勉义务，最大限度地追收债务人在外的财产和对外债权，以确保破产财产的最大化。《企业破产法》、《破产法司法解释二》对有关债务人财产的追收及衍生诉讼审理等作出了明确规定。

1. 尽职调查

管理人接管破产企业后，应当对债务人的在外的财产和对外债权开展尽职调查，查找相关证据，查清破产企业债务人的基本情况，使用非诉讼和诉讼手段尽可能追收债务人的财产。

2. 发出通知书追收财产

管理人接管破产企业后，应当及时发出通知书追收财产。通知书主要有：

(1)清偿债务通知书

【文书样式 4-1】

通　知　书

(要求债务人的债务人清偿债务用)

(××××)××破管字第×号

×××(债务人的债务人名称/姓名)：

　　×××(债务人名称)因＿＿＿＿＿＿＿＿(写明破产原因)，于×××(申请人名称/姓名)于××××年××月××日向××××人民法院提出对×××(债务人名称)进行重整/和解/破产清算的申请[债务人自行申请破产的，写×××(债务人名称)因＿＿＿＿＿＿(写明破产原因)，×××
×年××月××日向××××人民法院提出重整/和解/破产清算申请]。

　　××××人民法院于××××年××月××日作出(××××)×破

---

[1]　张先明：《积极追收债务人财产　充分保障债权人利益——最高人民法院民二庭负责人答记者问》，《人民法院报》2013 年 9 月 13 日第 4 版。

(预)字第×-×号民事裁定书，裁定受理×××(债务人名称)重整/和解/破产清算，并于××××年××月××日作出(××××)×破字第×-×号决定书，指定×××担任管理人。

　　根据管理人掌握的材料，你公司/你因＿＿＿＿＿＿事项(列明债务事由)，尚欠×××(债务人名称)人民币××元(大写：＿＿＿＿＿＿)。根据《中华人民共和国企业破产法》第十七条之规定，请你公司/你于接到本通知之日起×日内，向管理人清偿所欠债务。债务清偿款应汇入：××银行(列明开户单位和银行账号)。

　　若你公司/你对本通知书列明的债务持有异议，可在接到本通知书之日起×日内向管理人书面提出，并附相关证据，以便管理人核对查实。若你公司/你在破产申请受理后仍向×××(债务人名称)清偿债务，使×××(债务人名称)的债权人受到损失的，不免除你公司/你继续清偿债务的义务。

　　特此通知。

(管理人印鉴)

××××年××月××日

附：1. 受理破产申请裁定书复印件一份；

2. 指定管理人的决定书复印件一份；

3. 管理人联系方式：＿＿＿＿＿＿＿＿＿＿。

(2)债务人财产的持有人交付财产通知书

【文书样式4-2】

通 知 书

(要求债务人财产的持有人交付财产用)

(××××)××破管字第×号

×××(债务人财产的持有人名称/姓名)：

　　×××(债务人名称)因＿＿＿＿＿＿(写明破产原因)，×××(申请人名称/姓名)于××××年××月××日向××××人民法院提出对××(债务人名称)进行重整/和解/破产清算的申请[债务人自行申请破产的，写×××(债务人名称)因＿＿＿＿＿＿(写明破产原因)，于×××

×年××月××日向××××人民法院提出重整/和解/破产清算申请]。

　　××××人民法院于××××年××月××日作出(××××)×破

(预)字第×-×号民事裁定书,裁定受理×××(债务人名称)重整/和解/破产清算,并于××××年××月××日作出(××××)×破字第×-×号决定书,指定×××担任管理人。

根据管理人掌握的材料,你公司/你因_____(列明事由)占有(债务人名称)的下列财产(列明财产种类、数量等):

1. _____;

2. _____;

……

根据《中华人民共和国企业破产法》第十七条之规定,请你公司/你于接到通知书之日起七日内,向管理人交付上述财产。财产应交至:_____
_____。

若你公司/你对本通知书项下要求交付财产的有无或者交付财产种类、数量等持有异议,可在收到本通知书之日起七日内向管理人书面提出,并附相关合法、有效的证据,以便管理人核对查实。若你公司/你在破产申请受理后仍向×××(债务人名称)交付财产,使×××(债务人名称)的债权人受到损失的,不免除你公司/你继续交付财产的义务。

特此通知。

(管理人印鉴)

××××年××月××日

附:1. 受理破产申请裁定书复印件一份;

2. 指定管理人的决定书复印件一份;

3. 管理人联系方式:_____。

(3)追回债务人财产通知书

【文书样式4-3】

通 知 书
(要求追回债务人财产用)

(××××)××破管字第×号

×××(占有债务人财产的相对人名称/姓名):

×××(债务人名称)因_____(写明破产原因),×××(申请人名称/姓名)于××××年××月××日向××××人民法院提出对×××(债务人名称)进行重整/和解/破产清算的申请[债务人自行申请破产的,写×××(债务人名称)因_____(写明破产原因),于××××年××月××日向××××人民法院提出重整/和解/破产清算申请]。

　　××××人民法院于××××年××月××日作出(××××)×破(预)字第×-×号民事裁定书,裁定受理×××(债务人名称)重整/和解/破产清算,并于××××年××月××日作出(××××)×破字第×号决定书,指定×××担任管理人。

　　根据管理人调查,×××(债务人名称)存在下列行为(列明行为时间、内容等):

　　　　1._____;
　　　　2._____;
　　　　……

　　根据《中华人民共和国企业破产法》第三十一条、第三十二条或者第三十三条的规定,本管理人认为上述行为应当予以撤销(或者被确认无效)。你公司/你基于上述行为取得的×××(债务人名称)财产(列明财产名称和数量)应当予以返还。现本管理人要求你公司/你于接到本通知书之日起×日内,向本管理人返还上述财产(列明返还财产的方式和地点;返还财产有困难的,可以要求相对人支付或者补足与财产等值的价款)。

　　如你公司/你对本通知内容有异议,可在接到本通知书之日起×日内向本管理人提出,并附相关证据,配合管理人核实。

　　特此通知。

(管理人印鉴)

××××年××月××日

附:1.受理破产申请裁定书复印件一份;

2.指定管理人的决定书复印件一份;

3.相对人占有债务人财产的证据;

4.管理人联系方式:_____。

（4）债务人的出资人补缴出资通知书

【文书样式4-4】

通　知　书
（要求债务人的出资人补缴出资用）

（××××）××破管字第×号

×××（债务人的出资人名称/姓名）：

　　×××（债务人名称）因＿＿＿＿＿＿＿＿＿＿＿＿＿＿（写明破产原因），×××（申请人名称/姓名）于××××年××月××日向×××人民法院提出对×××（债务人名称）进行重整/和解/破产清算的申请［债务人自行申请破产的，写×××（债务人名称）因＿＿＿＿＿＿＿＿（写明破产原因），于××××年××月××日向×××人民法院提出重整/和解/破产清算申请］。

　　××××人民法院于××××年××月××日作出（×××）×破（预）字第×-×号民事裁定书，裁定受理×××（债务人名称）重整/和解/破产清算，并于××××年××月××日作出（××××）×破字第×号决定书，指定×××担任管理人。

　　根据管理人调查，你公司作为×××（债务人名称）的出资人，认缴出资额为：＿＿＿＿＿＿＿（货币种类）××元（大写：＿＿＿＿＿＿＿），认缴方式为：＿＿＿＿＿＿，你公司/你应当于××××年××月××日前按期足额缴纳上述出资。

　　截至本通知书发出之日，你公司/你上述出资义务尚未履行完毕，（以货币出资的）尚有＿＿＿＿＿＿＿（货币种类）××元（大写：＿＿＿＿＿＿）未缴纳，（以非货币财产出资的）尚未办理财产和转移手续。

　　根据《中华人民共和国企业破产法》第三十五条之规定，你公司/你应当缴纳全部所认缴的出资，而不受出资期限的限制。现通知你公司/你于接到本通知书之日起×日内，向本管理人缴纳上述未缴出资（列明管理人的开户银行、账户和账号）/办理财产权转移手续。

　　如对本通知书中所列出资缴纳义务的有无、数额、形式等有异议，你公司/你可于接到本通知书之日起×日内向本管理人提出，并附相关证据，配合管理人核实。

　　特此通知。

（管理人印鉴）

××××年××月××日

附：1. 受理破产申请裁定书复印件一份；

2. 指定管理人的决定书复印件一份；

3. 出资人未足额交纳出资的证据材料；

4. 管理人联系方式：＿＿＿＿＿＿＿＿＿＿＿。

(5)要求债务人的高管返还财产通知书

【文书样式 4-5】

通　知　书
(要求债务人的高管返还财产用)

(××××)××破管字第×号

×××(高管姓名)：

×××(债务人名称)因＿＿＿＿＿＿(写明破产原因)，×××(申请人名称/姓名)于××××年××月××日向××××人民法院提出对×××(债务人名称)进行重整/和解/破产清算的申请[债务人自行申请破产的，写×××(债务人名称)因＿＿＿＿＿＿＿(写明破产原因)，于××××年××月××日向××××人民法院提出重整/和解/破产清算申请]。

××××人民法院于××××年××月××日作出(××××)×破(预)字第×-×号民事裁定书，裁定受理×××(债务人名称)重整/和解减产清算，并于××××年××月××日作出(××××)×破字第×-×决定书，指定×××担任管理人。

根据管理人调查，在你担任×××(债务人名称)×××(职位)期间，获取非正常收入人民币××元(或者侵占了企业的财产)，具体为：

1. ＿＿＿＿＿＿＿＿＿(列明各笔非正常收入金额、时间及认定理由)；

2. ＿＿＿＿＿＿＿＿＿(列明被侵占的企业财产及认定理由)；

……

根据《中华人民共和国企业破产法》第三十六条之规定，现要求你于接到本通知书之日起×日内，向本管理人返还你收取的上述非正常收入(或者侵占的企业财产)(列明返还收入或者财产的方式和地点)。如对上述通知内容有异议，可在接到本通知书之日起×日内向本管理人提出，并附相关证据，配合管理人核实。

特此通知。

(管理人印鉴)

××××年××月××日

附：1. 受理破产申请裁定书复印件一份；

2. 指定管理人的决定书复印件一份；

3. 高管非正常收入清单或者被侵占的财产清单；

4. 管理人联系方式：＿＿＿＿＿＿＿＿＿＿＿＿。

(6)要求取回担保物通知书

【文书样式 4-6】

通　知　书

(要求取回担保物用)

(××××)××破管字第×号

×××(质权人或留置权人名称/姓名)：

×××(债务人名称)因＿＿＿＿＿＿＿＿＿＿(写明破产原因)，×××(申请人名称/姓名)于××××年××月××日向××××人民法院提出对×××(债务人名称)进行重整/和解/破产清算的申请[债务人自行申请破产的，写×××(债务人名称)因＿＿＿＿(写明破产原因)，于××××年××月××日向××××人民法院提出重整/和解/破产清算申请]。

××××人民法院于××××年××月××日作出(××××)×破(预)字第×-×号民事裁定书，裁定受理×××(债务人名称)重整/和解破产清算，并于××××年××月××日作出(××××)×破字第×-×决定书，指定×××担任管理人。

根据管理人掌握的材料，×××(债务人名称)所有的×××(担保物名称)因＿＿＿＿(简述设定质押或者被留置的原因)，尚在你处质押(或留置)。

根据《中华人民共和国企业破产法》第三十七条第一款之规定，管理人拟通过以下方式，取回上述担保物：

1. 清偿债务，＿＿＿＿＿＿＿＿＿＿(简述清偿内容)。

2. 提供替代担保，＿＿＿＿＿＿＿＿(替代担保方式，简述替代担

99

保物的名称、价值、现状等情况)。

清偿债务方式下适用:

你公司/你应当在收到本通知书之日起✕日内,告知本管理人债务履行方式,并在本管理人清偿债务后✕日内,解除对上述担保物的质押(或留置),返还本管理人(列明财产交付地点和方式,质押办理登记的,应当要求质权人协助办理质押登记涂销手续)。

提供替代担保方式下适用:

你公司/你应当在接到本通知书之日起✕日内,与本管理人共同办理替代担保的设定手续,并在替代担保设定后立即解除对原担保物的质押(或留置),返还本管理人(列明财产交付地点和方式,质押办理登记的,应当要求质权人协助办理质押登记涂销手续)。

你公司/你如对本通知涉及的主债务、担保物等情况有异议,可于接到本通知书之日起✕日内向本管理人提出,并附相关合法、有效的证据,配合管理人核实。

特此通知。

(管理人印鉴)

✕✕✕✕年✕✕月✕✕日

附: 1. 受理破产申请裁定书复印件一份;

2. 指定管理人的决定书复印件一份;

3. 主债务合同复印件;

4. 担保物的权属证明复印件;

5. 管理人联系方式:＿＿＿＿＿＿＿＿＿＿＿＿。

3. 行使破产撤销权追回财产

破产程序中的撤销权包括管理人的撤销权和债权人的撤销权。管理人的撤销权是指"债务人财产的管理人对债务人在破产申请受理前的法定期间内进行的欺诈债权人或损害对全体债权人公平清偿的行为,有申请法院予以撤销并追回财产的权利"[1]。依据《企业破产法》第31条、第32条的规定,破产撤销权行使主体为管理人。及时请求法院撤销有关债务人财产的欺诈性行为和偏袒性清偿行为,实现债务人财产最大化和债权人整体利益保护最大化的目标,是管

---

[1]　最高人民法院民事审判第二庭编著:《最高人民法院关于企业破产法司法解释理解与适用:破产法解释(一)·破产法解释(二)》,人民法院出版社2013年版,第185页。

理人的一项重要职责。对管理人而言，行使破产撤销权系《企业破产法》赋予其的法定职责，并不是可以行使也可以放弃的权利。因此，管理人因过错未依法行使撤销权导致债务人财产不当减损的，债权人因此受到的相应损失，管理人应予赔偿。

管理人提起撤销权诉讼，需要具备以下三个基本构成要件：

第一，以相对人为被告。

依据《破产法司法解释二》第9条规定，管理人应"请求撤销涉及债务人财产的相关行为并由相对人返还债务人财产"，即在此类撤销权诉讼中，应当以"相对人"为被告。

第二，所诉的可撤销行为是指"涉及债务人财产的下列行为"。

依据《企业破产法》第31条、第32条的规定，可撤销行为包括两类：一类是欺诈行为，主要包括：①无偿转让财产的；②以明显不合理的价格进行交易的；③放弃债权。另一类是偏袒性清偿行为，主要包括：①对未到期的债务提前清偿的；②对没有财产担保的债务提供财产担保；③危机期间的个别清偿行为。

对于上述两类行为中的6种情形，均涉及债务人财产，但存在债务人财产追回问题的，主要是指：无偿转让财产的行为、以明显不合理的价格进行交易的行为、对未到期的债务提前清偿的行为和危机期间的个别清偿行为。对于"放弃债权"的行为，管理人可以主张撤销该行为，恢复对债务人的债务人所享有的债权即可，不存在财产的返还问题。对于"对没有财产担保的债务提供财产担保"的行为，除非采取的是转移担保物的担保方式（如质押），否则管理人请求法院撤销该担保的效力即可，也不存在追回财产的问题。[①]

第三，可撤销的行为发生在破产程序开始前的法定可撤销的期间内。

《企业破产法》根据可撤销行为的不同危害性，规定了自受理破产申请时起前1年或6个月的不同可撤销期间。《企业破产法》第31条规定的可撤销行为发生的时间为破产申请受理前1年内，而第32条规定的对个别债权人清偿的可撤销行为发生的时间为破产申请受理前6个月内。关于两类特殊案件（破产案件是由行政清理程序或强制清算程序转化而来的）所涉及的可撤销行为的起算点，《破产法司法解释二》第10条规定："债务人经过行政清理程序转入破产程序的，企业破产法第三十一条和第三十二条规定的可撤销行为的起算点，为行政监管机构作出撤销决定之日。债务人经过强制清算程序转入破产程

---

① 最高人民法院民事审判第二庭编著：《最高人民法院关于企业破产法司法解释理解与适用：破产法解释（一）·破产法解释（二）》，人民法院出版社2013年版，第191页。

序的，企业破产法第三十一条和第三十二条规定的可撤销行为的起算点，为人民法院裁定受理强制清算申请之日。"

第四，追回的财产应当归入债务人财产。

管理人通过撤销权之诉收回被处分的财产或者恢复被处分的权利，利益归入债务人财产，用于对全体债权人分配。

【案例 4-1】

2011 年 9 月 9 日，A 企业向法院提出破产清算申请。法院经审查后认为，A 企业不能清偿到期债务并且明显缺乏清偿能力，于同年 9 月 15 日裁定受理 A 企业的破产清算申请，又通过随机摇号的方式指定了管理人。在清算过程中，管理人对债权申报情况进行统计和梳理，并对 A 企业的资产状况进行分析，在上述清算过程中，管理人发现 A 企业资产总额不足 800 万元，拖欠了大量的债务，连续多年经营亏损，2009 年下半年开始已经资不抵债，因绝大多数债权已经到期，债权人纷纷提起诉讼，法院判决后，无法通过执行程序清偿债权人的债权。在受理破产申请前一年半的期间里，A 企业债务总额超过 1500 万元，在进入破产程序后，债权人共计申报债权 2000 余万元。

2011 年 3 月，A 企业向其关联企业 B 公司清偿拆借款 55 万元，同年 5 月又向供货商 C 公司支付拖欠的货款 39 万元。在第一次债权人会议上，管理人将上述情况向全体债权人进行报告，并提出，根据《企业破产法》规定，A 企业在不能清偿到期债务且资产不足以清偿全部债务的情况下，选择性地清偿了上述两笔债务，属于债务人在已经发生破产原因的情况下的个别清偿行为。有的债权人提出管理人应当将上述两笔债务清偿款追回。对此，管理人向债权人解释，根据《企业破产法》的规定，A 企业向 B 公司清偿的 55 万元不属于法院受理破产申请之日前 6 个月以内的清偿行为，不能通过行使破产撤销权的方式追回。在召开债权人会议后，管理人向受理破产申请的法院提起诉讼，将 C 公司列为被告，请求通过行使破产撤销权，追回个别清偿款 39 万元。[①]

【评析】根据《企业破产》第 31 条、第 32 条的规定，债务人在受理破产申请前的法定期间内有上述法律条文规定的行为的，管理人有权行使破产撤销

---

① 最高人民法院民事审判第二庭编著：《最高人民法院关于企业破产法司法解释理解与适用：破产法解释（一）·破产法解释（二）》，人民法院出版社 2013 年版，第 195 页。

权，在相对人拒绝的情况下，管理人应当通过诉讼的方式行使上述权利。

1. 对于债务人可撤销的行为，应当区分行为的内容。其中，《企业破产法》第 31 条规定了五种情形，分别是：①无偿转让财产；②以明显不合理的价格进行交易；③对没有财产担保的债务提供财产担保的；④对未到期的债务提前清偿；⑤放弃债权。

《企业破产法》第 32 条的规定，仅涉及债务人的个别清偿行为，且对个别清偿行为，作了但书规定，这种可撤销的个别清偿行为应当理解为对债务人财产减损的个别清偿。

2. 对于债务人可撤销的行为，应当区分作出该行为的时间。除《破产法司法解释二》有规定外，时间计算的起算点均为受理债务人破产申请之日，但《企业破产法》第 31 条规定的期间为此前 1 年内，而《企业破产法》第 32 条规定的期间为此前 6 个月内。

3. 对于债务人可撤销的行为，应当注意结合发生破产原因这一条件。依据《企业破产法》第 31 条的规定，只要债务人在受理破产申请前 1 年内有该条规定的情形的，均可构成破产撤销权所指向的行为，而无论债务人在实施该行为时其是否发生破产原因；而第 32 条对于个别清偿的撤销则规定，债务人在法定期间内实施的个别清偿行为必须是在其已经发生破产原因的情况下。实践中应当认识到，对债务人清偿债务的行为本身是不应作否定评价的，并且在企业经营过程中，对债务的情况通常都是单笔清偿，而非一次性地清偿全部债务。所以，破产法对债务人个别清偿行为的否定，必须设定明确的和严格的标准，该标准的确定应当结合债务人是否发生破产原因这一关键性因素，即在债务人已经发生破产原因时，其选择性地对个别债务予以清偿而对其他债务不予清偿，构成偏颇性清偿，在全部债务无法全额清偿的情况下，该行为损害了其他债权人平等受偿的权利，因此，应予撤销。

4. 破产撤销权与民事权利不同：民事权利可以行使，也可以由权利人选择放弃行使；破产撤销权为给予管理人法定职责而派生的权利，相对于债权人来说，管理人享有该权利，无须债权人会议决议授权，但从另一层面看，如果管理人未依法行使破产撤销权，例如管理人对于应予撤销的行为不行使破产撤销权，则其未履行其法定职责，对由此造成的损失应当负有法律责任，对此，债权人会议和债权人委员会有权对管理人行使破产撤销权的行为进行监督。[1]

---

[1] 最高人民法院民事审判第二庭编著：《最高人民法院关于企业破产法司法解释理解与适用：破产法解释(一)·破产法解释(二)》，人民法院出版社 2013 年版，第 195~196 页。

值得注意的是，我国《民法总则》中可撤销行为具体包括：基于重大误解实施的民事法律行为；一方欺诈或第三方欺诈使对方在违背真实意思的情况下实施的民事法律行为；一方或第三方以胁迫手段，使交易对方违背真实意思实施的民事法律行为；利用对方处境困难乘人之危，不能准确判断时，实施显失公平的民事法律行为。《企业破产法》第 31 列出了 5 种可撤销行为，第 32 条规定个别清偿，是确定了的破产欺诈行为，而《民法总则》中的可撤销行为则范围更广，既包括破产欺诈行为，也包括轻微的不属欺诈但显失公平的行为。《民法总则》中无效行为因欠缺生效的根本要件而不发生法律上的效力，行为始终无效。而《企业破产法》第 33 条规定的无效行为指的是为逃避债务而隐匿、转移财产的，虚构债务或承认虚假债务等，是较为恶劣的破产欺诈行为，无效行为较可撤销行为恶劣程度更甚。《民法总则》规定的无效行为的范围较《企业破产法》第 33 条规定的无效行为的范围要广。现有的破产撤销行为和破产无效行为制度逻辑设计是沿用《民法通则》中关于可撤销行为和无效行为的理论逻辑。因此，《企业破产法》规定的可撤销行为，既与《民法总则》中的可撤销行为不衔接，又与无效民事行为和破产无效行为产生竞合。将来修改《企业破产法》中关于可撤销行为与无效行为的规定时，应与《民法总则》衔接，以维护民事体系的整体性。

第三节　债务人财产清查

破产申请受理时属于债务人的全部财产，也就是由管理人接管后占有、受理和应追收的财产集合体，但这并非全部是可供分配的破产财产。依据《企业破产法》及司法解释的相关规定，债务人的权利人有权主张不属于债务人的财产或财产权利，包括权利人可以行使破产追回权、撤销权、抵销权和别除权等权利通过管理人追收属于自己的财产或财产权利。

一、破产取回权

破产程序中涉及的取回权包括非债务人财产取回权、出卖人取回权、代偿性取回权。这里面有破产法下的取回权，也有其他法律中规定的取回权在破产程序中的具体适用。理论上，破产取回权分为一般取回权和特别取回权。一般取回权是指非债务人财产取回权，其他取回权则称为特别取回权。

（一）非债务人财产取回权

《企业破产法》第38条规定："人民法院受理破产申请后，债务人占有的不属于债务人的财产，该财产的权利人可以通过管理人取回。但是，本法另有规定的除外。"本条是关于取回权的一般规定。一般取回权即非债务人财产取回权，是指在破产程序中不属于债务人的财产，其所有权人或者其他权利人通过管理人将该财产取回的权利，其权利行使的基础为民法上的所有权和其他财产权利。所有权人将债务人占有的财产中属于自己的物，通过行使取回权予以取回，是取回权行使的最常见的形态。但是，取回权的权利基础，并不仅限于所有权，还包括其他财产权利，如占有返回请求权、用益物权等，以及依据法律规定的其他权利。例如，信托财产的取回权，虽然名义上信托财产属于受托人所有，但当受托人破产时，信托人有权依照《中华人民共和国信托法》（以下简称《信托法》）的规定将信托财产予以取回。取回权，属于民法上物的请求权的一种表现形式，其所针对的是特定的财产。如果在权利人行使取回权之前，取回权标的物毁损或者灭失，此时取回权的基础消失，权利人只能将物的请求权转换成债的损害赔偿请求权向破产管理人申报债权。也就是说，在取回权标的物灭失或者毁损的情况下，取回权人只能追究债务人的违约或者侵权责任，并以违约或者侵权债权人的身份申报债权。

权利人行使取回权应当在破产财产变价方案或者和解协议、重整计划草案提交债权人会议表决前向管理人提出。权利人在上述期限届满后主张取回相关财产的，应当承担延迟行使取回权增加的相关费用。管理人作出同意取回权人取回财产的决定属于《企业破产法》规定的对债权人权益有重大影响的行为，应当及时向人民法院和债权人委员会报告。如果管理人对此予以拒绝，权利人可以向法院提出取回权确认之诉，对于法院予以确认的取回权，管理人不得拒绝权利人的取回请求。

财产权利人行使取回权，不受约定条件的限制。即使债务人依据合同约定仍有权占有该财产，但在对债务人的破产申请被人民法院受理后，财产权利人就可以行使取回权，取回该财产。但是，《企业破产法》第76条规定："债务人合法占有的他人财产，该财产的权利人在重整期间要求取回的，应当符合事先约定的条件。"按照这一规定，财产权利人在重整期间行使取回权的，应当按照其与债务人事先约定的条件办理。例如出租人行使取回权的，如果是在重整期间，就得等到租赁合同到期后方可行使。对于重整期间紧急取回权的行使，《破产法司法解释二》第40条规定："债务人重整期间，权利人要求取回债务人合法占有的权利人的财产，不符合双方事先约定条件的，人民法院不予支持。但是，因管理人或者自行管理的债务人违反约定，可能导致取回物被转让、毁损、灭失或者价值明显减少的除外。"该条明确规定了权利人在重整期间行使紧急取回权的具体条件。

【案例 4-2】

A 公司委托 B 证券理财，并开立了资金账户和证券账户，B 证券进入行政清算阶段后，A 公司的账户被认定为非经纪账户并被冻结。B 证券破产案件受理后，A 公司向管理人申请取回该公司在 B 证券营业部所开立资金账户内资金及证券账户内的股票。管理人经审查发现 A 公司申请取回的资金已被 B 证券挪用，但其仍然存在，系由该公司投入的委托理财资金形成，且未与 B 证券及其他方的资产发生混同。据此，管理人确认 A 公司对其证券账户内的股票取回权成立，并向其交付了该部分财产，但对其资金账户内的资金取回权不成立，由其向管理人另行申报破产债权。①

【评析】 A 公司与 B 证券之间的法律关系是委托理财关系，A 公司申请取回证券资产行使的是一般取回权，取回标的物是证券资产。证券资产取回权应符合以下要件：

1. 取回标的物权属清晰

由于证券账户实行实名制，且实行第三方存管制度，因此证券账户内资产可以从形式上进行区分。正常经纪账户内的资产应当属于账户所有人所有，对取回权申请人同名证券账户内的证券，如无相反证据，其所有权应属申请人。如有利害关系人主张权利，应由其承担证明该证券资产归其所有的举证责任。本案 A 公司申请取回的股票资产登记在其实名证券账户内，形式上符合这一要件。

2. 取回标的物未毁损灭失

取回标的物的权属虽无争议，但债务人占有的取回标的物在破产申请受理前已经毁损灭失的，权利人客观上仍然无法行使取回权，其救济途径是在破产程序中向管理人申报债权主张其损失额。本案 A 公司申请取回的资金就属于这一情形，资金账户内资金虽然应属 A 公司所有，但在破产案件受理前已经被违规挪用，客观上该资金账户已无资金可供取回，因此 A 公司对资金的取

---

① 最高人民法院民事审判第二庭编著：《最高人民法院关于企业破产法司法解释理解与适用：破产法解释（一）·破产法解释（二）》，人民法院出版社 2013 年版，第 317 页。

回申请不能成立。

3. 取回标的物未与其他资产混同，可以区分

证券公司破产案中，证券公司违规挪用客户结算资金的现象比较常见，证券公司这一行为在性质上当然属于侵权行为，但是侵权行为导致的行为后果可能存在两种可能性。一是挪用资金已经与证券公司自有资金混同。货币资金属于种类物，一旦与债务人财产发生混同，不能区分的，不属于特定化财产，权利人不得行使取回权，只能申报债权。本案管理人对 A 公司取回申请的审查符合这一情形，因此取回资金的申请不能成立。第二种情形是挪用资金尚未与其他客户或者证券公司自有资金混同，可以区分，这种情形下取回权人仍然可主张取回权。①

（二）出卖人取回权

出卖人取回权，是破产法中规定的一项特殊的取回权。一般是指尚未收到全部价款的动产出卖人，将买卖标的物发送后，如果买受人在尚未收到标的物前破产的，出卖人可以向标的物的承运人或者实际占有人请求取回标的物的权利。《企业破产法》第 39 条规定："人民法院受理破产申请时，出卖人已将买卖标的物向作为买受人的债务人发运，债务人尚未收到且未付清全部价款的，出卖人可以取回在运途中的标的物。但是，管理人可以支付全部价款，请求出卖人交付标的物。"

出卖人取回权，是源于英国法上"中途停止权"（right of stoppage in transit）制度。"中途停止权"是英美货物买卖法为了担保出卖人获得货物价金而赋予其的权利。出卖人在尚未收到全部买卖价金前，发现买方有违约的可能时，可以通过行使中途停止权恢复对在运途中买卖标的物的实际控制。西方各国破产法依据中途停止权制度，创设了出卖人取回权制度。

出卖人行使取回权一般应该具备下列条件：

①出卖人必须已经将买卖标的物发运，并且尚未收到全部买卖价款。建立出卖人取回权制度，主要目的是担保已经脱离了对标的物控制权的出卖人获得买卖价款的权利。因此，只有出卖人发送了买卖标的物并且未收到全部价款的情况下，才有行使取回权的前提。

---

① 最高人民法院民事审判第二庭编著：《最高人民法院关于企业破产法司法解释理解与适用：破产法解释（一）·破产法解释（二）》，人民法院出版社 2013 年版，第 316～317 页。

②买受人被裁定进入破产程序时，买卖标的物尚处在运途中。如果买受人被裁定进入破产程序时，买卖标的物已经被其收取，按照动产买卖的规定，此时，交付已经完成。即使买受人尚未向出卖人支付全部买卖价款，出卖人也只能以价款的给付请求权向破产管理人申报债权，而不能行使出卖人取回权。

但是，出卖人行使在途标的物取回权时，可能会因为各种情形无法阻止标的物到达买受人，此种情形下，出卖人的取回权是否仍可以得到法院支持，就存在一些认识上的差异，实践中也有不同的裁判。为解决对立法的理解和执行问题，《破产法司法解释二》第39条规定，如果出卖人未在买卖标的物到达管理人前及时主张行使在途标的物取回权的，即丧失了行使该项取回权的权利。在买卖标的物到达管理人后，出卖人无权依据《企业破产法》第39条的规定向管理人主张取回买卖标的物。

(三)代偿取回权

代偿取回权是指一般取回权行使的标的财产毁损、灭失时，该财产的权利人依法对取回权标的物的代偿财产行使取回的权利。一般取回权是以取回物仍然存在于债务人处为基础而成立和行使的，而代偿取回权是在取回标的物毁损、灭失，一般取回权无法行使时，对一般取回权制度的必要补充。

《破产法司法解释二》第32条规定："债务人占有的他人财产毁损、灭失，因此获得的保险金、赔偿金、代偿物尚未交付给债务人，或者代偿物虽已交付给债务人但能与债务人财产予以区分的，权利人主张取回就此获得的保险金、赔偿金、代偿物的，人民法院应予支持。保险金、赔偿金已经交付给债务人，或者代偿物已经交付给债务人且不能与债务人财产相区分的，人民法院应当按照以下规定处理：(一)财产毁灭、灭失发生在破产申请受理前的，权利人因财产损失形成的债权，作为普通破产债权清偿；(二)财产毁损、灭失发生在破产申请受理后的，因管理人或者相关人员执行职务导致权利人损害产生的债务，作为共益债务清偿。债务人占有的他人财产毁损、灭失，没有获得相应的保险金、赔偿金、代偿物，或者保险金、赔偿物、代偿物不足以弥补其损失的部分，人民法院应当按照本条第二款的规定处理。"本条明确规定了财产权利人代偿取回权行使的途径和方式，为正确处理原财产的代偿财产(保险金、赔偿金和代偿物)与债务人财产之间关系提供了法律依据，以保护取回权的合法权益。

该条司法解释是针对《企业破产法》第38条没有规定债务人占有的他人财产发生毁损、灭失的情形而作出的制度性规定，弥补了债务人占有的他人财产毁损、灭失情形下一般取回权行使的制度缺陷。财产的毁损、灭失一般情况下是由他人侵权或者自然灾害所致，此时虽然原物已经不存在，但基于财产毁损、灭失会产生占有人向侵权人或者保险公司的赔偿请求权，而产生赔偿金、补偿金、保险金或者其他实物等代偿性财产，这些代偿性财产虽然不是原财产，但在本质上是原财产毁损、灭失之后的替代物。

代偿取回权的成立符合两个条件：

1. 财产权属清晰，没有争议。代偿取回权与一般取回权的共同点是取回标的物的权属清晰，及基于物权或者合同约定，标的物应属取回权人所有；区别在于代偿物是否存在。

2. 财产虽已灭失，但有相应的代偿物且可以区分。代偿取回权的标的物是代偿财产，属于取回标的物的转化形式。代偿取回权行使的必要条件是因取回标的物毁损、灭失获得的保险金、赔偿金、代偿物存在并且能够与他人财产区分。如果取回标的物毁损、灭失但没有获得相应的保险金、赔偿金、代偿物，或者保险金、赔偿物、代偿物不足弥补其损失的，根据取回标的物毁损、灭失的时间及责任人的不同，权利人可以行使申报债权或者主张共益债务的权利。

（四）行纪人取回权

行纪人取回权，是指当行纪人受委托人的委托购入委托物并在异地发送货物后，委托人还未实际占有该物，且未支付或者全额支付价金即被宣告破产时，行纪人有权解除行纪合同，并取回委托物。我国《企业破产法》上没有行纪人取回权的规定，但根据我国《企业破产法》的立法精神，这种取回权在我国也应适用。

二、债权人撤销权

《合同法》第 74 条规定的债权人撤销权和《企业破产法》第 31 条规定的管理人撤销权，均将债务人无偿转让财产、放弃债权、以明显不合理的价格转让财产这三类行为，规定为可撤销的行为。一般情况下，债务人进入破产程序后，对上述行为的撤销应由管理人依据《企业破产法》的规定进行。但是，一方面，由于合同法撤销权和破产法撤销权行使的方式和期限有所不同，有的情况下管理人依据《企业破产法》不能撤销的行为，债权人依据《合同法》却可以撤销。另一方面，上述两个撤销权事由竞合的场合，如管理人不作为导致破产撤销权落空时，债权人也可通过行使合同法撤销权追回相关债务人财产。因此，从实现债务人财产最大化角度，《破产法司法解释二》第 13 条规定："破产申请受理后，管理人未依据企业破产法第三十一条的规定请求撤销债务人无偿转让财产、以明显不合理价格交易、放弃债权行为的，债权人依据合同法第七十四条等规定提起诉讼，请求撤销债务人上述行为并将因此追回的财产归入债务人财产的，人民法院应予受理。相对人以债权人行使撤销权的范围超出债权人的债权抗辩的，人民法院不予支持。"但这里要特别强调的是，债权人提起诉讼性质上属于代表诉讼，由此追回的财产应当归入债务人财产，而不得用于清偿个别债权人，如果债权人起诉主张追回的财产应当清偿其个别债权的，人民法院对此诉讼应不予受理。

三、破产抵销权

破产法上的抵销权(简称破产抵销权)，是指债权人在破产申请受理前对债务人即破产人负有债务的，无论是否已到清偿期限、标的是否相同，均可在破产财产最终分配确定前向管理人主张相互抵销的权利。[①] 破产抵销权源于民法上的抵销制度，是民法上的抵销制度在债务人破产情形下的扩张适用。《企业破产法》第 40 条规定："债权人在破产申请受理前对债务人负有债务的，可以向管理人主张抵销。"

(一)破产抵销权的行使

《破产法司法解释二》第 41 条规定："债权人依据企业破产法第四十条的规定行使抵销权，应当向管理人提出抵销主张。管理人不得主动抵销债务人与债权人的互负债务，但抵销使债务人财产受益的除外。"债权人行使抵销权，应当向管理人提出抵销主张。即破产抵销权应以明示的方式提出，并且须履行权利申请的程序。破产抵销权只能由债权人行使，管理人不得主动行使抵销权，除非管理人行使抵销权能够使债务人的财产受益。

(二)抵销债权的条件

债权人用以抵销的债权应当同时满足以下条件：
1. 已依据《企业破产法》的规定进行申报；
2. 经债权人会议核查无异议；

[①]　王欣新：《破产法理论与实务疑难问题研究》，中国法制出版社 2011 年版，第 228 页。

3. 必须是受理破产案件之前就享有债权并负有债务；

4. 必须在破产清算分配前行使；

5. 不属于不能抵销的债务。

（三）破产抵销权的限制

《企业破产法》第 40 条和《破产法司法解释二》第 46 条规定，在破产程序中以下几种情形不得抵销：

1. 债务人的债务人在破产申请受理后，取得他人对债务人的债权；

2. 债权人已知债务人有不能清偿到期债务或者破产申请的事实，对债务人负担债务的；但是，债权人因为法律规定或者有破产申请一年前所发生的原因而负担债务的除外；

3. 债务人的债务人已知债务人有不能清偿到期债务或者破产申请的事实，对债务人取得债权的；但是，债务人的债务人因为法律规定或者有破产申请一年前所发生的原因而取得债权的除外；

4. 债务人股东因欠缴债务人的出资或者抽逃出资对债务人所负的债务；

5. 债务人股东滥用股东权利或者关联关系损害公司利益对债务人所负的债务。

四、别除权

别除权是指债权人因其债权设有物权担保或享有特别优先权，而在破产程序中就债务人特定财产享有的优先受偿权利。如《日本破产法》第 92 条规定："于破产财团所属财产上有特别先取特权、质权或者抵押权者，就其标的财产有别除权。"别除权通常是大陆法系中的概念，在英美法系中与之相应的概念是有担保的债权（指有约定或法定物权担保的债权），前者的涵盖范围较后者更广一些。

我国学界常使用大陆法系中别除权的概念，但在破产立法中并没有直接使用别除权的概念。在《企业破产法》的起草过程中曾经使用过别除权这一名称，但后来为使法律能够更加通俗易懂，在立法中便没有使用这一破产法理论上的专用名词。《企业破产法》第 109 条规定："对破产人的特定财产享有担保权的权利人，对该特定财产享有优先受偿的权利。"此条中规定的权利在破产法理论上即属于别除权。别除权主要包括建设工程价款优先权、船舶优先权、航空器优先权、抵押权、质权、留置权等。

（一）别除权的行使

1. 清算程序中别除权的行使

别除权不依破产清算程序行使，这是别除权行使的一般原则。别除权的基础权利是担保物权，担保物权的设立目的是在债务人失去清偿能力时优先受偿，而破产程序要解决的问题是债权人公平受偿的问题，如果别除权的行使完全受破产程序的限制，那么与当初设定担保物权的本意相违背。根据《企业破产法》的相关规定，别除权的行使不受《企业破产法》第16条和第19条的限制，即人民法院受理破产申请后，债务人对个别债权人的债务清偿无效以及有关债务人财产的保全措施应当解除，执行程序应当中止的限制。《破产审判会议纪要》第25条规定，在破产清算程序中，担保权人可以随时向管理人主张就该特定财产变价处置行使优先受偿权为原则，单独处置担保财产会降低其他破产财产的价值而应以整体处置为例外，从而依法平衡保护担保权人与普通债权人的利益。

2. 重整程序中别除权的行使

《企业破产法》第75条规定："在重整期间，对债务人的特定财产享有的担保权暂停行使。但是，担保物有损坏或者价值明显减少的可能，足以危害担保权人权利的，担保权人可以向人民法院请求恢复行使担保权。"在重整制度的安排上，既要考虑尊重担保债权人的权益，也要考虑有利于实现重整的目标。如果允许有财产担保的债权人不受限制地行使其权利，可能不利于实现重整的目标，尤其是在对债务人经营所必需的机器设备、设施等设定担保的情况下。因此，为了企业的复兴和债权人的共同利益，《企业破产法》第75条规定，在重整期间，应暂停担保权行使。同时，为了给对债务人的特定财产享有的担保权以必要的保护，本条规定，在担保物有损坏或者价值明显减少的可能，足以危害担保权人的权利的情况下，担保权人可以向人民法院请求恢复行使担保权。

3. 和解程序中别除权的行使

《企业破产法》第96条第2款规定："对债务人的特定财产享有担保权的权利人，自人民法院裁定和解之日起可以行使权利。"即对债务人的特定财产享有担保权的权利人，自人民法院裁定和解之日起即可行使权利，不受和解程序的约束。

简而言之，别除权行使的程序和方式如下：

1. 别除权人须申报债权。根据我国《企业破产法》第49条规定，债权人申报债权时，应当书面说明债权的数额和有无财产担保。所有债权人无论有无财产担保都应当依法申报债权。

2. 别除权须经有权机关承认。别除权人要行使别除权，必须经过有权机关的承认。从我国现行《企业破产法》的相关规定来看，管理人有权审查别除权来证明材料的真实性，这里的审查只是一种形式上的审查。债权人会议拥有核查权，核查权是一种实质意义上的审查，这里的核查权实际上是一种承认权。由此可见，我国《企业破产法》将别除权的承认权赋予了管理人，而债权人会议享有的是核查权。

3. 别除权人依法律规定的程序处分标的物并优先清偿。别除权的行使除须遵守担保物权的有关规定外，还应遵守破产法的特殊规定。如在行使时间上，由于破产申请受理会产生将未到期的债权视为已到期的法律后果，故未到期的别除权也可据此提前行使，但其利息应只计算到破产申请受理时止，未到期的利息应当扣除；在行使方式上，留置权人的法定催告义务应当免除。

(二) 不同性质的别除权间清偿顺序

1. 留置权优先。《中华人民共和国物权法》(以下简称《物权法》) 第 239 条规定："同一动产上已设定抵押权或者质权，该动产又被留置的，留置权人优先受偿。"但《中华人民共和国海商法》(以下简称《海商法》) 第 25 条规定："船舶优先权先于船舶留置权受偿，船舶抵押权后于船舶留置权受偿。前款所称船舶留置权，是指造船人、修船人在合同另一方未履行合同时，可以留置所占有的船舶，以保证造船费用或者修船费用得以偿还的权利。"

2. 在建工程价款优先权。债务人为建设工程发包人时，就该工程折价或者拍卖的价款，承包人的建设工程价款债权优先于抵押权受偿。建设工程承包人行使优先权的期限为六个月，自建设工程竣工之日或者建设工程合同约定的竣工之日起计算。

3. 消费者购买的商品房优先。《最高人民法院关于建设工程价款优先受偿权问题的批复》规定，消费者交付购买商品房的全部或者大部分款项后，承包人就该商品房享有的工程价款优先受偿不得对抗买受人。基于一般的理解，消费者购买商品房，应当是为了个人或其家庭居住而购置的商品房，包括刚性需求的买受人名下无其他用于居住的房屋，也包括改善型需求。改善型需求为仅有一套面积较小的或者品质相对较差的，或者因家庭人口结构的将来之客观需要而购置的商品房。应根据破产案件的具体情况，人性化地实事求是地作出合理判断，而且以能给其他利害关系人作合理之解释为度。这时，购买商品房的买受人优先于工程价款受偿。[1]

4. 国家对划拨土地使用权出让金的优先受偿权。以划拨方式取得的国有土地使用权及其地上建筑物设定抵押的，就该抵押物拍卖的价款，应优先缴纳国家收取的土地使用权出让金。《中华人民共和国担保法》第 56 条规定："拍卖划拨的国有土地使用权所得的价款，在依法应缴纳的土地使用权出让金的款项后，抵押权人有优先受偿权。"

【案例 4-3】

2009 年 11 月 13 日，某市人民法院裁定受理 A 公司破产清算一案。债权人 B 资产管理公司对 A 公司名下房产享有抵押权而享有优先 100 万元。2009 年 11 月 25 日，B 公司将其债权转让给 C 公司，C 公司同时对 A 公司负有债务 100 万元。管理人向 C 公司发出偿债通知书后，C 公司向管理人主张抵销，管理人认为 C 公司的抵销申请不符合《企业破产法》第 40 条的规定，不认可 C 公司的抵销申请。C 公司提起诉讼请求法院支持其抵销申请。法院经审理后认为，管理人以《企业破产法》第 40 条为抗辩理由提出的异议不成立，判决支持 C 公司的抵销申请。[2]

【评析】 上述案例中的抵押权人 C 公司取得债权的情形虽然属于《企业破产法》第 40 条规定的情形之一，但 C 公司因享有抵押权而在破产程序中享有优先受偿的权利，其债权与之债务抵销既不影响其他债权人的利益，也不会导致破产财产减损，允许抵销不构成破产法上的偏颇性清偿行为。相反，抵销既可以减少 C 公司行使抵押权的成本，又可以减少管理人追收债权的成本，对双方均为有利。《破产法司法解释二》第 45 条规定："企业破产法第四十条所列不得抵销情形的债权人，主张以其对债务人特定财产享有优先受偿权的债权，与债务人对其不享有优先受偿权的债权抵销，债务人管理人以抵销存在企业破产法第四十条规定的情形提出异议的，人民法院不予支持。但是，用以抵销的债权大于债权人享有优先受偿权财产价值的除外。"因此，管理人以《企业破产法》第 40 条规定为依据不予认可 C 公司的抵销不符合破产抵销权的立法

---

① 徐根才：《破产法实践指南》（第 2 版），法律出版社 2018 年版，第 108 页。

② 最高人民法院民事审判第二庭编著：《最高人民法院关于企业破产法司法解释理解与适用：破产法解释（一）·破产法解释（二）》，人民法院出版社 2013 年版，第 483 页。

精神，法院不予采纳管理人的意见是正确的。[1]

【案例 4-4】

别除权与税收债权的优先性冲突

中国农业银行股份有限公司绍兴越城支行(以下简称农行越城支行)诉绍兴金宝利纺织品有限公司(以下简称金宝利公司)与第三人绍兴市柯桥区国家税务局(以下简称柯桥国税局)破产债权确认纠纷一案，本案中对于税收债权与抵押担保债权谁更具有优先性，一、二审法院持不同观点。

2014 年 9 月 28 日，绍兴市柯桥区人民法院裁定受理金宝利公司破产清算申请，并指定浙江大公律师事务所担任破产管理人。2014 年 11 月 5 日，农行越城支行向金宝利公司管理人申报 1410 万元抵押担保债权；2014 年 11 月 26 日，金宝利公司管理人确认农行越城支行 1410 万元债权为抵押担保债权，但是同时认定柯桥国税局 37419373.07 元税收债权优先于农业银行抵押担保债权。农行越城支行对税收债权优先提出异议。柯桥国税局的税收债权由两部分组成，即发生于 2006 年 1 月至 2010 年 7 月之间金宝利公司欠缴的应追回违规出口退税 33714135.87 元和 2010 年 6 月、7 月欠缴的应补提销项税 3705237.2 元，合计 37419373.07 元。农业银行 1410 万元的抵押担保债权的形成时间为 2013 年 6 月，晚于柯桥国税局税收债权的形成时间。农行越城支行不服管理人分配方案提起了债权人异议之诉，一审法院认为，该案应当优先适用《税收征管法》第 45 条的规定，发生在先的税收债权优于担保债权。农行越城支行不服提起上诉，二审法院认为，该案应当优先适用《企业破产法》第 113 条的规定，担保债权优先于税收债权。[2]

【评析】《企业破产法》第 109 条是对有特定财产担保债权的规定，明确具有优先于其他债权的地位。抵押担保债权是一种别除权，在破产程序中，是不依照破产财产清偿顺序限制而优先受偿的权利。《企业破产法》第 113 条规定的是无担保债权之间的清偿顺序关系，税收债权只优于普通无担保债权。因抵

---

[1] 最高人民法院民事审判第二庭编著：《最高人民法院关于企业破产法司法解释理解与适用：破产法解释(一)·破产法解释(二)》，人民法院出版社 2013 年版，第 483 页。

[2] 绍兴市中级人民法院(2017)浙 06 民终 1119 号民事判决书。

押担保债权基于别除权的属性可确定在企业破产清算程序中抵押担保债权优先于税务债权受偿。《企业破产法》第109条、第113条规定，有担保的债权在抵押物范围内优先于破产费用、共益债务、职工债权、税收债权和普通债权等清偿。而《中华人民共和国税收征管法》(以下简称《税收征管法》)第45条规定，税收债权与有抵押担保的债权并存时，应比较二者发生时间，税收债权优先于抵押权发生的，税收债权优先受偿；抵押权优先于税收债权设立的，有抵押担保的债权优先受偿。从这两部法律规定可以看出，对税收债权与有抵押担保债权清偿顺序的规定不一致。《企业破产法》、《税收征管法》均由全国人大常委会制定，两部法律的位阶相同。依据《中华人民共和国立法法》(以下简称《立法法》)第92条关于"同一机关制定的法律，特别规定与一般规定不一致的，适用特别规定"之规定。一般法是指为调整某类社会关系而制定的法律规范；特别法是为某一种特殊情况和需要而制定的调整某种特殊问题的法律规范，相对于一般法而言调整范围要小。从《税收征管法》第2条关于"凡依法由税务机关征收的各种税收的征收管理，均适用本法"之规定可以看出，《税收征管法》调整的是全体纳税人(包括自然人、法人和其他组织的所有纳税主体)的税收征收管理事务。《税收征管法》第45条的规定涵盖了经营正常企业和破产企业，而《企业破产法》第2条规定调整的是破产企业的债务清理或重整事项。《企业破产法》第109条、第113条的调整范围仅限于企业破产情形下抵押担保债权与税收债权的清偿顺序问题。由此可见，针对抵押担保债权与税收债权的清偿顺序问题的规定来看，《税收征管法》第45条的调整范围要大于《企业破产法》第109条、第113条所调整的范围。显然，《税收征管法》第45条应属于一般法律规定，《企业破产法》第109条、第113条应属于特别法律规定。故在破产程序中清偿债务时，两者规定不一致的情况下，应适用《企业破产法》第109条、第113条规定抵押担保债权优先于税收债权清偿。

第五章　破产费用与共益债务

第一节　破产费用

一、破产费用的含义和成立条件

我国《企业破产法》第 41 条规定:"人民法院受理破产申请后发生的下列费用,为破产费用:(一)破产案件的诉讼费用;(二)管理、变价和分配债务人财产的费用;(三)管理人执行职务的费用、报酬和聘用工作人员的费用。"从以上规定可以看出,破产费用是指人民法院受理破产案件后,为全体债权人的共同利益而支出的旨在保障破产程序顺利进行和破产财产管理、处分等的需要,在破产程序中所必须随时支出的各项费用的总和。

要构成破产费用必须具备以下几个条件:

(一)目的条件:为了保障破产程序的顺利进行

从《企业破产法》第 41 条的规定来看,该条所列举的费用都是为了保障破产程序的顺利进行。另外,从《企业破产法》第 43 条的规定来看,破产费用由债务人财产随时清偿。这一规定也体现了破产费用为保障破产程序顺利进行这一特点。

(二)时间条件:发生在破产程序中

这是破产费用的时间界限,即破产费用应该是发生在破产案件受理后至破产程序终结前。但是,必须指出的是,这仅仅是一般情况下的时间条件,特殊情况下有可能在破产程序终结后。为追收债务人财产而支出的费用,同样是为全体债权人的利益而支出的,也应当纳入破产费用的范围。

（三）实质条件：必须是为了全体债权人的利益而支出

破产程序的目的是为了使全体债权人按清偿比例公平受偿，而为了保证全体债权人的公平受偿，必然会产生一定的管理费用和诉讼费用，这些费用显然是为了全体债权人的利益而支出的。如果仅仅是为了个别或者部分债权人的利益而支出的费用显然不能认定为破产费用。

二、破产费用的范围

（一）破产案件的诉讼费用

1. 破产案件申请费。根据 2007 年 4 月 1 日施行的《诉讼费用交纳办法》的规定，破产案件依据破产财产总额计算，按照财产案件受理费标准减半交纳，但是，最高不超过 30 万元。

2. 破产案件的其他诉讼费用，包括公告费、鉴定和勘验费、财产保全费、证据保全费、调查费等。

3. 与债务人相关的民事诉讼的诉讼费用。为全体债权人利益而对他人提起诉讼、申请仲裁及进行其他法律程序所支付的费用；他人以破产企业或管理人为被告而提起的诉讼，管理人应诉所支付的各项费用。

（二）管理、变价和分配债务人财产的费用

1. 管理费用。管理人因管理债务人财产需要支付的财产保管费用、财产保养、维修费用、财产运输费、财产保险费等。

2. 变价费用。变价费用主要包括对债务人财产鉴定、评估、招商洽谈、拍卖等处分行为发生的费用，以及财产变更权属过程应当支付的费用。

3. 分配费用。分配财产费用主要是会议场地租赁费和会议资料费，提存债权人未受领破产财产分配额的提存费用，公告、邮寄等费用。

4. 其他应支付的费用。

（三）管理人员执行职务的费用、报酬和聘用工作人员的费用

1. 管理人员执行职务的费用。管理人执行职务的费用，是指管理人在执行职务、履行职责过程中所发生的费用。管理人执行职务的费用与管理变价和分配债务人财产的费用难以区分的，应当根据实际情况确定。具体而言，管理人执行职务的费用包括：①管理人印章刻制费；②管理人召开债权人会议所需

支付的相关费用，如公告费、会议资料文件印制费、电话费、水电费、租用场地费等费用；③管理人为调查债务人财产而支付的相关费用，如差旅费、通信费等费用；④管理人办公费及其他执行职务所需费用。

2. 管理人员执行职务的报酬。根据《管理人报酬规定》确定管理人员报酬。

3. 聘用工作人员的费用。根据《企业破产法》第28条第1款规定，管理人经人民法院许可，可以聘用必要的工作人员。根据第41条第3项规定，管理人聘用工作人员的费用，属于破产费用。但一般认为，聘用上述工作人员，是指聘用破产企业原管理人员、财务人员、专业技术工作人员等留守人员。若确有必要聘用其他社会中介机构或人员，应当依据2018年3月《破产审判会议纪要》第11条规定，管理人经人民法院许可聘用企业经营管理人员，或者管理人确有必要聘请其他社会中介机构或人员处理重大诉讼、仲裁、执行或审计等专业性较强工作，如所需费用需要列入破产费用的，应当经债权人会议同意。

（四）人民法院裁定受理破产申请的，此前债务人尚未支付的公司强制清算费用、未终结的执行程序中产生的评估费、公告费、保管费等执行费用

《最高人民法院关于执行案件移送破产审查若干问题的指导意见》（法发〔2017〕2号）第15条规定："受移送法院裁定受理破产案件的，在此前的执行程序中产生的评估费、公告费、保管费等执行费用，可以参照破产费用的规定，从债务人财产中随时清偿。"《最高人民法院关于适用〈中华人民共和国企业破产法〉若干问题的规定（三）》（以下简称《破产法司法解释三》）第1条增加了公司强制清算费用可以参照破产费用清偿的意见，即"人民法院裁定受理破产申请的，此前债务人尚未支付的公司强制清算费用、未终结的执行程序中产生的评估费、公告费、保管费等执行费用，可以参照企业破产法关于破产费用的规定，由债务人财产随时清偿"。但是，"此前债务人尚未支付的案件受理费、执行申请费，可以作为破产债权清偿"。

第二节 共益债务

一、共益债务的含义和成立条件

共益债务，是指在破产案件受理后，管理人为全体债权人利益或为破产程序进行之必需所产生的债务以及因债务人财产而产生的有关债务。大陆法系中

有的国家将破产费用和共益债务统称为财团债权或者财团债务。例如，日本破产法就是将破产费用和共益债务统称为财团债权；德国破产法将破产费用和共益债务统称为财团债务，其中将破产费用称为破产程序费用，将共益债务称为其他财团债务。①

世界上绝大多数国家对共益债务的规定采取的是列举式。我国《企业破产法》第42条采取的也是列举的方式。从其列举的情形来看，构成共益债务必须具备以下条件：第一，该债务是发生在人民法院受理破产案件之后，只有当人民法院受理破产案件并指定管理人之后，管理人才能对债务人财产进行必要的管理；第二，该债务应该和债务人财产有密切的关系。

二、共益债务的范围

根据《企业破产法》第42条的规定，共益债务具体包含以下几个方面的内容：

1. 因管理人或债务人请求对方当事人履行双方均未履行完毕的合同所产生的债务

根据《企业破产法》的规定，人民法院受理破产案件申请后，对于破产申请受理前成立的债务人和对方当事人均未履行完毕的合同，管理人有权决定解除或继续履行。当管理人决定继续履行时，对方当事人应当继续履行，依据《企业破产法》第42条第1项的规定，如果管理人或者债务人决定继续履行合同时，在对方履行的情况下，债务人企业也应当履行，由此而产生的新的债务即属于共益债务。

2. 债务人财产受无因管理所产生的债务

所谓无因管理是指没有法定或者约定的义务，为避免他人利益受损，而自愿管理他人事务的行为。破产申请受理后，无因管理人为避免债务人利益受损的行为显然是对全体债权人有益的行为。无因管理人因此而支出的必要的管理费用显然应当作为共益债务处理，这才符合民法的公平正义。

3. 因债务人不当得利所产生的债务

破产企业无法律上的原因获得利益而致他人受损时，应将该不当得利返还给受损人，受损人因此而产生的对不当得利的返还请求权为共益债务。但是，

---

① 不能当然地认为，我国《企业破产法》上的破产费用、共益债务分别等于德国破产法上的破产程序费用和其他财团债务。他们只是大体相当，实际范围并不完全相同。详见德国破产法第54条、第55条之规定。

该不当得利也必须发生在破产程序开始后才能列为共益债务。若发生在破产程序开始前，只能作为一般破产债权。

4. 为债务人继续营业而应支付的劳动报酬、社会保险费用以及由此产生的其他债务

管理人决定债务人营业的目的是为了使债务人财产保值或者增值，管理人决定继续营业，就有可能要聘用人员。按照《劳动法》的规定产生所聘人员的工资以及社会保险费等问题，这些费用的支出是为了使债权人有更多的财产受偿。因此而产生的债务当然属于共益债务。需要提出的是，这里的"其他债务"如何理解，仅仅是指劳动债务，还是并非仅指劳动债务，只要与营业行为有关的债务均属于共益债务？例如，债务人继续营业期间的水电费算不算共益债务？[1] 本书以为，"其他债务"应当仅指劳动债务。如果只要与营业行为有关的债务均属于共益债务，那么，此条直接表述为"为债务人继续营业而产生的债务"即可。立法机关在前面加上"劳动报酬和社会保险费用"岂不是多此一举？而且如果认为只要与营业行为有关的债务均属于共益债务，将会导致此处共益债务与《企业破产法》第42条第2项债务人财产受无因管理所产生的债务难以区分。

5. 管理人或者相关人员执行职务致人损害所产生的债务

破产程序开始后的管理人或者相关人员的职务行为应当是为全体债权人的利益服务的，其职务行为所产生的债务当然属于共益债务。

6. 债务人财产致人损害所产生的债务

破产程序开始后，债务人财产应当是为全体债权人的利益而存在，债务人财产所产生的损害当然属于共益债务。

7. 破产程序中的借款

《破产法司法解释三》第2条规定："破产申请受理后，经债权人会议决议通过，或者第一次债权人会议召开前经人民法院许可，管理人或者自行管理的债务人可以为债务人继续营业而借款。提供借款的债权人主张参照企业破产法第四十二条第四项的规定优先于普通破产债权清偿的，人民法院应予支持，但其主张优先于此前已就债务人特定财产享有担保的债权清偿的，人民法院不予支持。"破产程序启动后，债务人企业继续经营对于重整至关重要。对于清算程序中破产企业的财产要保值增值，或者将企业作为整体营运资产出售，来使债权人利益更大化，这都需要维持债务人企业的继续经营；对于破产重整中确

---

① 李国光主编：《新企业破产法教程》，人民法院出版社2006年版，第204页。

保企业在进入程序后继续经营，是促进企业重整成功的必要前提。债务人继续经营的前提是能够获得新的借款，用来及时支付正常运营过程中的支出和相关费用，如果该类新产生的借款在破产程序中的清偿顺序不明确，出借人就不好判断其借款回收的风险，也就不敢向困境中的企业提供借款。这样就很有必要在破产程序中明确对新借款项的清偿顺序。《破产法司法解释三》第 2 条明确将上述借款认定为共益债务，在此前的司法实践中已有体现，例如广东省高级人民法院在审理深圳市亿商通进出口有限公司与东莞市清溪金卧牛实业有限公司破产债权确认纠纷二审案件①时，判定债务人破产重整期间的借款应为共益债务。

第三节　破产费用和共益债务的清偿

一、随时清偿

破产费用和共益债务都是为了全体债权人的利益而发生的，同时为了保证破产程序的顺利进行，各国法律一般都规定，破产费用和共益债务可以从破产财产中随时支付，而不受破产程序的限制。也就是说，破产财产分配前，应当先行清偿所有的破产费用和共益债务或者作必要的预先提留，拨付破产费用和共益债务后尚有剩余财产的，才可依据破产财产分配方案予以分配。实践中，有的破产费用和共益债务是在发生时随时予以支付，有的是在债务人财产分配时预先予以扣除。

二、破产费用优先

虽然《企业破产法》规定了破产费用和共益债务随时清偿。但是，当破产财产不足以清偿破产费用和共益债务时，是破产费用和共益债务平等受偿还是谁优先受偿，这是法律必须考虑的问题，否则，会产生不同的清偿后果。

美国、日本等国家实行不加区分的平等清偿主义，即不考虑破产费用和共益债务的种类及发生的先后顺序。当破产财产不足以清偿时，按比例清偿。我国台湾地区有些学者认为，破产费用和共益债务在受偿时没有先后之别，原则上应当依从"先发生者，先受清偿"，"后发生者，后受清偿"，"同时发生

---

① 参见广东省高级人民法院(2014)粤高法民二破终字第 2 号民事判决书。

者，同时受清偿"。① 而德国则实行有区别的顺序清偿主义。德国破产法规定了破产费用优先于共益债务而受清偿。

我国《企业破产法》对该问题作出了和德国破产法一致的规定，即债务人的财产不足以清偿所有破产费用和共益债务的，先行清偿破产费用。我国《企业破产法》的规定是合理的。之所以破产费用优先于共益债务清偿，一个根本的原因在于，破产费用影响破产程序的顺利进行，而共益债务主要是影响债权人受偿的多少。一般情况下，如果连必要的破产费用都无力支付，往往会导致破产程序无法进行，而无力支付共益债务并不必然导致破产程序终结。可以这样认为，破产费用对破产程序产生质的影响，而共益债务对破产程序只是产生量的影响。因此，破产费用优于共益债务受偿。

三、按比例清偿

我国《企业破产法》第 43 条第 3 项规定："债务人财产不足以清偿所有破产费用或者共益债务的，按照比例清偿。"此处的按比例清偿包含以下几种情形：一是债务人财产不足以清偿破产费用，因破产费用优先于共益债务受偿，所以，当债务人财产不足以清偿破产费用时，只发生破产费用的债权人按比例受偿的问题，不发生共益债务按比例受偿的问题；二是债务人财产在清偿破产费用后还有剩余，但剩余部分不足以清偿共益债务，此时不存在破产费用的按比例受偿问题，而发生共益债务按比例受偿问题。

四、债务人财产不足以支付破产费用时的处理

破产程序因破产财团财产的不足而终结，是各国破产立法的通例。我国《企业破产法》规定，破产财产不足以清偿破产费用的，管理人应当提请人民法院终结破产程序。人民法院应自收到请求之日起 15 日内裁定终结破产程序，并予以公告。破产费用应当在破产分配实施之前从破产财产中优先拨付，如果破产财产的数额不足以支付破产费用，破产债权人的债权就根本不可能再从破产财产中得到任何分配，此时，破产程序继续进行既无可能，也无实益。从维护债权人利益，维护社会公益和节省法院财力、人力的角度考虑，法院理当裁定终结破产程序。

---

① 柴启辰：《破产法新论》，宏律出版社 1982 年版，第 168 页。转引自邹海林：《破产程序和破产法实体制度比较研究》，法律出版社 1995 年版，第 361 页。

第六章 破 产 债 权

第一节 破产债权概述

一、破产债权的概念

破产债权，是指因破产程序启动前原已成立的，经依法申报确认，并得由破产财产中获得清偿的可强制执行的财产请求权。[①] 鉴于破产法是程序法和实体法的统一，破产债权可分为形式意义上的破产债权和实质意义上的破产债权。从实体法的角度来看，破产债权是在破产宣告之前产生的，并可以强制执行的财产上的对人请求权，学理上称之为实质意义上的破产债权。从程序法的角度来看，破产债权是指按照破产程序经过申报和确认的，可经破产程序公平受偿的债权，也就是可以依照破产程序得到清偿的财产请求权，理论界称之为形式意义上的破产债权。《企业破产法》第 107 条第 2 款规定："人民法院受理破产申请时对债务人享有的债权称为破产债权。"同时该法又在第 56 条第 2 款规定："债权人未依照本法规定申报债权的，不得依照本法规定的程序行使权利。"因此，实质意义上的破产债权是形式意义上破产债权的前提和基础，程序意义上的破产债权是实质意义上破产债权实现的方法和途径，二者有机统一，共同构成破产债权的内涵。

二、破产债权的一般特征

(一)破产债权应当在破产程序开始前成立

破产债权应当是破产程序开始前成立的债权，这是指债权得以产生的法律

[①] 王欣新主编：《破产法原理与案例教程》(第二版)，中国人民大学出版社 2015 年版，第 156 页。

事实在破产程序开始前已有效存在，至于该债权是否附有条件，是否附有期限以及是否到期，则在所不论。这一时间界限是破产债权与破产费用、共益债务区别的重要特征。需要指出的是，破产债权应在破产受理前成立，仅为一般性原则。作为该原则的例外，法律上应承认某些虽成立于破产申请受理后的债权仍不失为破产债权。我国《企业破产法》第 53 条、第 54 条和第 55 条规定，管理人或者债务人解除破产企业未履行完毕的合同时，对方当事人因合同解除所引起的损害赔偿请求权；委托人进入破产程序，受托人不知该事实并继续处理该事务的，以及票据的出票人进入破产程序，该票据的付款人继续付款或者承兑的，受托人、付款人由此产生的请求权，上述三种权利虽然都产生于破产程序开始之后，但是为保护善意债权人，也认为其属于破产债权。当然这类债权被纳入破产债权的核心要求是必须要有法律明确规定，不能随意地承认、扩大。[①]

（二）破产债权为财产请求权

民法上的请求权依给付内容不同可以分为财产请求权和非财产请求权。破产债权为财产请求权，指破产债权能直接或间接以金钱为给付标的的请求权。非以财产为给付内容的请求权不能作为破产债权。但在一定条件下，某些非财产上的请求权因不履行而产生损害赔偿请求权时，此项请求权若发生在破产程序开始之前，这种损害赔偿请求权可转化为破产债权。

（三）破产债权必须是能够强制执行的债权

债权除了指获得国家强制力的保护，能够通过强制执行实现的债权以外，民法理论上还承认一种没有强制执行力的债权，即"自然债权"。破产程序是一种概括强制执行程序。在破产程序中，对破产人全部财产的接管、清算、变卖、分配等都具有强制执行的特征。"自然债权"因其已丧失了受国家强制力保护的可能性，就应被排除在破产债权之外。在一般情况下，"自然债权"经债务人自愿履行能够实现，但如债务人已经进入破产程序，即使债务人自愿，"自然债权"也不可能转化为破产债权。

（四）破产债权必须依法申报和确认

破产债权必须在法定期限内申报，并经债权人会议确认。凡未在法定期限

---

① 张善斌主编：《破产法研究综述》，武汉大学出版社 2018 年版，第 137 页。

内申报的债权、虚报的债权，或未经债权人会议确认的债权，或未经人民法院确认的债权，都不属于破产债权。

三、破产债权的范围

《企业破产法》对破产债权的具体范围没有作出具体规定，但是依照《企业破产法》的相关规定及破产审判实践，下列债权属于破产债权：

（一）破产案件受理前成立的对债务人的所有债权

不管其是基于合同、侵权行为、无因管理、不当得利或者其他法律上的原因而产生的债的请求权，不管该项债权请求权是否享有担保，都属于破产债权。当然，有财产担保的债权人可以通过行使优先受偿权获得优先清偿，但其也要参加破产程序，申报债权。同时，担保债权在行使了优先受偿权后，未得到完全清偿的那部分债权可以按普通债权受偿。

（二）职工债权

职工债权，又称劳动债权，是指劳动者个人享有的基于劳动关系产生，以工资为基本形态，用以维持其社会生活的债权。根据《企业破产法》第 113 条的规定，职工债权是指破产人所欠职工的工资和医疗、伤残补助、抚恤费用，所欠的应当划入职工个人账户的基本养老保险、基本医疗保险费用，以及法律、行政法规规定应当支付给职工的补偿金。其中拖欠的工资和医疗、伤残补助、抚恤费用的含义很清楚。以下着重介绍有关社会保险费用和补偿金的范围。

依照《中华人民共和国社会保险法》（以下简称《社会保险法》）等法律法规的规定，我国现行的社会保险主要包括五种。①基本养老保险。由用人单位和职工共同缴纳基本养老保险费：企业缴纳基本养老保险费的比例，一般不得超过企业工资总额的 20%，具体比例由省级人民政府确定。职工个人按本人上年度月平均工资收入的 8%缴纳，单位负责参保并代扣代缴个人部分，单位缴纳单位部分。②基本医疗保险。由用人单位和职工按照国家规定共同缴纳基本医疗保险费。用人单位缴费比例为在职职工工资总额的 6%，随着经济发展，用人单位和职工缴费比例可作相应调整。职工缴费比例一般为本人工资收入的 2%。③失业保险。根据失业保险缴费比例的相关政策规定，城镇的企业单位或民办非企业单位按该单位的职工总工资额的 2%进行缴费，员工则按照本人工资的 1%缴纳。④工伤保险。工伤保险由单位缴纳，个人不缴费。工伤保险费率分为 0.6%~3.6%共 8 个档次，社保经办机构按照单位所属行业特点核定费率。⑤生育保险。生育保险由单位缴纳，个人不缴费。生育保险费的费率由当地人民政府根据计划内生育人数和生育津贴、生育医疗费等各项费用确定，最高不得超过工资总额的 1%。上述五险的缴纳额度每个地区的规定都不同，基数是以工资总额为基数。具体比例要向当地的劳动部门咨询。

我国有关法律、行政法规对应当支付给职工的补偿金作了规定。依照《中华人民共和国劳动合同法》(以下简称《劳动合同法》)第 47 条规定，经济补偿按劳动者在本单位工作的年限，每满 1 年支付 1 个月工资的标准向劳动者支付。6 个月以上不满 1 年的，按 1 年计算；不满 6 个月的，向劳动者支付半个月工资的经济补偿。劳动者月工资高于用人单位所在直辖市、设区的市级人民政府公布的本地区上年度职工月平均工资 3 倍的，向其支付经济补偿的标准按职工月平均工资 3 倍的数额支付，向其支付经济补偿的年限最高不超过 12 年。这里所称月工资是指劳动者在劳动合同解除或者终止前 12 个月的平均工资。

(三)社会保险债权

社会保险债权是指破产人欠缴的基本养老保险和基本医疗保险应当纳入统筹基金的部分以及失业保险、工伤保险、生育保险的保险费。社会保险债权计算截止日为劳动合同解除之日。

(四)税收债权

税收债权由相关税务主体检查后，列明税收债权向管理人申报。

(五)附条件、附期限的债权和诉讼、仲裁未决的债权

根据《企业破产法》第 47 条的规定，附条件、附期限的债权和诉讼、仲裁未决的债权也属于破产债权。附条件的债权，是指其发生或者消灭基于将来不确定的事实的债权。附期限的债权，是指其发生或者消灭，需经过一定的期限的债权。附条件和附期限的债权，无论条件是否成就，期限是否届满，只要债权本身存在，债权人都可以向管理人申报。诉讼、仲裁未决的债权，是指当事人之间有关该债权的争议尚未得到法院的判决或者仲裁机构的裁决，债权的真实性和数额还处于不明确状态的债权。在这种情况下，债权人可以依据其向法院或者仲裁机构主张的债权数额来申报债权。

(六)票据付款人的追索权

根据《企业破产法》第 55 条的规定，付款人在出票人破产后继续付款或者

承兑而产生的请求权也属于破产债权。因为票据是流通性较强的有价证券，付款和承兑随时都可能发生，因此有必要对付款人和承兑人的利益予以保护，应允许申报在出票人已经开始破产程序后，付款人或承兑人因付款和承兑产生的债权。

（七）因委托合同关系产生的债权

根据《企业破产法》第 54 条的规定，受托人不知委托人破产而继续处理委托事务产生的债权属于破产债权。考虑到委托合同作为继续性合同，受托人可能不知委托人进入破产程序的事实，为保护受托人的信赖，应允许善意受托人申报破产程序开始后因委托合同产生的债权。

（八）破产程序中解除合同所发生的损害赔偿请求权

根据《企业破产法》第 53 条的规定，因管理人或债务人解除合同而产生的损害赔偿请求权属于破产债权，因为管理人解除合同的原因只能归于债务人，由此产生的损害后果不应由相对人承担，因此也应允许债权人申报。

（九）涉及连带责任的破产债权

《企业破产法》第 51 条规定："债务人的保证人或者其他连带债务人已经代替债务人清偿债务的，以其对债务人的求偿权申报债权。债务人的保证人或者其他连带债务人尚未代替债务人清偿债务的，以其对债务人的将来求偿权申报债权。但是，债权人已经向管理人申报全部债权的除外。"

（十）保证债权

《破产法司法解释三》第 4 条规定："保证人被裁定进入破产程序的，债权人有权申报其对保证人的保证债权。"《企业破产法》没有规定保证人破产时保证责任的问题。主债务未到期的，保证债权在保证人破产申请受理时视为到期。根据我国《担保法》的规定，保证的方式包括一般保证和连带责任保证，一般保证人享有先诉抗辩权。在一般保证人破产的情形下，保证人不得主张行使先诉抗辩权，但债权人在一般保证人破产程序中的分配额应予提存，待一般保证人应承担的保证责任确定后再按照破产清偿比例予以分配。保证人被确定应当承担保证责任的，保证人的管理人可以就保证人实际承担的清偿额向主债务人或其他债务人行使求偿权。保证人的管理人因行使追偿权所追回的资金，将根据《企业破产法》的规定追加分配给保证人的债权人。

已承担保证责任的保证人可以向其他承担连带（共同）责任的保证人追偿。我国《担保法》第 12 条规定："同一债务有两个以上保证人的，保证人应当按照保证合同约定的保证份额，承担保证责任。没有约定保证份额的，保证人承担连带责任，债权人可以要求任何一个保证人承担全部保证责任，保证人都负有担保全部债权实现的义务。已经承担保证责任的保证人，有权向债务人追偿，或者要求承担连带责任的其他保证人清偿其应当承担的份额。"《最高人民法院关于适用〈担保法〉若干问题的解释》第 20 条则进一步指出："连带共同保证的保证人承担保证责任后，向债务人不能追偿的部分，由各连带保证人按其内部约定的比例分担。没有约定的，平均分担。"《最高人民法院关于已承担保证责任的保证人向其他保证人行使追偿权问题的批复》（法释〔2002〕37 号）也明确指出："承担连带责任保证的保证人一人或者数人承担保证责任后，有权要求其他保证人清偿应当承担的份额，不受债权人是否在保证期间内向未承担保证责任的保证人主张过保证责任的影响。"因此，已承担保证责任的保证人可以向共同的、已进入破产程序的连带保证人债务人申报债权，债权应当按债务人平均分担的份额确认。

另外，关于债务人、保证人破产时的债权申报问题，《破产法司法解释三》第 4 条作出了相应规定。债务人、保证人均被裁定进入破产程序的，债权人有权向债务人、保证人分别申报债权。债权人向债务人、保证人均申报全部债权的，从一方破产程序中获得清偿后，其对另一方的债权额不作调整，但债权人的受偿额不得超出其债权总额。保证人履行保证责任后不再享有求偿权。

四、破产债权的例外

（一）除斥债权

在国外破产立法和法学理论中，有所谓"除斥债权"制度，即这些债权虽然符合一般债权的构成要件，但因债务人处于破产状态这一特定事实，法律规定这些债权不得参加破产程序获得分配。例如，破产宣告后的债务利息、债权人参加破产程序所支出的费用、超过诉讼时效的债权、债务人开办单位对债务人未收取的管理费、承包费等费用属于除斥债权。

（二）劣后债权

劣后债权是一种受偿顺序在普通债权之后的破产债权。《企业破产法》对劣后债权未作规定。最高人民法院在给广东省高级人民法院的《关于人民法院受理破产案件前债务人未付应付款项的滞纳金是否应当确认为破产债权请示的答复》（〔2013〕民二他字第 9 号）中明确"人民法院受理破产案件前债务人未付款项的滞纳金应确认为破产债权"，《破产法司法解释三》第 3 条重申了前述意见。《破产审判会议纪要》在"五、破产清算"第 28 条规定："对于法律没有明确规定清偿顺序的债权，人民法院可以按照人身损害赔偿债权优先于财产性债权、私法债权优先于公法债权、补偿性债权优先于惩罚性债权的原则合理确定清偿顺序。因债务人侵权行为造成的人身损害赔偿，可以参照企业破产法第一百一十三条第一款第（一）项规定的顺序清偿，但其中涉及的惩罚性赔偿除外。破产财产依照企业破产法第一百一十三条规定的顺序清偿后仍有剩余的，可依次用于清偿破产受理前产生的民事惩罚性赔偿金、行政罚款、刑事罚金等惩罚性债权。"这一规定确立了破产程序中债权清偿顺位的基本原则，并建立了劣后债权及其清偿制度，对司法实践具有重要的指导意义。[1] 另外，根据《破产审判会议纪要》第 39 条规定，关联企业成员之间不当利用关联关系形成的债权，应当劣后于其他普通债权顺序清偿，且该劣后债权人不得就其他关联企业成员提供的特定财产优先受偿。

破产程序启动前对债务人的民事惩罚性赔偿金、行政罚款、刑事罚金、没收财产等涉及财产的惩罚性债权，其清偿顺位应劣后于普通破产债权。

尽管从绝大多数破产案件的清偿结果看，无论是除斥债权还是劣后债权都得不到清偿，但两者的权利设置不同。除斥债权在破产程序中完全没有受偿权利，而劣后债权在普通破产债权完全受偿后有剩余财产时仍可能受偿，其受清偿的权利未被剥夺。

第二节　破产债权的申报

债权申报，是指债权人于破产案件受理后，在法定的期限内，依法定程序主张并证明其债权，以便参加破产程序的行为。债权人申报债权，是其参加破产程序的必要条件，未申报债权的债权人，不得参加破产程序。无论是无财产担保的债权，还是有财产担保的债权，都必须申报。

根据《企业破产法》第六章"债权申报"的规定，结合破产案件中管理人工作实务，总结出破产案件中债权申报及管理人审查操作流程图示如下：

---

[1]　王欣新：《论破产程序中劣后债权的清偿》，《人民法院报》2018 年 7 月 4 日第 7 版。

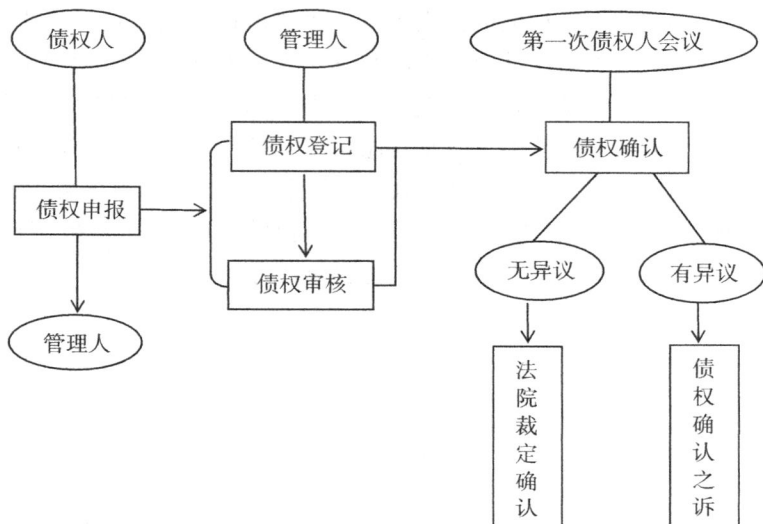

一、债权申报的期限

《企业破产法》第 45 条规定："人民法院受理破产申请后，应当确定债权人申报债权的期限。债权申报期限自人民法院发布受理破产申请公告之日起计算，最短不得少于三十日，最长不得超过三个月。"人民法院受理破产申请时对债务人享有债权的债权人，应当在债权申报期限内向管理人申报债权。在债权申报期限内，债权人未申报债权的，可以在最后一次破产分配方案提交债权人会议表决之前，或者和解协议或重整计划草案提交债权人会议表决之前补充申报。但此前已进行的分配不再对其补充分配。为审查和确认补充申报债权的费用，由补充申报人承担。

二、债权申报公告、通知

依照《企业破产法》第 14 条规定："人民法院应当自裁定受理破产申请之日起二十五日内通知已知债权人，并予以公告。通知和公告应当载明下列事项：（一）申请人、被申请人的名称或者姓名；（二）人民法院受理破产申请的时间；（三）申报债权的期限、地点和注意事项；（四）管理人的名称或者姓名及其处理事务的地址；（五）债务人的债务人或者财产持有人应当向管理人清偿债务或者交付财产的要求；（六）第一次债权人会议召开的时间和地点；（七）人民法院认为应当通知和公告的其他事项。"对于已知债权人，管理人协助法院通知已知债权人申报债权，应当按照民事诉讼法的规定采取直接送达、邮寄送达或者债权人确认的其他方式送达债权申报通知。管理人协助法院通知已知债权人时应当提供债权申报登记表、授权委托书、法定代表人（负责人）身份证明书、证据清单的范本，以及其他便于债权人申报债权的说明性文件。

受理破产公告适用于未知的债权人。债权申报公告应当根据案件的影响范围，在权威性媒体或《人民法院报》上刊载，同时要在全国企业破产重整案件信息网上发布，在该网站发布的公告具有法律效力。

【文书样式 6-1】

××××人民法院

债权申报通知书

〔××××〕××××破××号之××

×××债权人：

本院根据×××的申请于××××年××月××日裁定受理×××有限公司破产清算一案，并同时指定×××律师事务所为×××有限公司管理人。你/单位应在××××年××月××日前，向×××公司管理人（通信地址：×××××××；联系地址：×××××××；邮政编码：××××××；联系人：×××；联系电话：×××××××）申报债权，书面说明债权数额、有无财产担保及是否属于连带债权，并提供相关证据材料。如未能在上述期限内申报债权，可以在破产财产分配方案提交债权人会议讨论前补充申报，但此前已进行的分配，不再对你补充分配，为审查和确认补充申报债权所产生的费用，由你承担。未申报债权的，不得依照《中华人民共和国企业破产法》规定的程序行使权利。

本院定于××××年××月××日××时召开第一次债权人会议，具体地点另行通知。依法申报债权的债权人有权参加债权人会议。参加会议时应提交个人身份证明；委托代理人出席会议的，应提交授权委托书、委托代理人的身份证件或律师执业证，委托代理人是律师的还应提交律师事务所的指派函。

特此通知。

××××人民法院

××××年××月××日

【文书样式 6-2】

××××人民法院

公　告

〔××××〕××××破××号之××

本院根据×××的申请于××××年××月××日裁定受理×××有限公司破产清算一案，并同时指定×××律师事务所为×××有限公司管理人。×××有限公司的债权人应自××××年××月××日前，向×××有限公司管理人（通信地址：×××××××××××××；联系地址：×××××××路××号；邮政编码：××××××；联系人：×××；联系电话：××××××）申报债权。未在上述期限内申报债权的，可以在破产财产分配方案提交债权人会议讨论前补充申报，但对此前已进行的分配无权要求补充分配，同时要承担为审查和确认补充申报债权所产生的费用。未申报债权的，不得依照《中华人民共和国企业破产法》规定的程序行使权利。×××有限公司的债务人或者财产持有人应当向×××有限公司管理人清偿债务或交付财产。

本院定于××××年××月××日××时召开第一次债权人会议，具体地点另行通知。依法申报债权的债权人有权参加债权人会议。参加会议的债权人系法人或其他组织的，应提交营业执照、法定代表人或负责人身份证明书，如委托代理人出席会议，应提交特别授权委托书、委托代理人的身份证件或律师执业证，委托代理人是律师的还应提交律师事务所的指派函。参加会议的债权人系自然人的，应提交个人身份证明，如委托代理人出席会议，应提交特别授权委托书、委托代理人的身份证件或律师执业证，委托代理人是律师的还应提交律师事务所的指派函。

特此公告。

××××人民法院

××××年××月××日

三、债权申报的流程

1. 管理人应当在法院确定的债权申报期限内指派专门工作人员在通知和公告的债权申报地点受理债权申报

2. 债权人向法院指定的管理人申请登记债权

首先，债权人获取申报文件。债权人获取申报文件可采用下列方式之一：

(1)在申报地点领取申报文件。

(2)加入债权人 QQ 群，下载债权申报文件。

其次，债权人到债权公告指定地点提交申报材料，债权申报应当提供：

(1)债权申报表。

(2)提交债权金额和债权发生事实的证据材料，以及《债权申报文件清单》。

(3)身份证明(个人提交身份证、公司/企业提交企业法人营业执照等)。

(4)申报人授权委托书。债权人委托他人申报债权的，应提交委托人签字盖章的授权委托书及受托人的身份证明。委托代理人是律师的还应提交律师事务所的指派函。

(5)《债权人送达地址、送达方式确认书》。

3. 申报材料的接收

(1)管理人对申报材料进行形式审查。管理人在受理债权人申报时应当进行形式审查。形式审查包括审查债权人的身份证明文件、申报的债务人是否为破产案件的债务人、申报的权利种类和性质。

(2)出具《债权申报回执》。管理人经形式审查认为合格的，应当受理债权申报并进行登记，出具债权申报回执。管理人经形式审查认为不合格的，应当指令申报人限期补充材料。申报人逾期不补充或者补充后仍不合格的，管理人可以根据申报人的要求出具不予受理的回执。

(3)制作《债权申报登记表》。管理人应当对所有债权申报进行登记造册，详尽记载申报人的姓名、单位、代理人、申报债权额、债权性质、担保情况、证据、联系方式等事项，形成债权申报登记册。同一债权人申报多笔债权的，应当分别登记。

四、管理人在接受申报债权登记时应当注意的问题

1. 债权人应如实填写债权申报表，并由债权人签字或盖章。

2. 债权人应提交债权人的主体资格文件，包括居民身份证明或企业法人营业执照等。

(1)债权人为法人的，要求其提交营业执照原件，管理人核对后留存经加

盖公章的营业执照复印件。

（2）债权人为自然人的，要求其提交合法有效的身份证明，管理人核对原件后留存复印件。

3. 债权人委托他人申报债权的，应提交委托人签字盖章的授权委托书及受托人的身份证明。

4. 债权人申报债权时应提交相关申报材料，管理人应就债权人提交的申报文件是否完整和齐备进行审查。如申报文件不完整或者有缺陷，管理人应当及时告知申报人，要求其对申报文件或证据材料进行补正。

5. 管理人在接受债权人提交的申报文件时，应要求债权人或受托人在其提交的证据材料复印件上签章确认，并由管理人就复印件与原件逐一进行核对。

6. 债权人申报债权时应如实填写债权申报文件清单，注明提交资料的名称、数量等，并应签字或盖章。

7. 管理人在受理债权申报文件后应及时归档成册，债权申报文件由管理人保存，并供利害关系人查阅。

8. 债权人申报债权时应填写送达地址及送达方式确定书，以便日后管理人与债权人联系。

五、职工债权登记及异议处理

根据《企业破产法》第 48 条第 2 款规定，职工债权，不必申报。实务中，职工主动申报债权的，管理人应予以登记。管理人应当在第一次债权人会议召开前十五日内完成调查并列出详细清单，包括欠付职工的工资和医疗、伤残补助、抚恤费用，所欠的应当纳入职工个人账户的基本养老保险、基本医疗保险费用，以及法律、行政法规、地方性法规规定应当支付给职工的补偿金。职工债权清单应在债务人公告栏或者其他显著地方进行公示，或者向职工送达。债务人职工人数众多、确无法在上述期限内完成的，管理人可报人民法院延长期限，并应将延长期限的情形公示。

职工对管理人经调查后列出的清单记载的内容有异议的，可以要求管理人更正；管理人不予更正的，职工可以向人民法院提起诉讼，要求人民法院依法确认其所享有的债权的数额。

【文书样式 6-3】

×××有限公司债权申报表

债权申报编号【　　　　】

债权人基本情况	债权申报人名称					
	法定代表人		电话		传真	
	地址				邮编	
	开户银行				QQ	
代理人基本情况	姓名		电话		传真	
	联系地址				邮编	
债务人						

申报债权数额（总）	大写：_____ ￥：_____	债权发生时间		有财产担保，请注明担保标的物、担保金额及简要说明
债权是否到期		是否经法院（仲裁机构）裁决	求偿权/将来求偿权	
是否有连带债务人		连带债务人名称		
是否属连带债权人		连带债权人名称		
债权计算清单	本金			
	利息			
	违约金			
	案件受理费等其他损失			
	合　计			

备注：1. 债权由多笔组成的，请在证据中附计算清单；
　　　2. 提交材料的纸张规格应为 A4 纸，书写均应使用黑碳素墨水，或直接打印。

债权申报人(签名或盖章)：
申报日期：　　年　月　日

附页

债权计算清单

债权人(受托人):

年 月 日

提示:债权人债权构成中,若有利息或违约金(赔偿金),应单独附页,列明计算过程及相关说明,否则有可能因为事实不清导致无法确认。

【文书样式6-4】

×××有限公司债权申报文件清单

债权人(全称):					
申报债权文件目录 (本页不足,可附页)		份数	页数	原件或复印件	备注
1.主体资格	①法人或其他组织:企业法人营业执照(或营业执照)、法定代表人证明书			复印件	营业执照、法定代表人证明等须盖章,身份证复印件须与原件一致并签名。
	②自然人:身份证复印件				
2.	授权委托书(如有授权)			原件	律师需提供律师事务所公函
3.	债权申报表	1	1	原件	
4.				以下均为复印件	
5.					
6.					
7.					
8.					
9.					

提交人声明:本次提交的所有申报债权文件与原件一致,不存在变造、伪造等情形,否则愿意承担由此产生的法律责任。

签收人声明:本次申报债权文件的签收并不代表签收人对其申报债权以及

提交文件资料真实性、合法性及关联性的确认。

提交人(签字):_____ 签收人(签字):_____

提交日期: 年 月 日 签收日期: 年 月 日

【文书样式 6-5】

<h2 style="text-align:center">×××公司送达地址及送达方式确认书</h2>

债权人:	
债权人提供的地址及联系方式	地址: 邮编: 联系人: 电话(移动电话): 其他联系方式:
债权人对地址及联系方式的确认	我已经如实提供地址及联系方式,并保证上述联系地址及方式准确、有效。如因我提供的地址不准确或变更地址未通知的,邮寄材料退回之日视为送达之日。 债权人签名或盖章:_____ <div style="text-align:right">年 月 日</div>
备　注	

【文书样式 6-6】

×××有限公司债权申报登记册

序号	债权人	代理人	申报日期（__年__月__日）	联系方式（地址、电话）	债权性质	申报金额					涉讼情况	财产担保	其他担保	证据份数	备注
						本金	利息	违约金	其他费用	合计					
合计															

第三节　破产债权的确认

破产债权的确认是破产程序的关键环节，债权人申报的债权只有经过确认后才能成为破产债权。破产债权的确认是指有权的主体依法对破产债权之有无、性质与数额予以确定和认可的行为。《企业破产法》对债权审查、核查和确认的主体，以及确认的范围、程序和方法等都有明确的规定。

一、管理人的审查

《企业破产法》第 57 条第 1 款规定："管理人收到债权申报材料后，应当登记造册，对申报的债权进行审查，并编制债权表。"可见，债权申报后，首先要接受管理人的审查。

在审查债权时，管理人应当坚持形式审查和实质审查相结合的原则。

1. 形式审查。管理人对债权人的债权申报形式进行审查，包括是否采用书面形式，是否在申报期限内申报，是否提交了证实债权申报主体资格、债权是否成立、债权数额和有无财产担保的证明材料。

2. 实质审查。管理人应当结合债权人的申报材料和债务人提供的材料对债权是否成立、债权性质、债权数额、担保情况等进行实质审查。管理人应当根据下列原则对债权申报的实体内容进行审查：

（1）有生效法律文书确认的，应当根据生效法律文书确认债权，但超过申请执行时效的债权不列入破产债权；

（2）无生效法律文书确认的，但证据真实、合法、充分，或者虽然证据不足，但债务人财务记录有明确记载或者有其他证明文件的，应当根据证据、财务记录或者其他证明文件确认债权。

二、债权审查流程

债权审核认定流程包括管理人审查、复核、编制债权表。管理人应当将审查结论通知债权人，管理人通知债权人审查结论，应当给予债权人合理的异议期。管理人收到债权人异议书后，应当对债权人的异议进行复核，应当书面通知债权人复核结论，并告知债权人有权自收到复核结论之日起 15 日内向法院提起诉讼。逾期不起诉的，管理人可以按无异议处理。

管理人应当根据债权审查结论编制债权表。债权表应当列明债权人的姓名或者名称、申报的债权性质和债权数额、审查认定的债权性质和债权数额。暂缓认定的债权和不予认定的债权应另行列表并提交债权人会议。

管理人应当编制并公示职工债权清单。职工债权清单应当包括职工债权人的姓名或者名称、职工债权的类别、职工债权的数额。职工对职工债权清单记载有异议并要求更正的，管理人应当进行复核并将复核结论书面通知职工。管理人复核后不予更正的，应当告知职工可以在接到书面通知之日起 15 日内依法提起诉讼。逾期不起诉的，管理人可以按无异议处理。

三、债权的核查

依照《企业破产法》第58条第1款之规定，管理人编制的债权表，应当提交第一次债权人会议核查。《企业破产法》第61条规定的债权人会议的首要职权便是核查债权。因特殊原因无法在第一次债权人会议核查，且第一次债权人会议无必须表决事项的，可以在以后的债权人会议上核查，但是不得迟于待表决事项进行表决之时。但是，债权人会议应当如何行使核查权，《企业破产法》未作规定。实践中，债权人通过以下方式行使债权核查权。

1. 在债权人会议召开前，管理人将债权编制表电子版发至QQ群或微信群供债权人查阅，并将债权编制表编入会议资料发给参加会议的债权人，这样便于债权人及时提出异议。

2. 对于本人债权的核查，在债权人会议召开前，管理人应将债权审查结论书面通知债权人，并给予债权人一定的异议期。债权人如果对管理人作出的审查结论有异议，可在管理人确定的异议期内以书面形式提出异议，陈述其异议理由，并提交相应证据。管理人应当书面通知债权人复核结论，并告知债权人有权自收到审查结论之日起15日内向人民法院提起诉讼。逾期不起诉的，管理人可以按无异议处理。

四、债权确认

《企业破产法》第58条第2款规定："债务人、债权人对债权表记载的债权无异议的，由人民法院裁定确认。"经第一次债权人会议核查的债权，其效力仍未最终确定。债务人、债权人对债权表记载的债权无异议时，经人民法院裁定确认。

五、异议债权的处理

《企业破产法》第58条第3款规定："债务人、债权人对债权表记载的债权有异议的，可以向受理破产申请的人民法院提起诉讼。"《破产法司法解释三》第8条规定："债务人、债权人对债权表记载的债权有异议的，应当说明理由和法律依据。经管理人解释或调整后，异议人仍然不服的，或者管理人不予解释或调整的，异议人应当在债权人会议核查结束后十五日内向人民法院提起债权确认的诉讼。当事人之间在破产申请受理前订立有仲裁条款或仲裁协议的，应当向选定的仲裁机构申请确认债权债务关系。"债务人、债权人对债权表记载的债权有异议的，应当说明理由和法律依据。经管理人解释或者调整后，异议人仍然不服的，或者管理人不予解释或调整的，按照以下原则处理：

1. 债务人、对他人债权有异议的债权人，应当在债权人会议核查结束后15日内，向受理破产案件的人民法院提起债权确认诉讼。逾期未起诉的，该债权确定。

2. 对本人债权有异议的债权人，应当在债权人会议核查结束后15日内，向受理破产案件的人民法院提起债权确认诉讼。逾期未起诉的，该债权确定。

3. 当事人之间在破产申请受理前订立有仲裁条款或仲裁协议的，应当向选定的仲裁机构申请确认债权债务关系。

4. 债权尚未确定的债权人，人民法院可以依照《企业破产法》第59条第2款之规定，为其行使表决权而临时确定债权额。破产财产分配时，该债权确认诉讼案件尚未作出生效裁判的，应当根据该债权人申报债权额和破产案件清偿率计算其分配额并预留。

对于债权人会议核查的债权，如该债权有担保人的，管理人应将审查情况书面告知担保人。担保人有异议的，可以要求管理人更正。管理人不予更正的，担保人可以在收到不予更正决定之日起15日内，向受理破产案件的人民法院提起债权确认诉讼。逾期未起诉的，该债权确定。

【文书样式 6-7】

债权审查函

债权编号：

债权基本信息	债权人名称		
	申报债权金额(元)	本金	
		利息	
		违约金	
		案件受理费等其他	
		合计	
	财产担保情况		
	其他担保情况		

续表

债权概述	债权发生原因及目前履行情况：	
管理人 审查 意见		
管理人审 查确认的 金额(元)	本金	
	利息	
	违约金	
	案件受理费等其他	
	合计	
管理人 联系方式	联系人：×××　　　　联系方式：×××××× 地址：××××××××× 邮编：×××××	
备注	债权人对本债权审查函有异议的，可自收到本函之日起十五日内向管理人提出书面异议并附上相应证据材料。如果逾期未提出书面异议的，则视为债权人对本债权审查函没有异议。	

【文书样式6-8】

债权复核函

债权编号：

债权人名称		
债权申报 金额(元)	本金	
	利息	
	违约金	
	案件受理费等其他	
	合计	

续表

管理人审查确认的金额(元)	本 金	
	利息、违约金	
	案件受理费	
	其 他	
	合 计	
债权人异议及相应证据清单	异 议	
	证据清单	
管理人复核意见		
管理人复核确认的金额(元)	本金	
	利息、违约金	
	案件受理费	
	其他	
	合计	
管理人联系方式	联系人：×××　　　联系方式：×××××× 地址：×××××××× 邮编：×××××	
备注	债权人对本债权复核函有异议的，可自收到本函之日起十五日内向××人民法院提起诉讼。逾期不起诉的，管理人可以按无异议处理。	

【文书样式 6-9】

×××(债务人名称)债权表(参考样式)

清偿顺序	序号	债权人名称	债权申报金额(单位：元)			申报债权性质	确认金额(单位：元)	备注(全部或部分债权未予确认的原因)
			本金	利息	合计			
担保债权								
第一顺序职工债权								
第二顺序社会保险费用、税收债权和欠薪保障金								
第三顺序普通破产债权								
劣后债权								

说明：债务人所欠职工的工资和医疗、伤残补助、抚恤费用，所欠的应当划入职工个人账户的基本养老保险、基本医疗保险费用，以及法律、行政法规规定应当支付给职工的补偿金、住房公积金等，属于职工债权。破产受理前产生的民事惩罚性赔偿金、行政罚款、刑事罚金等惩罚性债权，如债务人未履行生效法律文书应当加倍支付的迟延利息，属于劣后债权。

【文书样式 6-10】

×××有限公司破产债权审核流程和标准

为规范和统一破产案件债权审核认定流程和标准，维护债权人、债务人和其他利害关系人的合法权益，根据《中华人民共和国企业破产法》等法律、法规和司法解释的规定，结合法院破产案件审判实践，现管理人提出债权审核流程和标准：

一、债权审核流程及方法

《企业破产法》对债权审查、核查和确认的主体，以及确认的范围、程序和方法等都有明确的规定。

（一）管理人的审查

1. 对债权人提交的债权申报材料复印件，必须与债权人提供的原件进行核对，核对无误后由债权人在其提交的申报材料复印件上签字或盖章。

2. 对于同时申报利息的债权人，应提交利息计算清单，尤其是银行借贷、信托、融资租赁、民间借贷等利息计算复杂的债权。

3. 债务人应提供与申报的债权相对应的财务资料及其他相关证据材料。

4. 证据材料保存在政府有关部门、司法机关的，管理人应向有关政府部门、司法机关调查核实。

5. 债权人有义务配合对申报的债权提出自己的核实意见，对债权人认可或部分认可的写明意见和理由，并签字盖章。

6. 会计师就申报债权相关的财务资料进行审查。

7. 律师需对申报债权的真实性、合法性和诉讼时效等进行全面审查。

8. 如债权人申报与债务人财务资料记载不符，可以要求债权人与债务人进行对账。

9. 对债权应逐笔审查、管理人形成债权审查结果后，应当将审查结论通知债权人。管理人通知债权人审查结论，应当给予债权人不少于 15 日的异议期。

10. 管理人收到债权人异议书后，应当认真对债权人的异议及相关证据材料进行复核，应当书面通知债权人复核结论，并告知债权人有权自收到复核结论之日起 15 日内向人民法院提起诉讼。逾期不起诉的，管理人可以按无异议处理。

11.管理人应当根据债权审查结论编制债权表。债权表应当列明债权人的姓名或者名称、申报的债权性质和债权数额、审查认定的债权性质和债权数额。暂缓认定的债权和不予认定的债权应另行列表并提交债权人会议。

12.管理人应当编制并公示职工债权清单。职工债权清单应当包括职工债权人的姓名或者名称、职工债权的类别、职工债权的数额。职工对职工债权清单记载有异议并要求更正的，管理人应当进行复核并将复核结论书面通知职工。管理人复核后不予更正的，应当告知职工可以在接到书面通知之日起15日内依法提起诉讼。逾期不起诉的，管理人可以按无异议处理。除因客观原因暂时无法核查之外，管理人应当在第一次债权人会议召开之前完成职工债权清单的编制并在债权申报地点、债务人住所地或者相关场地、网络平台进行公示。

（二）债权人会议核查

1.管理人应当将债权表提交第一次债权人会议核查。第一次债权人会议未能核查的债权，管理人应当提交之后的债权人会议核查。

2.管理人将债权表提交债权人会议核查时，应当同时送交债务人核查。

3.债务人、债权人对债权表记载的债权有异议的，应当说明理由和法律依据。经管理人解释或者调整后，仍有异议的，或者管理人不予解释或调整的，管理人应告知异议人在债权人会议核查结束后15日内向人民法院提起诉讼。逾期不起诉的，管理人应当申请人民法院裁定确认；当事人之间在破产申请受理前订立有仲裁条款或仲裁协议的，应当向选定的仲裁机构申请确认债权债务关系。

职工对职工债权清单记载的内容有异议的，应当自清单公示之日起15日内向有管辖权的人民法院提起诉讼。

4.债权尚未确定的债权人，人民法院可以依照《企业破产法》第59条第2款之规定，为其行使表决权而临时确定债权额。破产财产分配时，该债权确认诉讼案件尚未作出生效裁判的，应当根据该债权人申报债权额和破产案件清偿率计算其分配额并预留。

5.对于债权人会议核查的债权，如该债权有担保人的，管理人应将审查情况书面告知担保人。担保人有异议的，可以要求管理人更正。管理人不予更正的，担保人可以在收到不予更正决定之日起15日内，向受理破产案件的人民法院提起债权确认诉讼。逾期未起诉的，该债权确定。

二、债权审查标准

（一）普通债权审核认定标准

1. 债权人申报的债权已经人民法院生效判决书、裁定书、调解书，仲裁机构、劳动仲裁机关生效裁决书，或者公证机关公证债权文书确定的，管理人按照生效法律文书确定的数额或者生效法律文书确定的计算方法予以认定。

2. 诉讼、仲裁未决的债权暂缓认定。管理人可以根据案件实际情况决定是否上诉。

3. 未经诉讼或者仲裁的债权，管理人应当按照法律法规和司法解释的规定予以审核认定。

4. 管理人应当依照民事诉讼证据的相关规定对债权人的申报材料、债务人的反馈材料和财务账册以及管理人取得的其他证据材料进行审核，必要时可以申请法院调查取证，也可以申请专项鉴定。

5. 债权人申报合同之债的，管理人应当查明合同成立、生效、履行、变更、中止和发生争议的情况。

6. 债权人申报侵权之债的，管理人应当查明债务人行为的违法性、债权人受损害事实和损害后果、因果关系和债务人过错的情况。

7. 债权人申报不当得利之债的，管理人应当查明债权人受损与债务人获益之间的因果关系、债务人获益有无法律或者合同依据的情况。

8. 债权人申报无因管理之债的，管理人应当查明债权人管理债务人的事务、债权人确无法定或者约定义务的情况。

9. 未到期的债权在破产案件受理时视为到期。

10. 附条件的债权，管理人应当审查所附条件是否成就；条件尚未成就的，暂缓认定。

11. 债务人是社会团体、公益组织、政府投融资平台公司、公众公司的，管理人应审查债务人对外提供担保是否符合法律、法规、章程的规定。管理人认定担保合同无效后，债权人主张债务人承担赔偿责任的，应当向人民院提起诉讼。

12. 连带债权人可以由其中一人代表全体连带债权人申报债权，也可以共同申报债权。连带债权人由其中一人代表全体连带债权人申报债权或者共同申报债权的，应当认定为一笔债权。

13. 债权人未向管理人申报全部债权时，债务人的保证人或者其他连带债务人尚未代替债务人清偿债务，但以其对债务人的将来求偿权申报债权的,管理人应当受理并暂缓认定。

14. 债权人在数个连带债务人的破产案件中分别申报全部债权的,应当如实作出书面说明。

15. 债权人以管理人或者债务人依照《企业破产法》规定解除合同产生的损害赔偿请求权申报债权的,债权数额按照解除合同产生的实际损失认定。

16. 债权人申报的债权是受让而来的,应当提交已经通知债务人的证据。符合规定的金融资产管理公司受让或转让国有银行债权,金融资产管理公司或国有银行在全国或者省级有影响的报纸上公布的有催收内容的债权转让公告或者通知的,视为已经通知债务人。债权转让未履行通知义务的,债权转让对债务人不发生效力。

17. 债权发生多次转让的,债权转让和通知债务人的证据应当连续。

18. 债权人应当书面向管理人如实说明债权受偿的情况,包括债务人、担保人和其他债务人已经履行清偿义务的情况。债务人、担保人和其他债务人已经履行的清偿义务,管理人在审核认定时应予相应核减。

19. 债权人申报的债权已经获得部分清偿但清偿本息约定不明的,视为按照下列顺序受偿:

(1)实现债权的费用;

(2)债权的利息;

(3)债权的本金。

20. 债权人申报的债权涉及犯罪嫌疑人,已经进入侦查、起诉或者审判程序,且刑事案件与债权基于同一事实、其结果对债权认定有影响的,在人民法院作出生效的刑事判决或者裁定前,管理人应暂缓认定。

21. 外币债权审核认定后,按照人民法院受理破产申请之日中国外汇交易中心或者中国人民银行授权机构公布的人民币与该种外币汇率中间价折算为人民币;没有中间价的,按照现汇买入价折算;没有现汇买入价的,按照现钞买入价折算。

22. 债权人申报的发生在破产案件受理前的下列债权属于劣后债权:

(1)行政、司法机关对债务人的罚款、罚金以及其他有关费用;

(2)债务人逾期不履行行政决定的金钱给付义务,行政机构加处的超过金钱给付义务的滞纳金;

(3)社会保险、住房公积金部门应当计收的劳动保险金、住房公积金等滞纳金;

（4）债务人未执行人民法院生效法律文书应当加倍支付的迟延利息；

（5）关联企业成员之间不当利用关联关系形成的债权。

23. 债权人申报的下列债权不予认定：

（1）破产案件受理日以后的债务利息；

（2）债权人参加破产程序所支出的费用；

（3）债务人的股权，股票持有人在股权、股票上的权利；

（4）超过诉讼时效的债权，超过法律规定的期限未申请强制执行的债权；

（5）债务人开办单位对债务人未收取的管理费、承包费；

（6）管理人或债务人在破产程序内解除合同，合同相对方申报的超出实际损失的赔偿请求或者要求返还定金的加倍部分；

（7）政府无偿拨付给债务人的资金，但财政扶贫、科技管理等行政部门通过签订合同，按有偿使用、定期归还原则发放的款项除外；

（8）超过债权人申报范围的债权；

（9）其他依据相关法律法规不予认定的债权。

24. 民间借贷合同确认无效后，债务人应返还债权人的借款本金，债务人实际占用资金期间的利息参照《民间借贷司法解释》第29条关于未约定利率时按年利率6%计算；清偿本息约定不明的，已付利息依法应先行冲抵利息，尚有剩余冲抵本金。

三、债权利息审核认定的标准

1. 利息计算截止日期为破产案件受理之日。

2. 借贷双方既未约定借款期内的利率，也未约定逾期利率，可以自逾期还款之日起按照年利率6%支付资金占用期间的利息。

3. 债权利息，包括依照法律法规、生效法律文书、合同以及根据交易习惯应当计算的利息、逾期利息、罚息、复利、逾期还款或付款的违约金或滞纳金、资金占用费等。

4. 借贷合同的债权人向债务人收取的咨询费、顾问费、管理费、手续费、综合费等费用按利息处理。

5. 管理人应当按照生效法律文书确定的方法计算迟延履行期间的利息，但债务人未履行生效法律文书应当加倍支付的迟延利息除外。生效法律文书未确定给付迟延履行期间利息的，迟延履行期间不计算利息。

6. 合同约定的利率超过年利率24%的，超过部分的利息不予认定；借据、收据、欠条等债权凭证载明的借款金额，一般认定为本金。预先在本金中扣除利息的，应当将实际出借的金额认定为本金。

7. 合同约定逾期利息、罚息、复利、违约金、滞纳金，或资金占用费、管理费、手续费、咨询费、综合费等费用的，从其约定，但总额折算不得超过年利率 24%。

8. 借贷双方约定的利率超过年利率 36%，超过部分的利息约定无效。借款人已支付的超过年利率 36% 部分的利息应从借款本金中扣减，利息按扣减后的本金为基数进行计算。

9. 法院受理破产申请前一年内，债务人支付的利息超过年利率 24% 但不足 36% 的部分，应核减债权数额。

10. 债权申报依据的合同未约定利息或者生效法律文书未确定给付利息的，不予认定债权利息，但履行期限届满后或者法律规定催告后的利息除外。

11. 债权申报依据的合同约定利息不明，但根据交易习惯应当计算利息或者资金占用费的，可以按照中国人民银行公布的同期银行一年期贷款利率计算利息。

2019 年 8 月 20 日前的利率按照中国人民银行同期贷款利率计算，2019 年 8 月 20 日之后的利率按照全国银行同业拆借中心公布的贷款市场报价率计算。

12. 国有独资企业或者国有控股企业破产，债权人申报的债权系金融机构转让的，自金融机构转让时起停止计息。

前款规定以外的其他企业破产，债权人受让经生效法律文书确认的金融不良债权，或受让的金融不良债权经生效法律文书确定，受让日之前的利息按照相关法律规定计算，受让日之后不再计付利息。

13. 债务人是担保人的，承担担保责任中的利息自破产申请受理时起停止计算。

14. 债权人申报的债权是外币的，以原币种审核认定债权的利息。外币利率规定或者约定不明的，参照中国外汇交易中心、中国人民银行授权机构、银行同业机构或者主要国有商业银行公布的同币种同期利率计算。

四、其他债权审核认定的标准

1. 其他债权是指建设工程价款优先受偿权、船舶优先权、航空器优先权、有财产担保债权、职工债权、税款债权和抵销权。

除本标准另有规定外，其他债权按照普通债权的审核认定标准执行。

2. 债权人申报建设工程价款优先受偿权、船舶优先权和航空器优权的，应当在法律规定的期限内申报或者提交在法律规定的期限内主张的证据。债权人未在法律规定的期限内申报或者不能提交在法律规定的期限内主张证据的，作为普通债权审核认定。

3. 建设工程价款优先受偿权的审核认定，按照《中华人民共和国合同法》第286条和《最高人民法院关于建设工程价款优先受偿权问题的批复》执行。消费者已支付商品房的全部或者大部分购买款项的，承包人就该商品房享有的工程价款优先受偿权不得对抗买受人。

建设工程价款优先受偿权的审核认定，应当参考相应建设工程的结算书。相应建设工程未结算的，暂缓认定，可以待结算完成后认定；无法结算的，管理人根据债权人和债务人提供的证据材料审核认定，必要时可以申请人民法院选定有资质的机构进行工程造价专项审计和鉴定。

4. 有财产担保债权是指债务人以不动产、动产、权利提供担保所对应的债权。

有财产担保债权的担保权包括抵押权、质权和留置权。以转让物或者权利的所有权作为债权担保的，管理人应当在取回转让物或者权利后认定债权人的普通债权。

5. 破产案件的债务人仅是抵押人、出质人、留置物的所有权人，不是主债务人，担保权人要求在破产程序内实现担保物权的，参照法律和上述关于有财产担保债权的规定审核认定。

6. 依法应当办理登记的担保物权，未办理登记的，作为普通债权审核认定。

以动产设定抵押的，未登记或者登记不符合法律、法规规定的，不得对抗已经对动产取得相应权利的善意第三人。

7. 抵押登记时土地上已有建筑物的，债权人仅办理了土地使用权抵押登记或者建筑物抵押登记，抵押权的范围包括地上建筑物和土地使用权，但土地和房产已分别办理了抵押登记的除外。

土地使用权抵押后，该土地上新增的建筑物不属于抵押财产。

8. 同一财产向两个以上债权人抵押的，依照《中华人民共和国物权法》第199条之规定确定优先受偿权。

9. 债权人对担保财产的优先受偿权，及于担保财产的保险赔偿金、损害赔偿金、征收款、拆迁补偿金，以及担保财产变价所得的价款。

在人民法院受理破产申请前一年内，债务人若有对没有财产担保的债务提供财产担保，管理人应依法行使撤销权。

10. 管理人审核认定职工债权，应当调查债务人财务账册、审计报告、劳动合同、工资发放记录、社会保险和住房公积金缴纳记录、考勤记录、人事档案等证据材料。

管理人可以向社会保险管理机构、住房公积金管理机构、劳动监察机构调取证据，必要时可以申请人民法院向上述机构调取证据。

11. 劳动监察机构、社会保险机构、欠薪保障基金管理机构、工会、债务人经营场所的房屋出租方以及其他主体为债务人垫付工资和医疗、伤残补助、抚恤费用、基本养老保险、基本医疗保险费用、住房公积金、补偿金等费用的，视为职工债权。

12. 管理人审核认定税款债权，应当核查债务人财务账册和税收征管机关的申报材料。

13. 债务人欠缴税款以及欠缴税款对应的各类附加属于税款债权。债务人在破产案件受理前因欠缴税款产生的滞纳金属于普通债权。债务人因欠缴税款产生的罚款，以及破产案件受理后因欠缴税款产生的滞纳金，不认定为破产债权。

14. 管理人不应主动通知债权人进行抵销，但抵销使债务人财产受益或者享有抵销权的债权人亦已被人民法院受理破产的除外。

15. 互负债权债务的双方当事人均已破产的，以破产案件受理前的双方债权债务进行抵销，不得以一方的全部债权额与另一方的破产债权分配额进行抵销。

五、债权审核认定应注意的事项

1. 债权人未在债权申报期限内申报债权的，可以在人民法院裁定认可最后分配方案之前补充申报。

2. 债权人未在债权申报期限内申报，对于其申报债权之前已经进行的分配，不再对其补充分配。

3. 前款规定的已经进行的分配，是指债权人补充申报时法院已经裁定认可破产财产分配方案。

4. 为审核认定补充申报债权产生的核查债权额外支出的费用，包括重新召开债权人会议费用和差旅费用等，由补充申报人承担。

×××有限公司管理人

××××年××月××日

【案例 6-1】

**多家企业实质合并破产时，孳息债权计算统一
截至先破产企业破产裁定受理之日**

（2019）最高法民申 265 号民事裁定书认为，镭宝公司、天外公司等七家关联公司资金使用和收益难以按各个企业进行区分，人财物高度混同，无法准确界定各企业资产、债权债务的对应性，构成法人人格高度混同，符合关联企业实质合并的要件。七家企业均不能清偿到期债务，本案进行合并破产清算，统一各个合并破产企业的普通债权清偿率，有利于保障债权人等各方当事人之间的实质公平，也有利于厘清各公司债权债务，提高破产清算效率。原判决有关"孳息债权计算统一截至先破产企业镭宝机械破产裁定受理日"的做法符合《中华人民共和国企业破产法》第 1 条"公平清理债权债务，保护债权人和债务人的合法权益，维护社会主义市场经济秩序"的立法目的，也不违反该法第 46 条"附利息的债权自破产申请受理时起停止计息"的规定，并且充分保障了全体债权人能公平有序受偿的立法目的。①

【评析】破产债权确认纠纷案件，是指债务人、债权人对于管理人编制的债权表记载的债权有异议，请求管理人予以更正，而管理人不更正的，向人民法院提起的请求确认债权的民事诉讼案件。有担保人的债权，担保人对于债权表记载的与其有关的事项也可以提起债权确认诉讼。破产债权确认纠纷一般分为职工破产债权确认纠纷与普通破产债权确认纠纷两种。《破产法司法解释三》第 9 条规定："债务人对债权表记载的债权有异议向人民法院提起诉讼的，应将被异议债权人列为被告。债权人对债权表记载的他人债权有异议的，应将被异议债权人列为被告；债权人对债权表记载的本人债权有异议的，应将债务人列为被告。对同一笔债权存在多个异议人，其他异议人申请参加诉讼的，应当列为共同原告。"根据《企业破产法》第 21 条的规定，破产债权确认纠纷应该由受理破产申请的人民法院管辖，但当事人之间在破产申请受理前订立有仲裁条款或仲裁协议的，应当向选定的仲裁机构申请确认债权债务关系。

---

① 最高人民法院（2019）最高法民申 265 号民事裁定书，载中国裁判文书网，http://wenshu. court. gov. cn/website/wenshu/181107ANFZ0BXSK4/index. html？ docId = 074d5f78dec24353bc2caa4c0111d532,2020 年 7 月 1 日最后访问。

【案例 6-2】

仅凭破产企业法定代表人及股东个人签字的证明不能认定存在职工债权

（2019）最高法民申 3514 号民事裁定书认为，本案解决的争议为破产债权确认纠纷，马补金的诉求是确认宇宏达公司拖欠的工资及利息。解决这一问题，首先要确定马补金与宇宏达公司之间是否存在劳动关系或劳务关系。一审、二审期间，马补金无法提供其与宇宏达公司之间的劳动合同，只提供了宇宏达公司法定代表人及股东个人签字的证明。但该证明形成时，宇宏达公司已经处于破产状态，根据《中华人民共和国企业破产法》第 44 条及第 33 条第 2 项规定，人民法院受理破产申请时对债务人享有债权的债权人，依照本法规定的程序行使权利；涉及债务人财产的虚构债务或者承认不真实债务的行为无效。并且，根据二审判决认定，在马补金主张的工作时段，宇宏达公司的股东变化频繁，公司已经承包给案外人经营。因此，二审判决认定仅凭担任过公司法定代表人和股东的个人签字不足以证明马补金与宇宏达公司存在劳动关系，并无不当。马补金申请再审认为在启动破产程序后由法定代表人及大股东确认的工资应当等同于会计账册，直接认定为破产债权，于法无据。①

---

① 最高人民法院（2019）最高法民申 3514 号民事裁定书，载中国裁判文书网，http://wenshu. court. gov. cn/website/wenshu/181107ANFZ0BXSK4/index. html? docId = 4c31878fb42240e58ea2ab2501144be4,2020 年 7 月 1 日最后访问。

第七章　债权人会议

第一节　债权人会议的组成

一、债权人会议概述

(一)债权人会议的概念

债权人会议,是在破产程序进行中,为便于全体债权人参与破产程序以实现其破产程序参与权,维护全体债权人的共同利益而由全体登记在册的债权人组成的表达债权人意志和统一债权人行动的议事机构。

从各国破产立法来看,关于债权人会议制度的规定主要有以下几种情况:第一,不认可由全体债权人组成的债权人会议,仅设立由部分债权人组成的债权人委员会。意大利采此体例。第二,既规定债权人会议作为全体债权人的议事机构,又设立类似债权人委员会的常设机构,代表全体债权人行使对破产程序的参与权和监督权。德、日、英、美等国均采此体例。第三,不设立由债权人组成的任何机构,而是从律师、会计师、审计师等社会中介组织中选定所谓的债权人代表,由其代表债权人参与破产程序。如《法国商法典》第 621~628 条规定,法院可依职权指定数名债权人代表,该法采用的是债权人代表制。[①]

债权人会议对于破产程序的顺利进行有着极为重要的意义,是落实债权人自治这一基本制度的重要机构。债权人会议的设立原因为:其一是统一债权人意志和行动,保证破产程序有序化的需要。一般而言,破产程序中的债权人人数众多,各债权人之间的意志和利益存在此消彼长的差异甚至冲突,为使破产程序顺利进行,需要将全体债权人的意志、利益和外在要求用某种方式统一起来,并最终体现到破产程序的程序设计和程序进行中去。其二是公平保护全体

---

① 李飞主编:《当代外国破产法》,中国法制出版社 2006 年版,第 360~361 页。

债权人利益的需要。破产案件的处理事关债权人的切身利益，其债权最终受偿比例的高低决定债权人利益的保护程度，因而，理应给予债权人参与破产程序的机会。但是，若允许债权人对此个别为之，又必然妨碍破产程序的顺利进行，且会增加破产程序的成本，故为全体债权人的利益考虑，需将众多分散的债权人的各自利益形成一种"利益集合"，并为保证这一利益集合的实现而将各自的行为协调起来，通过债权人会议这种有组织的自助形式来实现其共同利益。其三是实现破产案件处理程序的经济性目标的需要。破产程序从某种意义上讲，是在债务人破产的偶然原因下形成的共同诉讼的一种特殊形式。由于破产程序的进行涉及众多利害关系人的利益，程序设计中出现的少许失误都可能延误程序的进行，从而增加债权人的负担。基于程序经济效益的考虑，"债权人不能单独地行使权利，决定诉讼活动，所以需要设立一个临时性机构，就破产事项协调意见，并决定采取何种诉讼行为"①，既为全体债权人提供了参与破产程序的机会，又不至于妨碍破产程序的顺利进行。

（二）债权人会议的法律地位

债权人会议的法律地位是一个复杂的问题。在破产法理论界主要存在以下几种学说：

1. 债权人团体的机关说。这是日本学界过去的传统学说。该说基于破产债权人对破产程序进行中的诸多事项具有共同利益，如破产财产的增加、破产费用和财团债务的减少、破产财产的拍卖能否获得善价等，主张全体债权人构成破产债权人团体，债权人会议则是该团体的机关。② 有的学者还主张，债权人团体是一个法人，债权人会议是该法人的机关。③

2. 事实上的集合体说。这是日本学界当前的通说。该说主张债权人会议是由法院召集的临时性集合组织。该说认为债权人之间的利益存在不相一致的地方，另外，法律也未规定债权人会议的法人主体性。④

3. 自治团体说。这是我国部分学者的主张。依照该说，债权人会议并非

---

① 王欣新、薛庆予主编：《律师新业务》，中国人民大学出版社 1990 年版，第 35 页。

② 梁慧星主编：《民商法论丛（第 2 卷）》，法律出版社 1994 年版，第 162~163 页。转引自赵旭东：《商法学》（第 2 版），人民法院出版社 2011 年版，第 548 页。

③ 参见［日］石川明：《日本破产法》，第 112 页。转引自王欣新主编：《破产法》，中国人民大学出版社 2002 年版，第 69 页。

④ ［日］伊藤森：《日本破产法》，刘荣军等译，中国社会科学出版社 1995 年版，第 75 页。转引自赵旭东：《商法学》（第 2 版），人民法院出版社 2011 年版，第 548 页。

法人组织，而是非法人性质的特殊社团组织，是表达债权人共同意志的一种自治性团体。①

以上几种学说均从不同的侧面对债权人会议的性质作了一定论述，具有一定的合理性，但是又都存在自身难以克服的缺陷。对于债权人会议的法律地位，目前可以说仍是一个众说纷纭的话题。

结合我国《企业破产法》对于债权人会议职权的规定来看，我们倾向于自治团体说。债权人自治是《企业破产法》的一项重要原则。依据这一原则，有关债权人权利行使和权利处分的一切事项，均应由债权人会议独立地作出决议。债权人在债权人会议上应享有充分的自由表达和自主表决的权利。债权人会议作出的关于债权确认、重整与和解、破产财产变价和分配等重大事项的决议，是破产程序进行的重要根据。债权人会议还应享有监督破产财产管理和处分的权利。因此，人民法院在破产程序中，应当在充分尊重债权人会议自治权利的前提下，依法维护债权人会议的程序公正，而不是充当债权人会议的领导者或指挥者，从而将自己置于介入利益纷争或者与债权人相对立的地位。②

二、债权人会议的组成

(一)债权人会议的成员

《企业破产法》第 59 条第 1 款规定："依法申报债权的债权人为债权人会议的成员，有权参加债权人会议，享有表决权。"该条第 5 款还规定："债权人会议应当有债务人的职工和工会的代表参加，对有关事项发表意见。"从上述规定来看，债权人会议由以下人员组成：

1. 依法申报债权的债权人

债权人依法申报债权后，成为债权人会议的成员，包括无财产担保的债权人、有财产担保的债权人和代替债务人清偿债务后享有求偿权的人。不依破产程序申报债权的债权人，不能取得破产程序当事人地位，不具有参加债权人会议的权利。凡是债权人会议的成员，都享有出席债权人会议、对债权人会议讨论的议题发表意见、表决(除依法不能行使表决权者以外)以及请求召开债权人会议等权利。债权尚未确定的债权人，除人民法院能够为其行使表决权而临时确定债权额的外，不得行使表决权。债权人出席债权人会议，可以本人亲自

---

① 陈计男：《破产法论》，台湾三民书局 1992 年版，第 146 页。
② 王卫国：《破产法》，人民法院出版社 1999 年版，第 81 页。

出席，也可以委托代理人出席，代理人出席债权人会议的，应当向人民法院或者债权人会议主席提交债权人的授权委托书。

债权人会议成员分为有表决权的债权人和无表决权的债权人两种。

有表决权的债权人，是指对债权人会议的决议事项有权投票表示赞成或反对的债权人。主要包括以下几种：①依法申报债权的无财产担保的债权人；②放弃优先受偿权利的有财产担保的债权人；③虽享有财产担保但未能就担保物足额受偿的债权人；④已代替债务人清偿债务的保证人或者其他连带债务人。上述债权人在行使表决权时，其债权额必须确定。债权额不确定或者有异议的，由人民法院裁定后行使表决权。

无表决权的债权人，是指有权出席债权人会议和发表意见，但无权对债权人会议的某些决议事项投票表示赞成或反对的债权人。主要包括：①未放弃优先受偿权利的有财产担保的债权人，对于通过和解协议和破产财产分配方案的决议，不享有表决权；②债权尚未确定，法院也未能为其行使表决权而临时确定债权数额的；③债权附有停止条件，条件尚有待成就的，或债权附有解除条件，其解除条件已经成就的；④尚未代替债务人清偿债务的保证人或其他连带债务人。

2. 债务人的职工和工会代表

债权人会议应当有债务人的职工和工会的代表参加，上述人员由债务人职工大会和工会推选产生。参加债权人会议的职工和工会的代表，可以就与职工利益相关的事项发表意见，不参与表决。

3. 债权人会议的列席人员

债权人会议的列席人员包括：①债务人的有关人员，是指企业的法定代表人，和经人民法院决定的企业的财务管理人员和其他经营管理人员。②管理人。管理人应当列席债权人会议，向债权人会议报告职务执行情况，并回答询问。③法院合议庭成员。破产程序以人民法院为主导，合议庭成员应当参与债权人会议进行指导和监督。④审计、评估、鉴定、翻译人员。债权人可能会对审计、评估、鉴定、翻译人员进行询问，因此，这些人员应当根据需要列席债权人会议。《企业破产法》第126条规定，有义务列席债权人会议的债务人的有关人员，经人民法院传唤，无正当理由拒不列席债权人会议的，人民法院可以拘传，并依法处以罚款。债务人的有关人员对债权人会议提出的问题拒不陈述、回答，或者作虚假陈述、回答的，人民法院可以依照《民事诉讼法》的有关规定对其给予罚款处罚。

(二) 债权人会议主席

债权人会议设主席一人,由人民法院在第一次债权人会议上,从有表决权的债权人中指定。人民法院应制作《指定债权人会议主席决定书》。《指定债权人会议主席决定书》一般应在第一次债权人会议上宣布。

债权人会议主席为单位的,应指派固定的代表人员负责履行职责。代表人员未经人民法院同意不得更换。

债权人会议主席和债权人委员会成员应当根据法律规定和人民法院的指令履行职责。不正确履行职责、妨碍破产程序的,人民法院可以予以训诫、罚款,或者依照法定程序予以更换。

(三) 债权人会议职权

《企业破产法》第 61 条第 1 款规定了债权人会议行使下列职权:

1. 核查债权。在债权人会议上,让每个债权人对已经申报的债权进行核查,并可以提出异议。如果在债权人会议上无人对已经申报的债权的数额或者性质提出异议,法院就可以根据现有的证明材料确定债权。债权人如对债权表记载的债权有异议的,可以向受理破产申请的人民法院提起诉讼。

2. 申请人民法院更换管理人,审查管理人的费用和报酬。依照《企业破产法》第 22 条的规定,债权人会议认为管理人不能依法、公正履行职务或者有其他不能胜任职务情形的,可以申请人民法院予以更换。依照《企业破产法》第 41 条的规定,管理人执行职务的费用、报酬和聘用工作人员的费用属于破产费用,而破产费用和共益债务要由债务人财产随时清偿。法律赋予债权人会议对管理人的费用和报酬的审查权,是维护债权人合法权益的需要。

3. 监督管理人。依照《企业破产法》第 23 条的规定,管理人依照本法规定执行职务,向人民法院报告工作,并接受债权人会议和债权人委员会的监督。

4. 选任和更换债权人委员会成员。依照《企业破产法》第 67 条规定,债权人会议可以决定设立债权人委员会。债权人委员会由债权人会议选任的债权人代表和一名破产企业的职工代表或者工会代表组成。债权人委员会成员应当经人民法院书面决定认可。债权人委员会人数不得超过九人。债权人会议是债权人全体的共同意思表示机关,债权人委员会则是债权人会议的代表机构。因此,对债权人委员会的成员,债权人会议有权选任和更换。

5. 决定继续或者停止债务人的营业。破产程序开始后,债务人是否继续营业,决定权应当由债权人会议行使。如果债权人会议认为债务人继续营业可以增加可供分配的破产财产，就可以决定债务人继续营业；反之，则可以决定停止债务人的营业。

6. 通过重整计划。重整计划的通过是指将重整计划草案交由债权人会议讨论并同意的过程。这是债权人自治的体现，是重整程序的核心阶段。这个过程主要是对重整计划草案表决的过程。

7. 通过和解协议。债权人会议对债务人提交的和解协议草案，有权进行讨论和作出是否予以接受的决议。和解通常是在债权人作出让步的基础上达成的。债权人让步属于权利处分行为，如免除利息、免除部分本金、延长偿还期限、将债权转换为股权等，这些必须由权利人自主决定。由于破产程序是集体清偿程序，故债权人的权利处分也必须通过集体行为来实施。因此，和解协议只有经债权人会议决议并经法院认可方能生效。

8. 通过债务人财产的管理方案。破产程序开始后，债务人全部财产为债权人利益分配的物质基础，与每个债权人的利益相关。因此对债务人财产的管理方案应由债权人会议决定，由管理人具体执行和落实。

9. 通过破产财产的变价方案。破产财产的变价是否得当，直接关系到债权人的切身利益，其变价的方案应当由债权人会议作出决定。管理人应当就变价处理的财产的范围、变价方法、预先估价变价时间、变价地点等相关事项，拟出方案，提交债权人会议讨论，由债权人会议表决通过。

10. 通过破产财产的分配方案。与通过破产财产的变价方案一样，在进行破产分配前，管理人应当向债权人会议提交破产财产分配方案，由债权人会议对应分配的财产范围、应受分配的债权和债权额、分配方法、分配的顺序、分配的比例、时间和地点等事项，进行表决，确定是否通过破产财产分配方案。

11. 人民法院认为应当由债权人会议行使的其他职权。债权人会议除行使上述十项职权外，如果人民法院认为还有其他应当由债权人会议行使的职权，可以赋予债权人会议行使。这一项属于兜底性规定。人民法院可以根据不同情况来决定具体事项的内容。

第二节　债权人会议的运行

一、债权人会议的召集

《企业破产法》第 62 条规定："第一次债权人会议由人民法院召集，自债权申报期限届满之日起十五日内召开。以后的债权人会议，在人民法院认为必要时，或者管理人、债权人委员会、占债权总额四分之一以上的债权人向债权人会议主席提议时召开。"第一次债权人会议是指破产程序开始后法定期限内，必须由法院召集的债权人会议。根据《最高人民法院关于推进破产案件依法高效审理的意见》第 10 条规定，债权人会议可以采取现场会议和非现场会议方式，但是，第一次债权人会议应当通过现场方式或者网络在线视频方式召开，后续债权人会议召开还可以采用非在线视频通讯群组等其他非现场方式召开。债权人会议以非现场方式召开的，管理人应当核实参会人员身份，记录并保存会议过程。多数国家的破产法对此也有规定。例如，日本破产法规定，法院应于破产宣告同时，确定第一次债权人会议日期。但其日期应在破产宣告日起 1个月内。德国破产法规定，第一次债权人会议召开的日期自破产宣告之日起不应少于 6 个星期，但不得超过 3 个月。第一次债权人会议不可能一次性解决所有程序和实体问题，对剩余的问题和产生的新问题，在以后各次债权人会议上解决。以后各次的债权人会议由债权人会议主席召集并主持，管理人协助筹备会议。人民法院应当参加会议。

二、债权人会议的筹备

(一) 债权人会议通知

根据《企业破产法》第 63 条规定，召开债权人会议，管理人应当提前 15日通知已知的债权人。管理人可以采用电话、短信、传真、电子邮件、即时通信、通讯群组等能够确认其收悉的简便方式通知或者告知债权人、债务人及其他利害关系人。具体操作时，最好是管理人申请创建微信公众号、设置公告栏并将微信公众号二维码放置在公告栏。全体债权人在申报债权时，管理人告知其关注该微信公众号，也可以建立 QQ 群号或者申请设立短信公众平台等，作为通知和发布与债权人有关信息的渠道。

但从管理人勤勉尽责地履行义务方面考量，除统一发布公告外，还必须对已知的债权人辅以书面或电话、QQ 群号、微信、短信通知，第一次债权人会议和以后的债权人会议的做法有些区别。

1. 第一次债权人会议通知。根据《企业破产法》第 14 条规定，人民法院应当自裁定受理破产申请之日起 25 日内通知已知债权人，并予以公告。

人民法院也可制作《通知书》，由管理人根据已知的债权人在规定的时间内逐一寄出，并将送达回执报人民法院备查。管理人对寄送后没有来申报债权的债权人应予以进一步联系，确定其是否收到了通知，以免遗漏了已知债权人申报债权。

2. 以后的债权人会议通知。应由管理人制作通知，通知的内容一般应包括本次债权人会议召开的原因、时间、地点和会议的主要议程，债权人应携带的文件资料和授权文件、身份证明等。

【案例 7-1】

光耀集团有限公司重整案
第二次债权人会议通知书

惠州市中级人民法院(以下简称"惠州中院")于 2017 年 12 月 11 日依法裁定受理光耀集团有限公司(以下简称"光耀集团")破产重整一案，并指定深圳市金大安清算事务有限公司及广东卓凡律师事务所为光耀集团联合管理人(以下简称"管理人")，由管理人负责光耀集团的破产重整工作。

在法律规定的期限内，管理人如期向惠州中院提交了《光耀集团有限公司重整计划草案》，为审议表决该重整计划草案，经惠州中院同意，管理人定于 2018 年 10 月 10 日以网络方式组织召开光耀集团有限公司破产重整案第二次债权人会议，现将参加网络会议的相关事宜通知如下：

一、时间和方式

1. 会议时间：2018 年 10 月 10 日下午 3 时。

2. 参会方式：参加网络会议的债权人于 2018 年 10 月 10 日根据全国企业破产重整案件信息网短信通知的账号和密码登录"全国企业破产重整案件信息网"(http://pccz.court.gov.cn/)，点击进入网上服务一项债权人会议模块，点击确认网上参会，查看会议文档。会议召开当日再次准时登录系统，点击进入债权人会议。通过网络方式参与会议。

参加光耀集团破产重整案第二次债权人会议的债权人需要为已依法向管理人申报债权的主体，未向管理人申报债权的无法参与本次会议。

二、会议主要议题

1. 管理人介绍《光耀集团有限公司重整计划(草案)》；

2. 债权人审议表决《光耀集团有限公司重整计划(草案)》。

三、关于网络会议用户账号和密码

2018 年 10 月 8 日，全国企业破产重整案件信息网将向依法申报债权的债权人登记的 1 名有权参加本次会议的人员发送用户名账号及密码。机构债权人的用户名账号为统一社会信用代码(没有统一社会信用代码的为组织机构代码），个人债权人的用户名账号为债权人的身份证号码，密码为系统自动生成的随机动态密码，因此管理人无法提供密码查询服务，请各位债权人务必牢记各自的账号和密码，以免影响参会。

每一位债权人（含同一家债权人申报多笔债权的）对应一个用户账号和密码，仅向一个手机号码发送。同一位债权人申报多笔债权的，该债权人账号登录后所代表的债权为多笔债权之和；一笔债权留有多个手机号码的，将仅向其中一个号码发送账号和密码；多家债权人委托同一位代理人的，该代理人手机将收到多个账号与密码。请代理人注意查收和区分，开会时需分别登录。同一位债权人同时委托多个代理人的，则仅向其中一位代理人发送账号和密码。

请债权人登记的有权参加本次会议的人员务必确保手机畅通，并及时关注收到的短信。因债权人登记的有权参加本次会议的人员手机不畅通，包括但不限于关机、停机、不在服务区等原因无法接收账号、密码及参会通知，影响债权人参会及表决的，债权人自行承担。

四、账号测试

债权人收到短信告知其用户名和密码后至 2018 年 10 月 8 日可根据短信中的账号和密码提前登录网站进行测试，熟悉网站操作，并查阅相关文档。2018 年 10 月 10 日 10 时网站测试通道关闭。

五、登录参会

2018 年 10 月 10 日下午 2 时，债权人即可登录全国企业重整案件信息网的债权人会议端口下载、查阅相关文档。下午 3 时会议正式开始，债权人可观看债权人会议直播视频，并可以下载相关文档、投票表决等操作。

六、表决须知

登录债权人会议的享有表决权的债权人在会议开始前一小时（即 2018 年 10 月 10 日下午 2 时）可进行投票表决，表决分为"同意""反对"两个选项，债权人必须在规定的时间内进行投票（在以上两个选项择一选取）。

特此通知。

备注：

（1）为便于各债权人充分了解《光耀集团有限公司重整计划（草案）》并行使表决权，管理人在会议召开前将草案电子版发至各债权人申报债权时确认的邮箱地址，请各债权人仔细审阅。若债权人在申报时未向管理人提供电子邮箱的，请直接联系管理人进行补登记。

（2）为了确保光耀集团重整案件的顺利推进，请各债权人及时完成表决事项的内部审批、决策流程，以便各债权人均能提交有效的表决票，以免对表决结果及各债权人自身权益造成影响。

（3）管理人联系方式：叶律师，189×××××××

光耀集团有限公司管理人

2018 年 9 月 21 日

（二）第一次债权人会议准备工作

1. 人民法院召集第一次债权人会议前，应做好以下准备工作：

（1）确定会议议题，拟定会议议程；

（2）提前 15 天向债权申报人发出会议通知；

（3）通知债务人的法定代表人和法院认为必要的债务人的其他管理人员，要求其必须到会；

（4）通知管理人列席会议；

（5）通知其他相关人员列席会议；

（6）拟定债权人会议主席候选名单；

（7）准备会场；

（8）准备会议文件（督促管理人准备文件）。

2. 管理人准备的会议文件一般包括：

（1）程序类：参会须知、会议议程、债权人签到表、列会人员签到表、表决票、表决票统计表等；

（2）报告类：管理人执行职务报告、债务人财产状况报告、债权审查报告及债权表、管理人报酬方案等；

（3）议案类：债务人财产管理方案、债权人委员会候选名单、破产财产变价方案等。

（三）债权人会议的会场安排

会场的选定要根据破产案件的债权人情况酌定，是选破产审理法院的法庭、债务人经营场所，还是租用适合的场所，不能一概而论。但是，在案件涉及的债权人人数众多，组织召开现场会议难度巨大，无论是场地、安保等都无法得到有效保障的情况下，管理人可选择召开网络债权人会议。2016 年 8 月 1 日起施行的《最高人民法院关于企业破产案件信息公开的规定（试行）》第 11 条规定："人民法院、破产管理人可以在重整信息网召集债权人会议并表决有关事项，网上投票形成的表决结果与现场投票形成的表决结果具有同等法律效力。"这为网络会议召开及网上投票提供了法律支撑。

会场一般需要设置主席台、发言席、管理人工作区、债权人坐席区、列席人员等区域。债权人坐席区应当分为有表决权的坐席区和无表决权的坐席区。

主席台一般要高于正对面的债权人坐席区域，前1~2排应留作管理人及债务人相关人员的列席坐席。债权人后面空出1~2排为备用区域，债权人坐席区域左右也空出至少1~2个坐席，以便区分债权人和维持会议秩序的工作人员座位。

主席台设置审判长、审判员(2个)、书记员坐席，主席台前面中间为债权人会议主席坐席，右边设置债务人席位，右边前一点设置发言席、左边为管理人负责人坐席。

会议现场布置干净整洁即可，一般不要提供矿泉水，更不能供应热开水，只能提供纸杯，放置茶水桶供应凉开水或温开水；适当的公安干警维护会场外的秩序和交通秩序是必要的，会场内除工作人员外可以根据情况配备法警，因为破产案件毕竟由法官审理，尽管债权人会议是债权人意思自治的表达方式。必要时可请求政府指派相关部门、乡镇街道、卫生、消防、供电等部门予以配合。

（四）参加会议人员的入场流程

1. 参会人员出示身份证明、授权委托书，领取会议资料袋。

2. 每位申报的债权人安排2个席位，且仅允许1人持会议资料袋进入会场。

3. 入场前组织严格安检，出席会议的债权申报人或者委托代理人勿携带任何危险物品(包括液态饮品、长把尖头雨伞等)进入会场，未成年人禁止入场。

4. 参会人员依照管理人排序编号，分组对号入座。

（五）债权人会议应注意的事项

召开债权人会议要"精心筹备、充分评估、确保平稳、通过决议"。特别是第一次债权人会议一定要认真组织，为以后的债权人会议打好基础。为此，需要注意以下事项：①拟订好要讨论的文件，撰写好相关报告；②会议议程紧凑、规范、透明、合法；③制定一个会议安保预案；④制定大会工作人员安排表，特别是对统计表决票要提前演练，以保证最快统计得票。

召开债权人会议，面对的是诉求多元、情绪强烈的债权人。债权人会议如果组织得不好，会议主持、管理人报告不接地气，不仅会议达不到预先要求的目的，影响破产程序的进程，甚至引发不稳定事件，造成不良的社会影响。所以，对一些复杂的破产案件，特别是受理前已有信访、闹访情况发生的破产案件，一定要认真对待。"精心筹备、充分评估、确保平稳、通过决议"是第一次债权人会议的要求，也是以后指导管理人组织好债权人会议的要诀。

债权人会议除了现场集中召开，还可以根据债权人的情况、债权人会议的决议召开网络、电话会议，有的还可以采用书面方式召开，即将书面表决意见交给管理人。至于采用哪种方式，法院可以指导管理人因案制宜。一般情况下，第一次债权人会议应现场集中召开，以后的会议可以由债权人会议决定召开方式。但如果债权人利益群体复杂，诉求矛盾对立，集中召开现场可能会出现不便控制的情况，甚至会给社会稳定带来巨大隐患时，会议前期法院应将情况向当地党委、人大汇报，通过党政机关部门的协助先做一些情绪激烈的债权人的思想工作，以确保会议平稳召开。总之，要充分评估各种可能存在的风险，通过精心准备做到防患于未然。

【文书样式 7-1】

×××有限公司第一次债权人会议会场工作方案

第一章 总 则

第一条 ×××有限公司(以下简称×××公司)第一次债权人会议拟定于××××年××月××日××时在×××××××××召开。为保证会议的顺利召开，保护债权人和债务人的合法权益，特制定本方案。

第二条 本方案由×××公司管理人负责组织实施。

第三条 实施岗位责任制，各项工作具体落实到工作组和个人。全体工作人员应当在各组长的安排下分工协作，严格按照本方案规定的程序和要求，履行职责。

第二章 主、承办单位及参会人员

第四条 本次会议由××××人民法院召集，×××公司管理人具体承办。

第五条 本次会议的主要参会人员：

(一)××××人民法院法官和书记员(4人)；

(二)已进行债权申报的债权人(××人)；

（三）×××公司职工代表(1人)；

（四）×××公司管理人成员(××人)；

（五）×××公司法定代表人受托人(1人)；

（六）会计师事务所、资产评估机构(2人)；

（七）列席人员(××人)。

共计：约××人

第三章　会议准备

第六条　会议通知。××××年××月××日××时于××××××召开债权人会议，管理人应当提前十五日通知已知的债权人。通知方式采取电话通知到管理人办公室现场领取，债权人微信群、QQ群通知和邮件快递的方式。

会议还应当通知债务人的法定代表人或代理人必须到会；通知职工代表等其他相关人员列席会议。

第七条　会议登记。债权人系自然人的，提交身份证原件和复印件，如委托代理；债权人是机构(单位)的，提交营业执照副本原件和复印件，以及法定代表人的身份证原件和复印件。签到后由会务组工作人员引导参会人员有序签到并领取会议材料。

第八条　债权人可以委托代理人出席债权人会议，行使表决权。代理人出席债权人会议，应当向人民法院或者债权人会议主席提交债权人的特别授权委托书、委托代理人的身份证件或律师(包括法律工作者)执业证复印件，代理人是律师(包括法律工作者)的还应提交律师事务所的指派函。

第九条　会议文件清单。

1. 程序类：参会须知、会议议程、债权人签到表、列席人员签到表、表决人员统计表等；

2. 报告类：管理人执行职务报告、破产清算专项审计报告、破产清算资产评估报告、申报债权审查确认办法的报告、提请债权人会议核查债权的报告、管理人报酬方案、提请债权人会议成立债权人委员会报告和财产管理方案的报告等；

3. 法律文书类：××××人民法院【×××】×破申××号民事裁定书、×××【×××】×破××号指定管理人决定书、指定债权人会议主席决定书、××××人民法院【×××】×破××号公告、××××人民法院【×××】×破××号第一次债权人会议延期通知等；

4. 债权人的资料袋一般装有：会议须知、会议表决规则、会议议程、表决票、法院相关裁定书、决定书、管理人执行职务报告、破产清算资产评估报告、申报债权审查确认办法的报告、提请债权人会议核查债权的报告、管理人报酬方案、提请债权人会议成立债权人委员会报告、财产管理方案以及破产财产变价和处置方案的报告等。

第十条 会场布置。

1. 悬挂条幅：条幅内容为"×××公司第一次债权人会议"。在会场外设置标牌以便指引会议参与者找到会场。

2. 贴座号：座号根据普通大额民间借贷债权人、普通小额民间借贷债权人、其他性质的普通债权人和优先权债权人按序列排明，写有序号及姓名或单位名称，张贴在座位前中间位置。债权人到达后可由会场引导人员迅速找到自己的位置。为了表决统计方便，整个会场可平均设置为四个区域，每个区域负责人对自己负责的区域了解清楚，表决时根据座号应很快计算出赞成票或反对票的票数及所占债权份额。

3. 会场座签设置：设置审判长、审判员（两个）、书记员、管理人、债务人、债权人会议主席席位；工作人员统计表决票席位；会议厅外设置四个签到处。

4. 灯光、音响、空调：灯光、音响、空调以满足会场需要为限，尤其是在会场人员较多的情况下，音响声音较小或出故障会影响会议效果，布置会场时一定要先试用一下，以确保实际效果。

5. 摄像与拍照：安排两台摄像机位。一台为固定机位，一台为流动机位。

第四章 会议议程

第十一条 会议签到。设置四个签到台，与会人员根据指引到签到台签到并领取资料袋，入场前须持资料袋通过安检。

出席会议的债权申报人或者委托代理人，签到后进入会场，对号入座，每位债权人最多2名代表进入会场，管理人应当为每个债权人安排2个位置，并预先编好债权人序号，不再另行编制座位号，再将每个债权人的序号、位置、姓名(或名称)以表格的形式固定下来。

第十二条 会议主持。会议分为人民法院合议庭主持和债权人会议主席主持两个部分：

(一)人民法院合议庭主持

1. 宣布会议纪律；

2. 核查申报债权人到会情况；

3. 宣布破产案件受理及审理情况；

4. 宣布指定管理人情况；

5. 债权人会议职权及其他有关事项的说明；

6. 指定债权人会议主席。

(二)债权人会议主席主持

1. 审议管理人执行职务的工作报告；

2. 审议关于×××(债务人名称)财产状况的报告；

3. 审议管理人关于破产债权审查办法的报告；

4. 关于提请债权人会议核查债权的报告；

5. 审查关于×××(债务人名称)财产管理方案的报告；

6. 审查管理人关于管理人报酬方案的报告；

7. 表决管理人提请债权人会议成立债权人委员会的报告；

8. 宣布选举结果和表决结果；

9. 宣布休会。

第五章　会议组织机构及职责

第十三条　为确保会议正常召开，拟成立"×××公司破产清算案第一次债权人会议筹备委员会"，全面负责本次会议的筹备工作。筹委会设主任一名，由×××担任；设副主任两名，由×××、×××担任。

第十四条　筹委会下设四个工作组，秘书组、会务组、技术组、安保组。各组设组长一名，负责本组的工作安排与人员配置，并就本组的工作向筹委会负责。

第十五条　秘书组组长由×××担任，本组成员有×××等×人。

第十六条　秘书组的主要职责：

1. 起草筹备《工作方案》；

2. 负责筹委会工作会议及有关会议的组织、协调工作；

3. 根据此次会议的议程，准备会议文件资料；

4. 打印和收集会议材(资)料，统一装袋分发；负责会议之后所有材料的组卷归档；

5. 完成筹委会安排的其他工作。

第十七条　会务组组长由×××同志担任，本组成员有×××等×人。

第十八条　会务组的主要职责：

1. 负责提出经费总预算，拟定财务开支标准。

2. 采购会议需要的办公用品。

3. 编制《会议服务指南》，设计制作会议出席证、工作人员证。

4. 按照人民法院工作人员的要求布置会场。

5. 负责参会人员的签到、接待工作：

(1) 设置四个签到台，每台配备一名律师和一名工作人员；

(2) 接待人员方案。

6. 负责会议的计票、监票工作：

(1) 四个区共配备八名计票、监票人员。根据具体情况作调整。

(2) 本次会议实行记名投票，发放表决票，并记载到表决统计表上。统计表包括债权人序号、债权性质、有无优先权、债权额。完成全部表决并统计全部表决结果后一并交由债权人会议主席，按照表决结果进行公布。

表决前后，由管理人安排专人发放和回收，并将表决票装入事先准备好的档案袋，并用订书机封存后交给××××人民法院指派的专人管理。

会议的唱票、计票、监票工作由×××人民法院指派的专人负责，管理人应当派人协助人民法院工作。

(3) 指派一人负责统计到会的债权人及债权总额。

7. 安排工作人员住宿、就餐，落实会议用车。

8. 完成筹委会安排的其他工作。

第十九条 技术组组长由×××担任，本组成员有×××等×人。

第二十条 技术组的主要职责：

1. 协调会场物业单位，保证会场音响、照明、麦克风、多媒体等设备的正常工作；

2. 负责会场音响、照明、麦克风、多媒体等设备的现场操作；

3. 负责对会议进行录音、录像；

4. 负责对会议进行记录。

第二十一条 安保组组长由×××担任，本组成员有×××等×人。

第二十二条 安保组的主要职责：

1. 负责会议期间会场、宾馆等重要场所周围的治安保卫工作；

2. 负责签到处、入场处等人员密集地点的维持秩序和人员疏导；

3. 维持会场内秩序，对不当行为的人员进行劝说和制止；

4. 疏导沿途的交通，引导车队通行；

5. 负责有序组织疏导人员退场；

6. 处置突发事件；

7. 布置安检设备；

8. 会议场所部署法警方案；

9. 联系公安机关部署警力方案；

10. 联系卫生部门部署急救车方案；

11. 协调法院、专班领导完成上述工作。

第六章　会议阶段

第二十三条　×××公司第一次债权人会议共分两个阶段进行：

（一）前期准备（××××年××月××日至××××年××月××日）

1. ××××年××月××日成立筹委会，制定筹备工作总体方案，研究安排工作；

2. ××××年××月××日各工作小组具体分工，落实责任；

3. 每周五下午各组向筹委会汇报工作进展情况；

4. ××××年××月××日彩排，筹委会组织验收。

（二）召开会议（××××年××月××日）

按照会议议程进行。

第七章　会议要求

第二十四条　本次会议要求严、时间紧、任务重，上级领导对召开本次会议十分重视，各组一定要按照统一部署，明确各自的工作职责和分工，周密部署、精心组织、紧密配合、全力以赴，认真抓好筹备落实工作，确保会议顺利召开。

三、债权人会议召开

债权人会议可能只召开一次，也可能召开多次。第一次债权人会议一般包括如下议题议程，具体可以根据实际情况进行调整：

1. 人民法院宣布会议纪律要求、合议庭组成人员和书记员、申报债权人的到会情况；

2. 人民法院宣布债权人会议职权；

3. 人民法院介绍破产申请受理及指定管理人的情况；

4. 管理人作执行职务报告和债务人财产状况报告；

5. 核查债权；

6. 人民法院宣布债权人会议主席的职责；指定债权人会议主席；

7. 人民法院宣布债权人委员会的职责；债权人会议以表决的方式决定是否设置债权人委员会；选举债权人委员会成员，通过对债权人委员会职权的授权范围和债权人委员会议事规则；

8. 以表决的方式决定继续或者停止债务人的营业；

9. 通过债务人财产管理方案等；

10. 管理人向债权人会议报告管理人报酬方案；

11. 管理人、债务人的法定代表人等接受债权人的询问。

【文书样式 7-2】

第一次债权人会议资料①

×××有限公司破产重整案

第一次债权人会议资料

×××有限公司管理人

××××年××月××日

目　录

1. 会议须知

2. 会议议程

3. 管理人执行职务工作报告

4. 关于提请债权人会议核查债权的报告

　附：债权登记册、债权表

5. 关于提议设立债权人委员会的报告

　附：债权人委员会成员推荐名单

6. 债权人委员会议事规则（草案）

7. 债务人财产的管理和处分方案（草案）

8. 战略投资人引进方案（草案）

9. 债权人会议选任、表决办法

10. 债权人会议职权及债权人委员会职权

11. 管理人的费用和报酬方案报告

---

① 徐根才：《破产法实践指南》（第 2 版），法律出版社 2018 年版，第 151~164 页。

会 议 须 知

一、债权人可以委托代理人出席债权人会议，行使表决权。债权人或者代理人出席债权人会议，须提交身份证明，代理人出席会议还须提交授权委托书方可进入会场。

二、出席会议的债权人或者委托代理人，签到后进入会场，按序入座，每位债权人仅安排两个席位。

三、债权人会议设主席一人，由人民法院从有表决权的债权人中指定。债权人会议主席主持债权人会议。债权人会议行使《企业破产法》第61条规定的职权。

四、债权人或者委托代理人在进行表决时，应选"同意"或者"不同意"，不能选其他内容。两个都选或两个都不选或附加其他内容，则视为该表决票无效。其他任何口头表述均不产生表决效力。

五、债权人会议的决议，由出席会议的有表决权的债权人过半数通过，并且其所代表的债权额占无财产担保债权总额的1/2以上。但是，《企业破产法》另有规定的除外。

债权人会议的决议对于全体债权人均有约束力。

六、债权人认为债权人会议的决议违反法律规定，损害其利益的，可以自债权人会议作出决议之日起15日内请求人民法院裁定撤销该决议，责令债权人会议依法重新作出决议。

七、对于通过债务人财产的管理方案、通过破产财产的变价方案所列事项，经债权人会议表决未通过的，由人民法院裁定；对通过破产财产的分配方案事项，经债权人会议二次表决仍未通过的，由人民法院裁定。对上述裁定，人民法院可以在债权人会议上宣布或者另行通知债权人。

八、债权人对人民法院依照《企业破产法》第65条第1款作出的裁定不服的，债权额占无财产担保债权总额1/2以上的债权人对人民法院依照《企业破产法》第65条第2款作出的裁定不服的，可以自裁定宣布之日或者收到通知之日起15日内向该人民法院申请复议。复议期间不停止裁定的执行。

九、开会期间请关闭手机或将手机置于静音状态，未经许可不得录音、录像。会场内严禁吸烟、乱丢垃圾、随地吐痰等。

十、参会人员应当遵守会场秩序，服从现场工作人员的安排，不得有喧哗、哄闹、随意走动等妨碍会场秩序的行为。出席会议的债权人或者委托代理人不得随意交换或离开座位，不得占坐他人位置；中途退出会场或更换座位的，视为自动放弃表决、选举权利。

十一、会议期间未经许可不得随意发言提问。债权人如有提议，可在会议后五日内向债权人会议主席提出，同时报送人民法院和管理人。如有问题提问，可在会议后询问管理人。

十二、第一次债权人会议以后的债权人会议，在人民法院认为必要时，或者管理人、债权人委员会、占债权总额 1/4 以上的债权人向债权人会议主席提议时召开。

十三、如有不明事项，请向现场工作人员咨询。

会 议 议 程

一、通报破产案件审理情况

二、管理人作《执行职务工作报告》

三、指定债权人会议主席

四、选任债权人委员会成员

五、审议、表决《债权人委员会议事规则》

六、债权人会议核查债权

七、审议、表决《债务人财产管理和处分方案》

八、审议、表决《债权人会议选任、表决办法》

九、管理人制作《管理人的费用和报酬方案》

十、宣布选举结果和表决结果

【文书样式 7-3】

第一次债权人会议主持词

会议时间：××××年××月××日××时

会议地点：×××××××××

召集人：×××人民法院

书记员：×××

审判员：请安静，下面宣布会议纪律：

1. 参加会议人员应当遵守会议秩序，未经许可不准记录、录音、录像和摄影；不得随意走动；未经许可不得发言、提问；不得鼓掌、喧哗、哄闹和实施其他妨碍会议议程活动的行为。

2. 参加会议人员不准吸烟，不得损坏会场设施。如对会议活动有意见，可以在会议结束后用书面形式向××××人民法院提出。

3. 请关闭移动电话等通信工具。

4. 请大家自觉遵守以上会议纪律，如有违反会议纪律的人员，将承担相应的法律责任。

管理人：向审判长提交签到报告书。

审判长：依照《中华人民共和国企业破产法》第 62 条的规定，第一次债权人会议由×××人民法院召集。现在，本院宣布×××有限公司重整案件第一次债权人会议开始。

×××有限公司重整案件，由×××担任审判长，与审判员×××、审判员×××组成合议庭，书记员×××担任记录。破产管理人×××、×××列席本次会议。根据管理人报告，签到参加会议的债权人共有＿＿＿＿＿名 。

下面请案件主审法官×××宣布债权人会议的职权。

主审法官：依照《中华人民共和国企业破产法》第 61 条规定，×××有限公司债权人会议的职权是：

1. 核查债权；

2. 申请本院更换管理人，审查管理人的费用和报酬；

3. 监督管理人；

4. 选任和更换债权人委员会成员；

5. 决定继续或者停止债务人的营业；

6. 通过重整计划；

7. 通过债务人财产的管理方案；

8. 本院认为应当由债权人会议行使的其他职权。

审判长：下面请案件主审法官×××宣读裁定书。

主审法官：1. 宣读受理重整裁定书；

2. 宣读指定管理人决定书。

审判长：本次会议的议程有十项：

第一项，指定债权人会议主席；

第二项，选任债权人委员会成员；

第三项，债权人会议核查债权；

第四项，管理人制作《执行职务工作报告》；

第五项，审议、表决《债权人委员会议事规则》；

第六项，审议、表决《债务人财产管理和处分方案》；

第七项，审议表决《战略投资人引进方案》；

第八项，审议、表决《债权人会议选任、表决办法》；

第九项，管理人宣读《管理人的费用和报酬方案》；

第十项，宣布选举结果和表决结果。

审判长：下面进行第一项会议议程，指定债权人会议主席。

先由合议庭成员×××对债权人会议主席的相关法律规定作说明。

审判员：依据《中华人民共和国企业破产法》的规定，债权人会议设主席1人，由人民法院从有表决权的债权人中指定。选任债权人会议主席是在本院充分酝酿、多方征求意见的基础上进行的，考虑到其债权在全部债权中所占的比例，债权人的公信力以及组织能力、文化水平等作出指定。

第一次债权人会议由本院召集并召开，以后的债权人会议在本院认为必要时，或者管理人、债权人委员会、占债权总额1/4以上的债权人向债权人会议主席提议时召开，债权人会议主席主持债权人会议。

主审法官：宣读本院决定书。

现在有请债权人会议主席×××上台就座。

审判长：下面进行第二项会议议程，选举×××有限公司债权人委员会成员，下面由合议庭成员就债权人委员会职权作说明。

主审法官：根据《中华人民共和国企业破产法》的规定，债权人委员会行使下列职权：

1. 监督债务人财产的管理和处分；

2. 监督破产财产的分配；

3. 提议召开债权人会议；

4. 债权人会议委托的其他职权。

审判长：债权人委员会是债权人会议的执行机构，不是议事机构，也就是说没有决定权，决定权归债权人会议。债权人委员会成员需要有为债权人服务的意识，为债权人办事的能力。下面的会议由债权人会议主席主持。

债权人会议主席：下面由管理人宣读《债权人委员会成员选任办法》。

管理人：宣读《债权人委员会成员选任办法》。

债权人会议主席：×××有限公司债权人委员会成员候选人有：1.×××；2.×××；3.×××；4.×××；5.×××。由管理人对候选人情况作介绍。

管理人：宣读《债权人委员会成员候选人简历》。

债权人会议主席：选举投票与第三项会议议程一并进行。下面进行第三项会议议程，债权人会议核查债权。请管理人作《债权审查办法说明》。

管理人：作《债权审查办法说明》，介绍债权表以及对债权有异议的处理办法等。

审判长：各位债权人请认真负责、实事求是地核对手中的《×××有限公司债权人债权表》，该债权表会前已张贴，提前供债权人核查，会议资料中人手一册。各位债权人如果对管理人审查制作的债权表中本人或其他债权人的债权数额有异议的，可以在黄色债权核查表决票左边异议栏写明异议的序号、姓名、异议内容；对债权表经核查无异议的，在债权核查表决票右边无异议栏中画"○"表示无异议。对有异议不能当场提供证据的，在会后15日内向管理人提供相应证据；经与管理人复核后仍有异议的债权人、债务人可在管理人复核后15日内，向本院提起诉讼；债务人、债权人对债权表记载无异议的，由本院裁定确认。

债权人会议主席：根据债权申报情况，管理人向会议指定债权人×××作为本次总监票人，×××、×××、×××、×××为监票人。请总监票人、监票人亮相，请鼓掌通过。

（通过。请回到前排原来位置就座。）

债权人会议主席：下面表决开始，请总监票人开始工作，检查票箱。现在请各位债权人从会议签到所发的文件包里取出红色债权人委员会成员选任票、黄色的债权核查表。请各位债权人检查一下有无差错（主持人在整个会场扫视一下）。好，没有差错，现在开始填写选任票。在填写选任票之前，我讲一下注意事项：1. 填写选任票时要在候选人相对应的同意或不同意空格栏内画"○"，请认真填写，选足名额。2. 黄色的债权核查表决票按照审判长刚才说明的填写。3. 投票时先由债权人会议主席和总监票人、监票人投票，再请各位债权人按照座位横排顺序（座位的右手）开始由工作人员引导上台投票，投好票由工作人员引导坐回原来的座位。下面开始投票。

（投票完毕）

投票已经结束，请计票工作人员开始计票，请总监票人、监票人进行监票。

鉴于计票时间较长，在管理人工作人员计票期间，会议继续进行。

债权人会议主席：（管理人报告第二项议程的计票工作完成情况并提请法院确认债权人委员会成员。）各位债权人，第二项议程的债权人委员会成员选票计票工作现在已经完成，请总监票人×××报告计票结果。

　　总监票人：报告大会，（1）出席本次会议的有表决权的债权人共有＿＿＿＿人，同意×××当选债权人委员会成员的有＿＿＿＿人，已过法定的半数；（2）同意×××当选债权人委员会成员的有＿＿＿＿人，已过法定的半数；（3）同意×××当选债权人委员会成员的有＿＿＿＿人，已过法定的半数。

　　主审法官：根据《中华人民共和国企业破产法》第67条的规定，本院决定：认可债权人会议选举的×××、×××、×××为债权人委员会成员，与本院指定的会议主席×××和债务人的职工代表×××组成债权人委员会。

　　债权人会议主席：请债权人委员会成员亮相，并作表态发言。

　　债权人委员会成员代表：我作为债权人委员会成员的代表表态，我们将不负众望，依法行使监督权，监督债务人财产的管理、处分、分配等。

　　债权人会议主席：下面进行第四项会议议程，管理人宣读《执行职务工作报告》。

　　管理人：宣读《执行职务工作报告》。

　　债权人会议主席：下面进行第五项议程，审议、表决《债权人委员会议事规则》。

　　管理人：读《债权人委员会议事规则》，并作起草说明。

　　债权人会议主席：下面进行第六项议程，审议、表决《债务人财产管理和处分方案》。

　　管理人：宣读《债务人财产管理和处分方案》，并作说明。

　　债权人会议主席：下面进行第七项议程，审议、表决《战略投资人引进方案》。

　　管理人：宣读《战略投资人引进方案》，并作说明。

　　债权人会议主席：下面进行第八项议程，审议、表决《债权人会议选任、表决办法》。

　　管理人：宣读《债权人会议选任、表决办法》，并作说明。

　　债权人会议主席：刚才管理人就《债权人委员会议事规则》《债务人财产管理和处分方案》《战略投资人引进方案》《债权人会议选任、表决办法》四项需要债权人表决的事项作出说明。下面表决开始，请总监票人检查票箱。现在请各位债权人打开资料袋，取出绿色表决票，四项内容均在表决票中，请各位债权人检查一下有无差错（主持人在整个会场扫视一下）。

好，没有差错，现在开始填写表决票。在填写表决票之前，我强调两个注意事项：1. 填写表决票时，同意的在同意栏方空格内画"○"，不同意的在不同意栏画"○"，请认真填写，有四项表决事项，请不要遗漏。2. 投票时先请债权人会议主席和总监票人投票，再请各位债权人按照座位横排顺序（座位的右手）开始在工作人员引导下投票，投好票后坐回原来的座位。下面开始投票。

（投票完毕）

债权人会议主席：投票已经结束，请工作人员进行计票，请监票人进行监票。鉴于计票时间较长，在管理人工作人员计票期间，会议继续进行。下面进行第九项会议议程，管理人作《管理人报酬方案》说明。

管理人：宣读《管理人报酬方案》说明。

债权人会议主席：各位债权人对管理人报酬和费用可审查，由债权人会议向法院提出意见。

（计票工作完成）

宣布选举结果和表决结果。

感谢大家的努力，本次会议议程全部完成。现在，我宣布×××有限公司破产重整第一次债权人会议结束，请各位债权人有序退场。

四、债权人会议的决议

《企业破产法》第64条规定："债权人会议的决议，由出席会议的有表决权的债权人过半数通过并且其所代表的债权额占无财产担保债权总额的1/2以上。但是，本法另有规定的除外。债权人认为债权人会议的决议违反法律规定，损害其利益的，可以自债权人会议作出决议之日起15日内，请求人民法院裁定撤销该决议，责令债权人会议依法重新作出决议。债权人会议的决议，对于全体债权人均有约束力。"本条规定了债权人会议的决议规则、决议的效力以及对违法决议的救济程序。

（一）债权人会议的决议规则

债权人会议的决议，是指在债权人会议的职权范围内，对会议议题进行讨论，由出席会议的有表决权的债权人通过表决，所形成的代表债权人共同意思的决定。债权人会议的决议除现场表决外，还可以通过非现场方式进行表决。《破产法司法解释三》第11条规定，债权人会议的决议除现场表决外，可以由管理人事先将相关决议事项告知债权人，采用书面、传真、短信、电子邮件、即时通信、通讯群组等非现场方式进行表决。《最高人民法院关于推进破产案件依法高效审理的意见》第 11 条规定，采取非现场方式进行表决的，管理人应当通过打印、拍照等方式及时提取记载表决内容的电子数据，并盖章或者签字确认。管理人为中介机构或者清算组的，应当由管理人的两名工作人员签字确认。管理人应当在债权人会议召开后或者表决期届满后 3 日内，将表决结果告知参与表决的债权人。

债权人会议形成决议的内容要以债权人会议的职权范围为限，债权人会议超出职权范围表决通过的决议不具有法律效力。另外，决议应当经出席会议有表决权的债权人进行表决，未经表决或者表决程序不合法，不得形成决议。依债权人会议议决的不同事项，法律区别了一般决议的表决和特殊决议的表决。《企业破产法》第 64 条第 1 款规定的是一般决议的表决，即债权人会议的决议，由出席会议有表决权的债权人的过半数通过，并且其所代表的债权额占无财产担保债权总额的 1/2 以上。债权人会议应当有职工和工会的代表参加，对有关事项发表意见。一般认为《企业破产法》未赋予职工债权人表决权。特殊决议的表决主要是指《企业破产法》第 84 条和第 97 条规定的特殊决议，即债权人会议通过重整计划草案与和解协议草案的决议。《企业破产法》第 84 条第 2 款规定："出席会议的同一表决组的债权人过半数同意重整计划草案，并且其所代表的债权额占该组债权总额的 2/3 以上的，即为该组通过重整计划草案。"第 97 条规定："债权人会议通过和解协议的决议，由出席会议的有表决权的债权人过半数同意，并且其所代表的债权额占无财产担保债权总额的 2/3 以上。"

（二）债权人会议的决议效力

根据《企业破产法》第 64 条第 3 款规定，债权人会议的决议对全体债权人均有约束力。因为债权人会议的决议是债权人团体进行共同意思表示的结果。不论债权人是否出席会议，不论债权人是否享有表决权，或者放弃表决，或者表决时保留意见，也不论债权人是赞成决议还是反对决议，均受债权人会议决议的约束。但依照《企业破产法》第 59 条第 3 款规定，对债务人的特定财产享有担保权的债权人，未放弃优先受偿权利的，对于本法第 61 条第 7 项、第 10 项规定的事项不享有表决权，也就是根据《企业破产法》第 61 条第 7 项第 10 项"通过和解协议""通过财产分配方案"对别除权人不具有约束力。和解协议对于别除权人不产生约束力，《企业破产法》第 100 条明确规定，经人民法院裁定认可的和解协议，对债务人和全体和解债权人均有约束力。和解债权人是指人民法院受理破产申请时对债务人享有无财产担保债权的人。"通过财产分配方案"于别除权人不产生约束力，是因为债权人会议决议只是普通债权人的一种共同意思表示，不具有改变物权担保债权的法定优先权受偿权权利性质的效力，故对别除权人不应具有约束力。①

（三）对债权人会议决议的异议的处理

依照《企业破产法》第 64 条第 2 款的规定，债权人认为债权人会议的决议违反法律规定，损害其利益的，可以在法定期限内，请求人民法院裁定撤销该决议，责令债权人会议重新表决。《破产法司法解释三》第 12 条规定对《企业破产法》第 64 条第 2 款的规定进行了具体解释：债权人会议的决议具有以下情形之一，损害债权人利益，债权人申请撤销的，人民法院应予支持：①债权人会议的召开违反法定程序；②债权人会议的表决违反法定程序；③债权人会议的决议内容违法；④债权人会议的决议超出债权人会议的职权范围。但是，根据《最高人民法院关于推进破产案件依法高效审理的意见》第 11 条规定，会议召开或者表决程序仅有轻微瑕疵，且对决议未产生实质影响的，人民法院不予支持。

人民法院可以裁定撤销全部或者部分事项决议，责令债权人会议依法重新作出决议。

债权人申请撤销债权人会议决议的，应当提出书面申请。债权人会议采取通信、网络投票等非现场方式进行表决的，债权人申请撤销的期限自债权人收到通知之日起算。

（四）法院裁定与申请复议

债权人会议通过的决议，一般要经人民法院裁定认可才能生效执行。经债权人会议表决未通过的，也可以由人民法院裁定生效。《企业破产法》第 65 条规定："本法第六十一条第一款第八项、第九项所列事项，经债权人会议表决未通过的，由人民法院裁定。本法第六十一条第一款第十项所列事项，经债权人会议二次表决仍未通过的，由人民法院裁定。对前两款规定的裁定，人民法院可以在债权人会议上宣布或者另行通知债权人。"根据这条规定，在债权人会议上提出债务人财产的管理方案和破产财产的变价方案，进行第一次表决未

---

① 徐根才：《破产法实践指南》（第 2 版），法律出版社 2018 年版，第 165 页。

能通过时；对破产财产的分配方案，经债权人会议二次表决仍未通过的，由人民法院裁定。为保障债权人对法院裁定的异议权，《企业破产法》第 66 条规定："债权人对人民法院依照本法第六十五条第一款作出的裁定不服的，债权额占无财产担保债权总额二分之一以上的债权人对人民法院依照本法第六十五条第二款作出的裁定不服的，可以自裁定宣布之日或者收到通知之日起十日内向该人民法院申请复议。复议期间不停止裁定的执行。"

【文书样式 7-4】

×××(债务人名称)破产清算/重整/和解案
采取非现场方式表决的方案

×××(债务人名称)债权人/债权人会议：

×××× 年 ×× 月 ×× 日，上海市第三中级人民法院裁定受理 ×××(债务人名称)破产清算/重整/和解一案。×××× 年 ×× 月 ×× 日，通过上海市高级人民法院摇号，指定 ×××(管理人名称)担任管理人。

根据《最高人民法院关于适用〈中华人民共和国企业破产法〉若干问题的规定(三)》第十一条的规定，债权人会议决议可以采取非现场方式进行表决。(提示：写明采取非现场方式表决的理由，如为便利债权人，降低破产程序成本等。)管理人拟定如下非现场方式表决方案，提交债权人会议表决：

1. 非现场表决方式包括邮寄信函、传真、电子邮箱、短信、QQ、微信及网络投票方式。债权人应向管理人提交其选定的表决方式与确切的送达地址。债权人如果变更表决方式或送达地址，应当及时书面告知管理人。

如果提供的送达地址不确切，或不及时书面告知变更后的表决方式或送达地址，影响债权人参与表决的权利，债权人将自行承担相应的法律后果。

2. 管理人根据相关决议事项的重大、复杂程度确定合理的表决期限。管理人于表决起始之日 × 日前【注：指定日期不得少于 3 日】，按照债权人确定的表决方式和送达地址，提前将相关决议事项及表决期限告知债权人，并向债权人发放书面或电子表决票。

债权人应在管理人告知的表决期限内表决，以书面方式表决的，债权人应签名或加盖公章。以电子送达方式表决的，管理人采取截屏等方式确保留痕。债权人逾期未将表决意见回复管理人，或以空白票回复，均视为同意表决事项。

3. 管理人于表决期限届满之日起 3 日内完成有效表决票的确认及计票工作。管理人于表决结果确定之日起 3 日内，须以信函、电子邮件、公告等方式，将表决结果告知参与表决的债权人，并将非现场表决结果和相关履职情况书面报告人民法院。

4. 对《企业破产法》第六十九条规定的债务人重大财产的管理方案及变价方案进行表决时，采取单项财产单独表决的方式逐项表决。

第三节　债权人委员会

债权人委员会是指遵循债权人共同意志，代表债权人会议在职责范围内对管理人的活动以及破产程序的合法公正负责日常监督，处理破产程序中债权人会议授权其解决的有关事项的常设机构。[1] 日本破产法称之为"监察委员"；德国破产法称之为"债权人委员会"。

一、设置债权人委员会的必要性

虽然破产法上以设立债权人会议这一机构来维护债权人的利益，但债权人会议行使权利和监督破产程序只能在会议召开时进行，在会议闭会期间无法行使权利和监督破产程序，故债权人会议有必要选任其信任的债权人或者其他人员代表债权人会议对破产程序进行的各阶段予以日常监督。因此，债权人委员会制度的设置对债权人团体利益的维护有重要意义。此外，设置债权人委员会也符合诉讼经济原则。债权人会议的召开既不经济又不利于破产程序的迅速进行，而由债权人会议选任代表专门行使债权人会议的监督职权，就可以有效地避免频繁召开债权人会议或者长时间召开债权人会议，既节省了费用，又有利于债权人的公平受偿。债权人委员会制度的设立已有数百年的历史，这充分说明了债权人委员会制度的有效性，因而我国《企业破产法》也采用了这一制度。

---

[1]　王欣新：《破产法》（第三版），中国人民大学出版社 2011 年版，第 210 页。

二、债权人委员会的组成与职权

(一)债权人委员会的组成

债权人委员会由债权人会议选任的债权人代表和一名债务人的职工代表或者工会代表组成。《企业破产法》第 67 条规定:"债权人会议可以决定设立债权人委员会。债权人委员会由债权人会议选任的债权人代表和一名债务人的职工代表或者工会代表组成。债权人委员会成员不得超过九人。债权人委员会成员应当经人民法院书面认定。"实践中,债权人会议主席应当是债权人委员会成员,因此,除了职工代表 1 人外,债权人会议最多只能选任 8 名债权人代表与债权人会议主席和职工代表共同组成债权人委员会。

这里值得指出的是,若破产企业的债权人以银行为主,应根据中国银行业监督管理委员会(以下简称银监会)相关规定成立金融债权人委员会。例如,温州市首例预重整案——温州吉尔达鞋业有限公司(以下简称吉尔达鞋业)破产重整案中,在温州市政府企业破产风险处置工作领导小组协调下,经与管理人和银行债权人协商,根据银监会相关规定创新性地成立了金融债权人委员会。通过金融债权人会议制定金融债务重组初步方案,于是很快在债权人会议上,债权人高票通过了重整计划(草案)。① 2016 年 7 月 6 日,银监会印发银监办便函[2016]1196 号《关于做好银行业金融机构债权人委员会有关工作的通知》(以下简称《通知》),2017 年 5 月 10 日,银监会办公厅印发银监办便函[2017]802 号《关于进一步做好银行业金融机构债权人委员会有关工作的通知》(以下简称《银监会办公厅通知》),专门部署并推进银行业金融机构债权人委员会(以下简称债委会)制度。

《通知》规定,债委会是由企业金融债权规模较大的三家以上银行业金融机构发起成立的协商性、自律性以及临时性的组织。债委会制度的建立为债权银行业金融机构共同解决企业债务危机提供了一个集体协商、集体决策、一致行动的工作平台。其重点和难点工作之一是实施金融债务重组。《银监会办公厅通知》规定需要进行金融债务重组的企业一般应当具备以下条件:①企业出现较为严重的财务困难或债务危机,预计不能偿还到期金融债务;②企业产品或服务有较好的发展前景和市场份额,具有一定的重组价值;③企业发展符合

---

① 郑俊杰:《吉尔达鞋业走出困境的背后》,温都网,http://news.wendu.cn/2018/0213/690896.shtml,2018 年 9 月 2 日访问。

国家产业和金融支持政策；④债务企业和债权银行金融机构有债务重组意愿。银监会负责人解释说：债委会可有效避免因个别债权金融机构擅自对债务企业单独采取行动，导致债务企业经营风险加大，甚至出现因此而破产的不利局面，有利于维护银行业金融机构的整体利益；也为债权银行业金融机构和债务企业协商解决金融债务问题提供了时间和空间，在维护债权银行业金融机构自身合法权益的同时，有利于帮扶企业渡过难关。

（二）债权人委员会的职权

《企业破产法》第 68 条规定了债权人委员会行使下列职权：①监督债务人财产的管理和处分；②监督破产财产分配；③提议召开债权人会议；④债权人会议委托的其他职权。依照《破产法司法解释三》第 13 条的规定，债权人会议委托债权人委员会行使的其他职权范围为《企业破产法》第 61 条第 1 款第 2、3、5 项规定的债权人会议职权，即申请人民法院更换管理人，审查管理人的费用和报酬，监督管理人，决定继续或者停止债务人的营业。债权人会议不得作出概括性授权，委托其行使债权人会议所有职权。

债权人委员会执行职务时，有权要求管理人、债务人的有关人员对其职权范围内的事务作出说明或者提供有关文件。

管理人、债务人的有关人员违反《企业破产法》规定拒绝接受监督的，债权人委员会有权就监督事项请求人民法院作出决定。人民法院应当在 5 日内作出决定。根据《企业破产法》第 69 条规定，管理人实施重大事项，应当及时报告债权人委员会，主要包括：①涉及土地、房屋等不动产权益的转让；②探矿权、采矿权、知识产权等财产权的转让；③全部库存或者营业的转让；④借款；⑤设定财产担保；⑥债权和有价证券的转让；⑦履行债务人和对方当事人均未履行完毕的合同；⑧放弃权利；⑨担保物的取回；⑩对债权人利益有重大影响的其他财产处分行为。

债权人委员会行使职权应当接受债权人会议的监督，以适当的方式向债权人会议及时汇报工作，并接受人民法院的指导。债权人委员会因为故意或者过失造成债务人或者债权人损失的，应当承担赔偿责任。债权人委员会执行职务所需的费用和报酬，列入破产费用，从破产财产中优先拨付。

三、债权人委员会选举办法

债权人委员会由债权人会议选举产生。实践中，由于债权人人数众多，分布地域广泛，债权人各自立场不同，债权人之间又互不熟悉，因此，如何有序有效地选举合适的债权人委员会成员，常常是一个比较复杂而且棘手的问题。实践中，管理人可以按下述方法解决上述问题。

由于第一次债权人会议自债权申报期限届满之日起 15 日内召开，对于涉及众多民间借贷的债权人，要在短期内确认债权的确难以完成，这就导致了第一次债权人会议召开时有相当一部分的债权为待确认的债权。管理人按债权类别推荐 9 名债权人代表，交由债权人会议审议表决。审议的过程，债权人极为关注。有的债权人认为对这 9 名债权人代表的情况不了解，事先也未征求各位债权人的意见；有的债权人发现债权人代表的债权也是待确认的债权等，债权人各抒己见，场面混乱。法院不得已宣布这 9 名债权人代表组成的债权人委员会为临时债权人委员会，待下次债权人会议审议表决成立债权人委员会。临时债权人委员会由于不具备合法性，委员会成员也没有工作积极性，达不到设立债权人委员会的目的。

为了第二次债权人会议正式成立债权人委员会，管理人依据《企业破产法》及司法解释相关规定，特别是借鉴其他破产案件成功的经验，管理人拟定《债权人委员会选举办法（建议稿）》和《债权人委员会议事规则（建议稿）》在微信和 QQ 债权人交流群上发布，线上线下广泛征求债权人的意见，交由债权人会议讨论通过。在选举办法中，管理人具体规定债权人委员会的组成人数、人员范围，明确债权人委员会成员应具备的条件，包括其债权已经确认、拥有表决权；其债权数额及性质具有一定的代表性；有为全体债权人服务、保障全体债权人利益的意识；有履行职务的能力和条件等。对于选举的方式，为充分体现债权人委员会的代表性，选举的名额按债权类别分配，根据债权人的具体构成情况分配名额，使债权人委员会具有广泛的代表意义。

然后，引导各债权人在债权类别中采取自我推荐和相互推荐并认可的方式确认各类别的代表人，在各类别的代表人中采用表决方式，按分配的名额确认，赞成票过半数视为通过，有多个代表人赞成票都过半数的，以代表债权数额大小确定。实践证明，这种选举办法得到了大多数债权人的认可，被认为是比较公平合理的，同时使用这种办法使整个选举过程得以在有条不紊、规范有序的状态下进行。选举的债权人委员会成员名单经债权人会议选任通过后，由债权人会议主席提请人民法院书面决定认可。

四、债权人委员会议事规则

债权人委员会是遵循债权人的共同意志，代表债权人会议监督管理人行为以及破产程序的合法、公正进行，处理破产程序中有关事项的常设监督机构。

债权人委员会有助于保护全体债权人的利益，保障债权人会议职能的有效执行，并在债权人会议闭会期间对破产程序进行日常必要的监督，处理债权人会议授权其解决的有关事项。债权人委员会行使日常的监督职权可以通过债权人委员会成员依法调查了解情况，但重要事项的决定则应由债权人委员会通过决议方式统一行使，债权人委员会个别成员不得自行行使债权人委员会的职权。依照《破产法司法解释三》第14条规定，债权人委员会决定所议事项应获得全体成员过半数通过，并做成议事记录。债权人委员会成员对所议事项的决议有不同意见的，应当在记录中载明。

管理人应起草好《债权人委员会议事规则》提交第一次债权人会议一并审议表决通过。为管理人有效开展破产工作，应把债权人会议拟委托的其他职权也写进该规则中，使债权人会议委托债权人委员会的其他职权明确。[①]

【文书样式 7-5】

×××有限公司债权人委员会议事规则

为进一步明确×××有限公司债权人委员会(以下简称债委会)的职权，规范债委会的议事程序，确保债委会履职有据，有效发挥决策、监督作用，依据《中华人民共和国企业破产法》(以下简称《企业破产法》)及司法解释等相关规定，制定本规则。

第一条　债委会作为债权人会议的常设机构，根据《企业破产法》及本案的实际情况，行使下列职权：

(一)监督债务人财产的管理和处分；

(二)监督破产财产分配；

(三)提议召开债权人会议；

(四)受债权人会议委托的职权：

1. 核查债权人会议提出异议经管理人重新审查过后债权；

2. 根据情况变化，适当调整债务人财产管理和处分方案；

3. 审查管理人的费用和报酬；

4. 决定继续或者停止债务人的营业；

5. 申请人民法院更换管理人；

6. 协助遴选战略投资人；

---

① 徐根才：《破产法实践指南》，法律出版社2016年版，第156～157页。

7. 审查关联公司分别破产或合并破产；

8. 核销部分催收不能的债务人的债权；

9. 其他债权人委员会适宜行使的职权。

债权人委员会不得要求债权人会议对其作出概括性授权，行使债权人会议所有职权。

债权人委员会执行职务时，有权要求管理人、债务人的有关人员对其职权范围内的事务作出说明或者提供有关文件。

管理人、债务人的有关人员违反《企业破产法》规定，拒绝接受监督的，债权人委员会有权就监督事项请求人民法院作出决定。

第二条 管理人实施以下重大事项，应当及时报告债权人委员会：

（一）涉及土地、房屋等不动产权益的转让；

（二）探矿权、采矿权、知识产权等财产权的转让；

（三）全部库存或者营业的转让；

（四）借款；

（五）设定财产担保；

（六）债权和有价证券的转让；

（七）履行债务人和对方当事人均未履行完毕的合同；

（八）放弃权利；

（九）担保物的取回；

（十）对债权人利益有重大影响的其他财产处分行为。

第三条 债委会组成

债委会由债权人会议主席、1名债务人的职工代表或者工会代表和债权人会议选任的7名债权人代表组成。债委会成员应经人民法院书面决定认可。债委会主席由债权人会议主席担任，由人民法院指定。

第四条 债委会会议的召开

债委会会议分为定期会议和临时会议。定期会议每两个月召开一次。有下列情形之一的，债委会应当召开临时会议：

（一）管理人提议时；

（二）三分之一以上债委会成员联名提议时；

（三）人民法院认为必要时；

（四）债委会主席认为必要时。

第五条 债委会会议由债委会主席召集和主持；债委会主席不能履行职务或者不履行职务的，由半数以上债委会成员共同推举一名债委会成员召集和主持。

第六条　召开债委会会议，应当分别提前5日将会议书面通知通过当面递交或债委会微信群、QQ群等方式，送达全体债委会成员。情况紧急需要尽快召开债委会临时会议的，可以随时通过电话方式、债委会微信群、QQ群发出会议通知，但召集人应当在会议上作出说明。通知由债权人会议主席或者由管理人通知。管理人应知道并向法院报告通知内容。

第七条　会议的召开

债委会会议应当有过半数的债委会成员出席方可举行。管理人应当列席债委会会议。会议主持人认为有必要的，可以通知其他有关人员列席债委会会议。人民法院认为必要或者受邀请同意到会指导。

第八条　债委会会议以现场召开为原则。在条件具备下可以召开视频电话会议。

第九条　债权人委员会表决实行一人一票，所议事项应获得全体成员过半数通过，并制作议事记录。债权人委员会成员对所议事项的决议有不同意见的，应当在记录中载明。

第十条　出现下列情形的，债委会成员表决时应回避：

（一）《企业破产法》等法律法规规定债委会成员应当回避的；

（二）表决事项与债委会成员本人有利害关系的；

（三）表决事项与债委会成员直系近亲属有利害关系的。

第十一条　债权人委员会行使职权应当接受债权人会议的监督，对债权人会议负责，以适当的方式向债权人会议及时汇报工作。

第十二条　本规则的修订和废止须经债权人会议表决通过。本规则的解释权属于债委会。

×××有限公司管理人

××××年　××　月　××　日

第二编　破产程序论

第八章　破产重整程序

第一节　破产重整制度概述

一、重整制度的概念及其特征

(一)重整制度的概念

重整，英国法上称为"公司管理"(Arrangement and Reorganization)，法国法称为"司法康复"(Redressement Juaiciaire)，日本法称为"会社更生"。《布莱克法律词典》将其解释为：当债务人认为自己将濒临破产或无力清偿到期债务时，可以根据《美国联邦破产法》第十一章申请使用该程序；在法院的监督下，在出现一个能为 2/3 以上多数债权人赞同的重整计划之前，债务人通常可以继续其营业；如果申请适用该程序时债务人已经陷入破产境地，则股东的绝大多数必须赞同重整计划。这一定义主要是对美国破产法中重整程序的概括。在学理上，对重整的概念有不同的解释。有的学者认为，重整是股份有限公司因财产发生困难，暂停营业或有停止营业的危险时，经法院裁定予以整顿而使之复苏的制度。这种解释不能涵盖重整制度的全部，如《美国联邦破产法》第十一章规定的重整程序不仅适用于公司，而且适用于合伙及个人。日本学者龙田节认为："公司更生是对于虽处在困境但却有希望再建的公司，谋求维持和更生的制度，就是如果偿还到期债务会给继续营业带来显著障碍的公司，或者有发生成为破产原因的事实危险的公司，按照公司更生法在裁判所的监督下，谋求其再建的一种制度。"[1]我国学者认为，重整是指在企业无力偿债的情况下，依照法律规定的程序，保护企业继续营业，实现债务调整和企业整理，使之摆脱

---

① 转引自李国光主编：《新企业破产法教程》，人民法院出版社 2006 年版，第 273 页。

困境，走向复兴的再建型债务清理制度。① 还有学者认为，重整是经由利害关系人申请，在审判机关的主持和利害关系人的参与下，对不能支付到期债务陷入财务困难的企业，进行生产经营整顿和财务清理的一种旨在使其摆脱困难，挽救其生存的积极特殊法律程序。② 显然最后一种解释比较全面地揭示了重整制度的参与主体、重整原因、重整能力、重整目的，但是其对重整原因的概括不全。根据我国《企业破产法》第 2 条的规定，重整的原因有二：一是不能清偿到期债务；二是有明显丧失清偿能力可能的。因此，结合我国《企业破产法》的规定，重整就是由特定的利害关系人申请，在人民法院的主持和利害关系人的参与下，对不能支付到期债务或有明显丧失清偿能力可能的企业，依照法律规定的程序，对该企业进行生产经营整顿和财务清理的一种旨在使其摆脱困难，挽救其生存的积极特殊法律程序。

（二）重整制度的特征

重整制度本质上是破产预防制度，是一种积极拯救企业的特别程序，与破产清算程序以及和解程序相比较，它具有如下基本特征：

1. 程序启动的私权化

重整程序只有经利害关系人的申请才能启动，除了法国以外，其他国家均规定法院不得依职权启动程序，而利害关系人包括债权人、债务人甚至债务人的股东。但为了防止重整程序的滥用，各国对债权人、债务人的股东的申请均有一定限制。如《美国联邦破产法》规定，债权人必须持有总数达到或超过5000 美元的无担保债权，并且在债务人有 12 名或更多债权人时，申请必须由至少 3 名债权人提出。我国《企业破产法》第 70 条规定，债权人和债务人均可申请重整，但债务人的出资人申请重整时，其出资额必须占到债务人注册资本的 1/10 以上。

2. 重整原因的宽松化

重整制度首要目的是挽救企业，使其摆脱财务困境，重获经营能力，以期使社会损失最小化。因此，各国法律规定重整原因并不像破产原因或和解原因那样严格，债务人、债权人或出资人申请重整程序的开始，并不以债务人已具支付不能的事实为必要，只需有丧失清偿能力之可能即可。

---

① 王卫国：《破产法》，人民法院出版社 1999 年版，第 226 页。

② 汤维建主编：《新企业破产法解读与适用》，中国法制出版社 2006 年版，第 237 页。

3. 重整措施的多样化

重整作为预防企业破产的一项有力制度的重要原因在于重整制度中重整措施的多样化。重整不仅调整债务人企业的内部事务、债权人和债务人的外部关系，还可能涉及债务人和第三方的关系。重整不仅包括债权人对债务人的妥协让步，还包括企业的整体出让、合并与分离、租赁经营、追加投资、发行公司债券、税务减免等。

4. 重整程序具有强制性

我国《企业破产法》以及美国破产法均有相关规定，重整计划草案在提交债权人会议审议但未获全部表决组通过的情况下（但至少需要一组通过），如果重整计划草案符合法定条件，法院也可以强制批准重整计划，以避免因部分利害关系人的反对而影响重整程序的进行，从而体现了司法干预的强制性。

5. 重整程序的优先化

重整程序一旦启动，不仅优先于一般民事执行程序，而且也优先于破产清算程序与和解程序。因此，重整程序一经开始，不仅正在进行的一般民事执行程序应当中止，而且正在进行的破产清算程序或强制和解程序也应当中止。当破产清算申请、强制和解申请与重整申请同时并存时，法院应当优先受理重整申请。因为重整程序开始后仍允许这些程序的进行则无法顺利完成重整目的，且重整一旦成功，这些程序则没有必要。另外，重整程序的优先性还表现在，重整程序一旦启动，重整的效力及于对特定财产设定有担保的债权人。重整期间，别除权的行使受到限制，而在破产清算与和解程序中，别除权的行使不受限制。

二、建立我国重整制度的必要性

重整制度萌生于 19 世纪末 20 世纪初，是在公司制度产生后才出现的。特别是 1929—1933 年资本主义社会普遍爆发经济危机后，传统破产法的诸多缺陷日益显现。资本主义社会普遍爆发的经济危机，造成了大批公司连锁性倒闭，工人大量失业，资源严重浪费。防止公司连锁性倒闭，一时成为各国政府的重要目标。但是，传统破产法上的清算制度与和解制度均没有赋予债权人以拯救企业的动因，以及缺乏限制私权的强有力的措施等自身的诸多缺陷，导致其在此问题上爱莫能助。为减少社会震荡，各国政府迫切希望建立一种对陷入困境企业具有积极拯救功能的制度。在这样的社会背景下，各主要发达国家相继确立重整制度。

20 世纪 70 年代以来，在世界范围内出现了一场改革破产法的运动。首先是美国于 1978 年颁布联邦破产法。接着，法国于 1985 年制定了《困境企业司法重整及清算法》，基本取代了原有的 1967 年破产法。随后，英国于 1986 年制定了《无力偿债法》取代了 1985 年破产法，由此带动了英联邦成员国破产法立法改革。而后德国于 1994 年颁布了破产法，于 1999 年施行。日本于 2002 年 12 月修订了《会社更生法》取代了 1952 年制定、1967 年修订过的《会社更生法》，已于 2003 年 4 月 1 日施行。

这场破产法改革运动，主要课题就是适应生产社会化的发展，建立和完善以企业复兴为目标的再建型债务清理制度，而重整制度的建立，是人们解决这一课题所取得的重要成果。以上事实表明，建立重整制度，拯救困境企业，是当代破产法改革和发展的大势所趋。这一趋势已经得到国际间的普遍重视与认同。

我国自改革开放以来，经济生活发生了重大变化，特别是加入世界贸易组织之后，我国的市场经济建设进入了一个新的发展阶段，在市场经济的发展过程中，大面积企业因经营亏损，纷纷破产倒闭，造成了大量的工人失业。特别是，近年来，中国传统行业企业生产力变革缓慢，钢铁、煤炭、水泥、玻璃、石油、石化、铁矿石、有色金属等几大行业，亏损面已经达到 80%，产业的利润下降幅度最大，产能过剩严重，大量传统企业面临着资金周转困难、债务负担沉重等问题，逐渐沦为"僵尸企业"①。如果我国没有一套完整的对陷入困境的企业进行挽救的制度，这些企业一旦破产，将会造成极大的社会动荡。学习和借鉴世界上其他发达国家的先进经验，我国应当建立一套既能避免破产倒闭的消极后果，又能及时公平清理债务，既能挽救有重生希望的困境企业，又能淘汰挽救无望的落后企业的破产重整制度。

相对于《企业破产法（试行）》，《企业破产法》最大的创新就是借鉴美、法、日等国重整制度，建立了破产重整制度，填补了我国市场经济法律的一项空白。

《企业破产法》专设了"重整"一章，着重对以下几个方面进行了规定：①重整的基本程序，尤其是平等、公正的多方协商机制；②对重整企业的保护，尤其是对企业重整期间财产的管理和继续经营的保护；③重整计划的制定、通过、批准和执行；④防止重整程序的滥用和其他不法行为。另外，在其他章节规定了相关条款。

---

① "僵尸企业"，是指已停产或半停产、连年亏损、资不抵债，或明显缺乏清偿能力，提供无效供给，占用经济资源和市场资源，名存实亡的企业。

【案例 8-1】

重庆钢铁股份有限公司破产重整案

重庆钢铁股份有限公司(以下简称重庆钢铁)于 1997 年 8 月 11 日登记注册,主要从事钢铁生产、加工和销售,其股票分别在香港联合交易所(以下简称联交所)和上海证券交易所(以下简称上交所)挂牌交易。截至 2016 年 12 月 31 日,重庆钢铁合并报表资产总额为 364.38 亿元,负债总额为 365.45 亿元,净资产为 -1.07 亿元。因连续两年亏损,重庆钢铁股票于 2017 年 4 月 5 日被上交所实施退市风险警示。经债权人申请,重庆市第一中级人民法院(以下简称重庆一中法院)于 2017 年 7 月 3 日依法裁定受理重庆钢铁重整一案。在法院的监督指导下,管理人以市场化为手段,立足于依托主营业务,优化企业内涵,化解债务危机,提升盈利能力的思路制定了重整计划草案。该重整计划通过控股股东全部让渡所持股份用于引入我国第一支钢铁产业结构调整基金作为重组方;针对企业"病因"制定从根本上重塑其产业竞争力的经营方案;处置无效低效资产所得收益用于债务清偿、资本公积金转增股份抵偿债务等措施,维护重庆钢铁 1 万余名职工、2700 余户债权人(其中申报债权人 1400 余户)、17 万余户中小股东,以及企业自身等多方利益。重整计划草案最终获得各表决组的高票通过。2017 年 11 月 20 日,重庆一中法院裁定批准重整计划并终止重整程序;12 月 29 日,裁定确认重整计划执行完毕。据重庆钢铁发布的 2017 年年度报告显示,通过成功实施重整计划,其 2017 年度获得归属于上市公司股东的净利润为 3.2 亿元,已实现扭亏为盈。[①]

【评议】 本案系最高人民法院 2018 年公布的全国企业破产十大典型案例之一,是以市场化、法治化方式化解企业债务危机,从根本上实现企业提质增效的典型案例。在本案中,人民法院发挥重整程序的拯救作用,找准企业"病因"并"对症下药",以市场化方式成功剥离企业低效无效资产,引入产业结构调整基金,利用资本市场配合企业重组,实现了企业治理结构、资产结构、产品结构、工艺流程、管理制度等的全面优化。另外,人民法院在准确把握破产法精神实质的基础上积极作为,协同创新,促成了重整程序中上交所首次调整资本公积金转增股权参考价格计算公式、联交所首次对召开类别股东大会进行

---

① 最高人民法院:《重庆钢铁股份有限公司破产重整案》,载中国法院网,https://www.chinacourt.org/article/detail/2018/03/id/3219395.shtml,2020 年 7 月 1 日最后访问。

豁免、第三方担保问题成功并案解决。既维护了社会和谐稳定，又实现了各方利益共赢，为上市公司重整提供了可复制的范例。

第二节　破产重整的申请与审查

一、重整的适用范围以及适用条件

(一)重整制度的适用范围

各国和地区根据自己的实际情况，对重整的适用范围有宽窄不同的规定。有的规定大多数商事企业(无论是法人还是非法人)和个人均属于重整的范围，如美国和法国。有的规定重整只适用于股份有限公司，如英国、日本等。按照我国《企业破产法》的规定，重整程序适用于企业法人，即公司和其他经登记为法人的企业。

(二)重整制度的适用条件

我国《企业破产法》第70条规定："债务人或者债权人可以依照本法规定，直接向人民法院申请对债务人进行重整，债权人申请对债务人进行破产清算的在人民法院受理破产申请后、宣告债务人破产前，债务人或者出资额占债务人注册资本十分之一以上的出资人，可以向人民法院申请重整。"《企业破产法》第2条规定："企业法人不能清偿到期债务，并且资产不足以清偿全部债务或者明显缺乏清偿能力的，依照本法规定清理债务，企业法人有前款规定情形，或者有明显丧失清偿能力可能的，可以依照本法规定进行重整。"由此可见，重整程序的启动需要具备以下几个条件：

1. 能力要件。即法律规定可以成为重整对象的权利或者资格。根据我国《企业破产法》的规定，只有企业法人才能适用重整程序。

2. 原因要件。在具备如下两个理由时可以适用重整程序：第一，企业法人不能清偿到期债务，并且资产不足以清偿全部债务或者明显缺乏清偿能力；第二，企业法人有明显丧失清偿能力的可能。

3. 形式要件。申请人是《企业破产法》规定的具有申请重整资格的人；提出申请的方式符合法律的规定；法院有管辖权；缴纳重整费用等。

二、重整的申请与受理

（一）重整申请人

重整程序的启动，必须始于有申请资格的当事人提出申请。当然，有申请资格的当事人的范围在不同国家是不一样的。在我国，按照《企业破产法》第70条的规定，有资格的重整申请人为以下四类：

1. 债权人

根据《企业破产法》第70条的规定，当债务人不能清偿到期债务或有明显丧失清偿能力的可能时，债权人可以直接申请重整。

对于债权人申请重整，重整法或者破产法均要求债权人所持债权应达到一定比例。日本《会社更生法》规定，相当于公司已发行股份总额10%的公司债权人才能申请对公司重整。按《美国联邦破产法》的规定，通常至少必须有3个债权人提出重整申请，且其确定的、无争议的、无担保的债权额必须达到5000美元以上；当债权人总数少于12人时，申请可以由1个或2个债权人提出，但是其债权总额必须在5000美元以上。

我国破产法对于债权人重整申请权没有规定所持债权额必须达到一定比例。对于债权人的债权额度缺乏限制，导致任何债权人均有权申请重整，有可能导致重整程序被滥用。因此，我们可以借鉴日本的做法，规定申请股份有限公司重整的，债权人的债权额应相当于公司已发行股份总额10%；对于有限责任公司的重整，则可以借鉴美国的做法，在人数和债权额上根据不同的情况分别加以限制。

2. 债务人

债务人的申请分为两种情形，即主动申请和被动申请。

债务人的主动申请，是指当出现重整原因时，债务人可以直接向人民法院申请进行重整。《企业破产法》第7条第1款规定："债务人有本法第二条规定的情形，可以向人民法院提出重整、和解或者破产清算申请。"根据这一规定，债务人不能清偿到期债务，并且资产不足以清偿全部债务或者明显缺乏清偿能力，或者有明显丧失清偿能力的可能时，有权直接向法院提出重整申请。

债务人的被动申请，是指债权人申请对债务人进行破产清算的，债务人可以在人民法院受理破产申请后到破产宣告前向人民法院申请进行重整。在这种情形下，因债权人已经申请破产清算而且已为法院受理，已经进入法定破产程序，相关法律措施已经开始实施，如管理人已经产生，账目、财产已经被接管等，此时债务人提出的申请相对于主动申请而言是一种被动的申请。

3. 出资人

根据《企业破产法》第 70 条第 2 款规定，出资人是指债务人的出资人，且其出资额占债务人注册资本 1/10 以上，其必须在债权人申请对债务人进行破产清算的情形下，在人民法院受理破产申请后，宣告债务人破产前向人民法院申请进行重整。债务人经营的好坏，直接影响出资人的利益，债务人一旦破产，出资人可能血本无归，为了保护出资人的利益，法律赋予出资人在破产程序启动后申请重整的权利。因破产重整时间较长，程序比较复杂，成本也比较高，而且重整还有优位化的特征，一旦重整程序启动，不但所有民事执行程序中止，而且别除权人的别除权也受到限制。重整程序对债务人和债权人的利益影响极大，为了防止出资人滥用重整申请权，所以法律对出资人的重整申请权作了出资额度的限制。

4. 国务院金融监督管理机构

依照《企业破产法》第 134 条规定，商业银行、证券公司、保险公司等金融机构有《企业破产法》第 2 条规定情形的，国务院金融监督管理机构可以向人民法院提出对该金融机构进行重整或者破产清算的申请。商业银行、证券公司、保险公司等金融机构具备重整原因的，该金融机构或国务院金融监督管理机构可以向人民法院提出对该金融机构进行重整的申请。

（二）重整申请的识别审查与受理

按照《企业破产法》的规定，重整程序在人民法院的主持下进行，所以人民法院在收到申请后应当对重整申请进行审查，决定是否裁定债务人重整。

法院对重整申请的审查主要从两个方面展开：一方面是形式审查，主要是审查申请人是否合格，法院有无管辖权，申请书的形式是否符合法律规定的要求；另一方面是实质审查。《破产审判会议纪要》第 14 条限定了破产重整的对象是具有挽救价值和可能的困境企业。这包含两层含义：第一，重整对象是生产经营出现问题的困境企业，即出现《企业破产法》第 2 条规定的破产原因的企业。第二，困境企业应具有拯救价值和可能。这是启动重整程序的必要性和可能性标准。认定重整对象是否具有拯救价值和可能性涉及一定的商业判断，这对从事破产审判工作的法官提出了较高的要求。[1] 因此，法院进行审查时，

---

[1]　王富博：《破产重整制度的发展与完善——〈全国法院破产审判工作会议纪要〉的解读（二）》，《人民法院报》2018 年 3 月 28 日第 7 版。

可以要求债务人提交相应材料或说明情况，对于根据《企业破产法》规定已经任命管理人的，也可以要求管理人履行提交和说明职责；对于涉及上市公司或者社会影响较大、债权债务关系复杂的大中型公司，法院可以召开听证会议，充分听取专家和利害关系人的意见；也可以通过掌握专业技术知识、了解行业市场情况、具备商业判断能力的专业社会中介机构或专业人员等第三方出具的有关意见进行判断。

另外，国有独资企业或国有控股企业作为债务人申请重整的，应取得对债务人履行出资职责的国有资产监管机构或国有企业上级主管部门的同意，且企业员工已经妥善安置或制定切实可行的员工安置方案。申请上市公司重整的，人民法院在受理前应按照《最高人民法院关于审理上市公司破产重整案件工作座谈会纪要》的规定，逐级报送最高人民法院审查批准。

法院经审查认为重整申请符合法律规定的，应当作出重整裁定，并予以公告。自法院裁定债务人重整之日起，重整期间就开始了。此裁定一经作出，即对重整案件的各利害关系人产生一系列的法律效力，直至重整程序终止。

【文书样式 8-1】

破产重整申请书

（债务人申请用）

申请人：×××有限责任公司

法定代表人：×××

申请事项：申请对×××有限责任公司进行重整。

事实与理由：

×××有限责任公司于××××年××月××日经批准，同月经工商局登记注册，注册号为××××××，注册资金为××××万元，共有股东××家。公司的经营范围是生产、销售。由于公司设立后，经营资金一直缺乏，连年亏损，再加之公司的生产系统的收尘环保等设施落后，生产一直不能正常，同时，许多货物发出后，货款也收不回来，目前已经停产停业近一年之久。

根据会计师事务所的财务审计报告显示，目前，公司固定资产账面值为××××元，流动资金××××元，应收账款为××××元，资产总计

×××元；而公司的负债情况是，银行借款××××万元(未计利息)，应付材料款××××万元，应付员工工资、社会保险费用××××万元，总计负债××××元，资产负债率为××%，实属资不抵债。按照公司章程第×条的规定，经公司第×届××次董事会及股东代表大会研究决定，鉴于公司目前状况，资产不足以清偿全部债务，现根据《中华人民共和国企业破产法》第二条、第七条和第七十条的规定向贵院提出重整申请，请予许可。

此致

×××人民法院

申请人：×××有限责任公司

××××年××月××日

附：1. 财产状况说明；

2. 债务清册；

3. 债权清册；

4. 财务审计报告；

5. 职工安置预案；

6. 职工工资支付和社会保险费用缴纳情况表。

【文书样式 8-2】

×××人民法院

民事裁定书

(受理债务人直接提出的重整申请用)

(××××)×破(预)字第×-×号

申请人：……(写明名称等基本情况)。

××××年××月××日，×××(申请人名称)以……为由向本院申请重整。

本院查明，……(写明申请人的住所地、工商登记注册情况及资产负债情况、职工情况等)。

本院认为：……(从本院是否具有管辖权、申请人是否属于重整适格主体、是否具备重整原因等方面写明受理申请的理由)。依照《中华人民共和国企业破产法》第二条第二款、第三条、第七条第一款、第七十条第一款、第七十一条之规定，裁定如下：

受理×××(申请人名称)的重整申请。

本裁定自即日起生效。

审判长×××

(代理)审判员×××

(代理)审判员×××

××××年××月××日

(院印)

本件与原件核对无异

书记员×××

第三节　预重整制度

20世纪70年代以来，西方发达国家的破产法均出现了新的发展趋势：以积极拯救困境企业为目标，将企业的重整置于更为重要的地位，立法理念也从以变价分配为目标的清算主义逐渐过渡到以企业拯救为目标的再建主义。与此同时，重整制度的高成本、低效率劣势逐渐显现出来。在最早建立重整制度的美国，每年有近50万个企业关闭，有更多企业遭遇经营或财务困难。不过，真正适用重整程序处理债务纠纷的企业只有1万个左右，而在适用《美国联邦破产法》第十一章进行重整的企业中，绝大多数是总资产在10万美元以下的企业，大企业重整的数量越来越少，相比20余年前，现在进入重整程序的企业只有当时的一半。[1] 于是，在美国现代破产实践中发展出来一种新的重整形态，将法庭外重组与法庭内重整相结合，赋予当事人自主协商产生的重组方案以强制执行力，这样一种制度被称作预重整(pre-packaged)。国内部分学者将其翻译为"预先包裹式重整"。现今，预重整制度越来越受到国际社会的推崇，甚至联合国国际贸易法委员会在《贸易法委员会破产法立法指南》中直接建议各国在本国的破产法中规定类似的制度，[2] 以作为帮助经济困境企业再建的重要手段。

---

① 许德风：《破产法论——解释与功能比较的视角》，北京大学出版社2015年版，第474页。

② 张艳丽：《破产重整有效运行的问题与出路》，《法学杂志》2016年第6期。

一、预重整制度概述

(一)预重整制度的概念

对于预重整的概念，主要的观点有三种:[1]

第一种观点是认为预重整属于庭外重整程序的一种。美国有的学者从谈判策略的经济分析角度定义预重整制度，认为预重整是在庭外重组模式基础上附加一定的强制性规制手段的重整模式。

第二种观点从契约角度定义预重整，认为预重整计划就是一个事前契约，该契约用破产法的绝对多数规则取代一般契约的全体一致规则。部分或全部当事人之间在正式向法院申请重整救济之前已经就重整事项进行谈判并达成重整计划(也可能没有达成完整的计划)，然后在已经达成谈判的条件下向法院正式申请重整。同时，其以协商的方式将重整计划制定、表决等事宜安排在司法程序之外，由市场主体根据需要完成，减少了重整的综合成本和程序周期，市场主体各方理性选择推动重整。

第三种观点认为预重整仍然属于一种重整程序，是传统重整模式与庭外重组模式的一种妥协。预重整所采取的具体方法与法庭外债务重组有着极大的相似性，而在向法院正式提出重整申请后其特点又与破产重整制度契合。联合国国际贸易法委员会制定的《贸易法委员会破产法立法指南》中，也将预重整描述为"为使受到影响的债权人在程序启动之前的自愿重组谈判中谈判商定的计划发生效力而启动的程序"[2]。

预重整的突出特征在于将法庭外重组与法庭内重整相衔接。首先，预重整是在庭内重整程序开始之前，先由债务人与主要债权人、出资人等利害关系人通过商业谈判与协调，拟定重组方案。这实际上是将本应在庭内重整程序中完成的重整计划草案制定及表决工作前置。预重整将庭外重组协商的结果适用于庭内重整程序中并通过司法程序加以确认，这是预重整与单纯的庭外重组的显著区别。[3] 因此，预重整制度本质上是一种庭内重整与庭外重组相结合的一种

---

① 张善斌主编:《破产法研究综述》，武汉大学出版社 2018 年版，第 265~266 页。

② 转引自胡利玲:《困境企业拯救的法律机制研究》，中国政法大学 2007 年博士学位论文，第 88 页。

③ 贺小荣、王富博、杜军:《破产管理人与重整制度的探索与完善——〈全国法院破产审判工作会议纪要〉的理解与适用(上)》，《人民司法·应用》2018 年第 13 期。

重整程序。①

(二)预重整与庭外重组、重整的区别

	庭外重组	预重整	重　整
法律性质	当事人之间的私法行为	当事人之间的私法行为	法院审理破产案件的司法程序
主导者	企业或其股东主导	债务人企业或股东主导	法院主导,管理人配合
适用企业	并不以企业财务困难或有破产危机陷入严重财务困难,企业可根据自身需要进行	陷入严重财务困境,具有重建更生可能,并符合《企业破产法》规定的破产重整条件	陷入严重财务困境,具有重建更生可能,并符合《企业破产法》规定的破产重整条件
参与主体	股东、债权人、债务人、企业及战略投资者	股东、债权人、债务人、企业及战略投资者	债权人、债务人企业、管理人、法院及债务人股东
程序	私法自治,无严格法律限制	参照重整程序执行	严格依照法定重整程序执行

1. 庭外重组与预重整

庭外重组是一种企业自救的方式,陷入困境的企业通过与债权人、投资者等各方面进行协商,对企业的经营方式、债权债务关系等事项进行调整,达到使企业起死回生的目的,可以理解为一种自发的重整行为。但由于重组方案不会经过法院批准确认,因此缺乏强制力,实施起来完全依靠协商各方的自觉。

预重整程序确定的预重整方案,在法院受理破产申请后,将会经过法院批准,成为正式的重整方案,对全体债权人都具有法律约束力。

2. 预重整与重整

预重整一般由政府或法院主导,指导和协调各利益方协商达成预重整方案。《企业破产法》没有预重整的法律规定。而重整程序规定在《企业破产法》第八章。法院一旦裁定启动破产重整,管理人需要在最长9个月内提交重整方

---

① 张善斌主编:《破产法研究综述》,武汉大学出版社2018年版,第266~267页。

案，并由法院批准实施；如在上述时间内无法提交重整方案，法院将直接宣告债务人破产。

(三)预重整制度的实践意义

预重整制度是在重整实践中逐步生长出的创新性破产制度，具有旺盛的生命力和广阔的适用空间，具有其独特的重要的优势。

1. 降低重整成本

传统重整程序时间漫长且成本高昂，据美国学者统计，美国传统重整的花费时间平均需要 25 个月，支付给执业人员的综合费用平均达到 1283775.19 美元。[①] 与传统重整程序不同，在预重整的情形下，由于公司提出重整申请前，大部分债权人已经同意重整计划的条款，可以避免重整程序中管理人或债务人单方制定重整计划造成的利益失衡、表决难以通过问题，也有利于降低重整成本，缩短重整期限，合理确定重整企业的经营价值。

2. 降低因商誉降低而产生的机会成本

重整程序属于破产程序，一般会向市场传递企业陷入财务困境的信号，不可避免地致使企业商誉降低，造成商业负面影响。在预重整程序中，较短的时间、较高的效率会大大降低对困境企业的负面商业影响。同时，企业的运营主体还是债务人，其对企业有控制权，并可以根据企业现状与债权人协商处理企业的资产，仍保持企业经营控制权，从而降低营业业绩下降和商业机会丧失的可能性。

3. 克服了庭外重组的"钳制"

庭外重组方案需要全体债权人一致同意才能生效，实践中往往出现有的债权人反悔的事例，造成谈判无法继续进行。预重整程序中的重整方案是采用"多数决"的规则，即经过大多数债权人投票表决，经过法院批准，该重整方案即发生法律效力，不仅约束同意该重整方案的债权人，也约束不同意或者利益未受影响的债权人，这就避免了"钳制"问题的出现。

4. 预重整便于尽早地开展企业拯救

在企业财务状况不佳且将长期持续的情况下，如果企业或其经营者能够及时进行预重整，有利于及时对症下药，遏制危机，防止债务和经营风险进一步扩大造成整体经济金融关系紧张。公司预重整中，公司管理层的地位一般不受影响，其还可以参与重整计划制定，所以管理层开展预重整的积极性会高于直

---

① 王佐发：《预重整制度的法律经济分析》，《科技与法律》2009 年第 2 期。

接进行重整的积极性。预重整对企业尽早拯救具有积极意义。[①]

预重整制度具有传统重整制度和法庭外债务重整制度所不具备的优势，许多面临困境的企业都愿意选择通过预重整制度进行自我拯救，目前的企业重整的立法和司法现状都说明预重整制度是未来破产法律制度发展的趋势，构建预重整制度是我国重整体系发展的现实需要。[②]

二、我国预重整制度的实践与探索

（一）我国预重整制度的立法实践

我国《企业破产法》及相关司法解释并没有预重整制度的任何规定。2018年3月4日，最高人民法院印发的《破产审判会议纪要》第22条规定："探索推行庭外重组与庭内重整制度的衔接。"表明我国将探索设立预重整制度。2018年8月3日，由国家发改委牵头，国务院有关部门发布的《2018年降低企业杠杆率工作要点》第15条宣示要研究完善庭外重组制度和建立预重整制度。2019年7月16日，国家发改委、最高人民法院等13部门联合发布《加快完善市场主体退出制度改革方案》。该方案对预重整制度的改革工作部署为："研究建立预重整制度，实现庭外重组制度、预重整制度与破产重整制度的有效衔接，强化庭外重组的公信力和约束力，明确预重整的法律地位和制度内容。"该表述为建立预重整制度最核心的问题，即打通庭外重组、预重整、破产重整的程序，实现商业重组与司法重整程序的有效衔接。这预示着在破产法修订中，将引入预重整制度。2019年11月8日，最高人民法院印发的《全国法院民商事审判工作会议纪要》第115条规定："继续完善庭外重组与庭内重整的衔接机制，降低制度性成本，提高破产制度效率。人民法院受理重整申请前，债务人和部分债权人已经达成的有关协议与重整程序中制作的重整计划草案内容一致的，有关债权人对该协议的同意视为对该重整计划草案表决的同意。但重整计划草案对协议内容进行了修改并对有关债权人有不利影响，或者与有关债权人重大利益相关的，受到影响的债权人有权按照《企业破产法》的规定对重整计划草案重新进行表决。"这一规定明确了庭外重组协议对相关当事人具

[①]　杜军、全先银：《公司预重整制度的实践意义》，《人民法院报》2017年9月13日第7版。

[②]　潘光林、方飞潮、叶飞：《预重整制度的价值分析及温州实践》，《法律适用》2019年第12期。

有约束力，在进入重整程序后，相关当事人对重整计划草案的表决不得反悔，无须再次投票表决。

实际上，前些年浙江省和深圳市已开始探索构建预重整制度的司法实践。

2013年7月5日，浙江省高级人民法院出台《关于企业破产案件简易审若干问题的纪要》（以下简称"纪要"）对企业破产案件预登记进行了明确规定，也为预重整制度的具体运作提供了规范性依据。2015年3月，余杭市人民法院受理杭州怡丰成房地产开发有限公司重整案件，成为浙江省首例创新适用预重整制度的重整案件。

2017年深圳市福昌电子技术有限公司预重整案入选最高人民法院"2017年度人民法院十大民事行政案件"，"该案是预重整制度在国内进行的一次颇具中国特色探索的样本"[1]。2019年3月25日，深圳市中级人民法院发布全国首个企业重整工作指引即《深圳市中级人民法院审理企业重整案件的工作指引（试行）》（以下简称《指引》）。在《指引》第三章中对预重整程序进行了专门规定。《指引》第27条规定："受理重整申请前，对于具有重整原因的债务人，为识别其重整价值及重整可行性，提高重整成功率，经债务人同意，合议庭可以决定对债务人进行预重整。"

下表为全国各地制定预重整制度的主要文件的统计表：

序号	地区	规范	条文
1	全国	《全国法院破产审判工作会议纪要》	第22条
		《全国法院民商事审判工作会议纪要》	第115条
		《加快完善市场主体退出制度改革方案》发改财金（2019）1104号	第四条第（一）款
2	浙江省	《浙江省高级人民法院关于企业破产案件简易审若干问题的纪要》	第7条
		浙江省人民政府办公厅《关于加快处置"僵尸企业"的若干意见》	第17条
		温州市人民政府办公室《企业金融风险处置工作府院联系工作会议纪要》（温政办函201841号）	第二条

---

① 《2017年度人民法院十大民事行政案件》，《人民法院报》2018年1月7日第4版。

续表

序号	地区	规范	条文
3	深圳市	《深圳市中级人民法院审理企业重整案件的工作指引(试行)》	第三章
4	北京市	《北京破产法庭破产重整案件办理规范(试行)》	第三章
5	南京市	南京市中级人民法院《关于规范重整程序适用提升企业挽救效能的审判指引》	第三章
6	苏州市	《苏州市吴江区人民法院审理预重整案件的若干规定》	全文
7	宿迁市	《宿迁市中级人民法院关于审理预重整案件的规定(试行)》	全文
8	成都市	《四川天府新区成都片区人民法院(四川自由贸易试验区人民法院)预重整案件审理指引(试行)》	全文

(二)预重整制度在我国地方法院的实践运用

在浙江、深圳等地的司法实践中,预重整主要有以下两种模式:

第一种模式是在破产申请受理前的法庭外预重整。在该模式下,通常由债权人和债务人、出资人及各方利益主体在庭外自行谈判形成重整方案,之后再由债务人向法院提起破产重整申请,重整方案直接交法院批准后执行并终结。如中国"二重"重整案属于法庭外预重整的代表性案例。中国第二重型机械集团公司(以下简称"二重集团")为中央直接管理的国有重要骨干企业,是国家重大技术装备制造基地。二重集团(德阳)重型装备股份有限公司(以下简称"德阳二重")为二重集团的控股子公司。自2011年起,二重集团、德阳二重多年连续亏损。截至2014年底,二重集团、德阳二重金融负债总规模已经超过200亿元。德阳二重严重资不抵债,在2014年5月被上海证券交易所暂停上市。2015年9月11日,在银监会的组织下,二重集团及德阳二重与30多家金融债权人组成的金融债权人委员会达成了框架性的重组方案,同月21日,德阳市中级人民法院裁定受理二重集团、德阳二重重整一案。重整受理后,法院在司法框架内将金融债务重组方案纳入重整计划，让预重整与重整前后衔接，使得该案从受理重整到终止重整程序仅用了 70 天。[①]

第二种模式作为法庭内重整前置程序的预重整模式。该模式是将第一次债权人会议之前的工作全部完成于裁定受理重整前期。在裁定受理重整申请之前，法院先进行预立案，提前指定管理人，或者先行成立债权人委员会，由主要债权人、债务人、出资人和战略投资人在政府和法院适度介入和管理人协助下，自行谈判协商，达成重整计划草案，法院再受理破产重整案件。重整计划草案需要继续召开债权人会议表决，在债务人已经充分披露相关信息，且重整计划草案未对重组方案作实质性修改的情况下，同意庭外重组方案的债权人和出资人即被视为同意重组计划草案，无需再参加债权人分组表决。该模式就是将第一次债权人会议之前的工作全部提前到预重整阶段，管理人负责具体事务，"府院联动"机制主导预重整程序。这种模式的典型案例如杭州怡丰成房地产开发有限公司重整案。

杭州怡丰成房地产开发有限公司（以下简称怡丰成公司）是某房地产集团公司为开发特定房产项目设立的子公司，因资金链出现严重问题，其开发的"东田·怡丰城"项目自 2015 年 3 月以来一直处于停工状态。面临绝境的怡丰成公司只能向余杭区人民法院申请破产重整。为了提高效率和节省时间，2015年 6 月，余杭区人民法院对怡丰成公司破产重整申请进行了"预登记"，待相关条件成就再及时裁定受理怡丰成公司破产重整，选任的管理人在前期预重整工作的基础上开展后续工作。在预重整期间，管理人在府院联动机制的协调配合下，一方面初步查清了债务人公司的资产债务情况，并反复与债权人沟通，取得了债权人意见的初步统一；另一方面积极寻找战略投资人，为尽快恢复施工建设提供资金条件。本案进入破产重整程序后，第一次债权人会议顺利召开，会议各项议案均表决通过。"东田·怡丰城"项目得以复工续建，怡丰成公司起死回生，继续营业。[②]

三、预重整的府院联动机制

近年来，从浙江、深圳等地预重整成功的案例来看，无论是采用那种预重

---

① 黄晓云：《中国二重的双重整案：庭外重组和司法重整的无缝对接》，《中国审判》2017 年总第 187 期。

② 余杭区人民法院课题组：《房地产企业预重整的实务探索及建议》，《人民司法》2016 年第 7 期。

整模式，都是在府院联动机制主导下实施的。府院联动机制主导的预重整经典案例当属深圳市福昌电子技术有限公司(以下简称福昌电子)破产重整案件。

2015年10月，福昌电子因管理不善、资金链断裂，突然宣布停产停业。2015年11月12日，福昌电子的债权人正式向深圳中院申请福昌电子破产重整。在该案中，深圳中院决定以"预重整"方式审理该案，指定一级管理人进场辅助企业推进重整。通过预重整，员工得到妥善安置，企业恢复生产的障碍逐一消除，充分实现了各方主体利益的平衡。2016年6月29日，深圳中院裁定受理福昌电子重整案，并批准福昌公司在重整期间继续营业。2016年12月26日，福昌电子向法院和债权人会议提交重整计划草案；2017年3月21日，福昌电子债权组经二次表决通过了《重整计划草案》；4月18日，深圳中院裁定批准福昌电子重整计划。

李曙光教授点评："该案是预重整制度在国内进行的一次颇具中国特色探索的样本。……该案的中国特色在于，预重整是由法院预先指定管理人，提前进入债务企业摸查沟通，而后通过'府院联动'机制进行。"①研究表明，福昌电子重整案充分发挥了府院联动机制的主导作用。政府与法院相互协调，集中和调动社会资源，各司其职，推动和保障预重整进入重整的顺利推进。

(一)构建府院联动机制，是中国特色的破产制度的重大创新

所谓府院联动机制，也称"府院协调工作机制""府院联席机制"，是指在党委统一领导下，人民法院和政府各职能部门共同建立破产处置工作领导机构，把握破产审判工作法治化、市场化方向，规范人民法院和政府各职能部门各自职责，具体分工、相互协助，及时、高效地处置破产企业的制度。

1. 府院联动机制——市场化、法治化破产制度的重要组成部分

中共十九届四中全会通过了《中共中央关于坚持和完善中国特色社会主义制度、推进国家治理体系和治理能力现代化若干重大问题的决定》(以下简称"决定")。"决定"指出，要坚持和完善社会主义基本经济制度，推动经济高质量发展。社会主义市场经济体制属于社会主义基本经济制度，加快完善社会主义市场经济体制，首先是要完善公平竞争制度，建设高标准市场体系。"决定"要求完善公平竞争制度，健全破产制度，完善市场主体退出机制。市场经济下市场在资源配置中起决定性作用，而公平竞争的必然结果是优胜劣汰。要实现市场主体优胜劣汰，就必须有市场化救治退出机制。破产制度就是实现市

---

① 《2017年度人民法院十大民事行政案件》，《人民法院报》2018年1月7日第4版。

场主体市场化救治退出机制的根本制度。因此，在我国市场经济体制改革与完善的过程中，必然离不开挽救危困企业，规范市场主体退出的法律制度。

健全破产制度也是优化营商环境，对标国际市场规则的必然要求。例如，美国和欧盟都将破产法适用于企业作为我国市场化程度的测度。破产制度的健全直接影响着世界银行对中国营商环境的评估。2003 年以来，世界银行每年发布世界各国年度营商环境报告。评价市场救治退出机制与质效的"办理破产"指标是世界银行营商环境评估体系中的十个指标之一。①

2015 年党中央作出推进供给侧结构性改革的决策以来，在党中央统一部署下，最高人民法院在逐步完善我国企业破产制度、推进破产审判工作方面取得了前所未有的进步。2019 年 10 月 24 日，世界银行发布的《2020 年营商环境报告》显示，与去年相比上升 10 位。其中，考察现有破产法律制度充分性和完整性的"破产框架力度"指数得分 13.5，高于经济合作与发展组织高收入国家平均值，处于全球先进水平。但是，现行企业破产制度不能适应我国社会主义市场经济体制的需求，对于破产审判法律适用，也是严重供给不足。不完备的破产制度依然是加快完善我国社会主义市场经济体制的一个短板。在破产审判实践中，不完备的破产制度的短板就是缺乏成熟、配套、协调的制度机制来支持。这些亟需解决的制度机制问题主要包括：①推动地方法院与政府建立协调机制；②完善破产管理人制度；③落实破产重整企业的识别机制；④推动建立破产费用保障制度。② 其中最重要的问题就是完善府院联动机制。企业破产是一项系统工程，破产制度的有效实施"无法完全通过其自身的法律机制完成，必须依赖其外部的基本市场机制才能够实现"③。这是因为现代市场基本机制是市场调整和政府作用的有机统一。党的十九大报告提出："使市场在资源配置中起决定性作用，更好发挥政府作用。"破产法是一部兼具私法和公法双重属性的重要法律。破产法不单纯是清理债权债务、清资核产的民商事法律系，市场主体的退出涉及很多的利益相关者，对社会整体经济的运行和社会秩序的维护产生重要影响，因此，政府必须行使国家政治、经济和社会公共事务的管理职能，防范金融风险，维护社会稳定。同时，破产法是一个社会外部性

---

① 世界银行：《2019 年世界营商环境报告》，《中国经济报告》2019 年第 3 期。

② 刘贵祥：《优化企业破产法治环境、服务经济高质量发展》，最高人民法院《全国法院破产审判工作会议纪要》以及全国法院十大破产典型案例新闻发布会上的讲话，http：//courtapp. chinacourt. org/fabu-xiangqing-83772. html，2020 年 3 月 5 日访问。

③ 齐明、焦杨：《破产法体系构建的功能主义指向及其市场依赖》，《当代法学》2012 年第 5 期。

极强的实践性法律，在企业破产程序中会产生一系列需要政府履行职责解决的与破产相关的社会衍生问题，需要进行大量的社会协调工作。这就决定了破产审判工作尤其是重大破产案件的审判工作往往离不开地方党委与政府的支持和相关政策的支撑。① 实践证明，府院联动机制对提高破产审判工作质量和效率，发挥了极其重要的作用。可以毫不夸张地说，在中国离开这一工作机制，破产审判工作寸步难行。②

事实上，我国中央和地方政府在破产法实施中都兼具推动者、参与者和保障者的多重角色。首先，政府是破产法实施的推动者。2015 年以来，中央部署和推进供给侧结构改革，要求全国地方政府争取在三至五年内完成处置"僵尸企业"的任务。供给侧结构改革的核心是去产能，去产能的核心是处置"僵尸企业"，处置"僵尸企业"的要点就是破产。实际上破产法是整个供给侧结构性改革的要点。③ 这是我国破产案件受理数量快速增长的重要原因。其次，政府是破产法实施的参与者。"僵尸企业"中有很大一部分是国有企业，政府是国有企业的出资者、监管者，这也就意味着在"僵尸企业"处置中政府是置身其中的利益参与方。在破产案件中，许多案件都是政府直接指派有关人员组成清算组，身体力行地参加到处置困境企业与"僵尸企业"的第一线。最后，政府是破产法实施的保障者。破产法实施过程中的很多工作与配套制度有赖于政府的支持与协调。下岗职工的安置，破产企业的税收减免，破产企业的注销，"三无企业"的破产启动，破产程序后的信用修复等，都已经超越司法的范畴，也是市场自身无法解决的问题，需要政府内部上下级之间的联动，不同部门之间的协调配合以提供支持。④

府院联动机制，是我国破产审判实践创建出来的工作机制，是典型的具有中国特色的破产审判工作机制。在我国，最早建立破产审判府院联动机制的是温州市。2014 年 5 月，温州市政府和中级人民法院成立了企业破产处置工作领导小组，起草并出台《企业破产处置工作联席会议纪要》，率先建立了破产

---

① 王新欣：《府院联动机制与破产案件审理》，《人民法院报》2018 年 2 月 7 日第 7 版。
② 杜万华：《积极推进我国破产审判工作迈上新台阶》，《人民法院报》2018 年 10 月 31 日第 5 版。
③ 李曙光：《破产法是整个供给侧结构性改革的要点》，《社会科学报》2017 年 10 月 12 日第 3 版。
④ 李曙光：《预重整制度在中国的探索式样本——评福昌电子破产重整案》，载李曙光、刘延岭主编：《破产法评论（第 1 卷）》，法律出版社 2018 年版，第 507~508 页。

审判府院联席会议制度，形成了我国破产审判的"温州模式"。浙江省最早建立了实质运作的企业破产审判省级府院联动机制。2016 年 11 月 4 日，浙江省促进企业兼并重组工作部门联系会议办公室、浙江省高级人民法院、浙江省经济和信息化委员会联合出台《关于成立省级"僵尸企业"处置府院联动机制的通知》(浙并购办〔2016〕8 号)，同年 11 月 21 日，浙江省促进企业兼并重组工作部门联系会议办公室制定了《推进企业破产审判重点工作及任务分工方案》(浙并购办〔2016〕9 号)，标志着在省级层面上顶层设计了"僵尸企业"处置和破产审判实质性运作的府院联动机制。随后，全省多个市、县(市、区)建立破产审判府院联动机制，协调解决审判工作中遇到的问题。江苏省、甘肃省等省也在省级层面建立了府院联动机制，全国部分市级层面随之建立了企业破产处置中的府院联动机制，这大大提高了破产审判工作的质量和效率，极大地推动了企业破产审判工作的开展。

在顶层设计方面，2016 年 5 月 6 日，《最高人民法院关于依法开展破产案件审理积极稳妥推进破产企业救济和清算工作的通知》要求各级法院切实建立健全破产案件审理四项工作机制，其中之一是要在地方党委领导下，积极与政府建立"府院企业破产工作统一协调机制"。协调机制要统筹企业破产重整和清算相关工作，妥善解决企业破产过程中出现的各种问题。《破产审判会议纪要》要求进一步完善包含"政府与法院协调"在内的四项破产审判工作机制，"人民法院要与政府建立沟通协调机制，帮助管理人或债务人解决重整计划草案制定中的困难和问题"。2018 年 11 月 23 日，国家发展改革委、工业和信息化部、财政部等 11 部委发布《关于进一步做好"僵尸企业"及去产能企业债务处置工作的通知》，强调"建立政府法院协调机制"。2018 年 11 月 14 日，国家主席习近平主持召开中央全面深化改革委员会第五次会议，审议通过了《加快完善市场主体退出制度改革方案》(以下简称《改革方案》)。2019 年 7 月 16 日，国家发展改革委、最高人民法院等 13 部委发布《加快完善市场主体退出制度改革方案》，在该方案第四部分"完善破产法律制度"中就特别强调"加强司法与行政协调配合，鼓励地方各级人民政府建立常态化的司法与行政协调机制"。2019 年 10 月 22 日，国务院公布的《优化营商环境条例》第 33 条第 2 款规定："县级以上地方人民政府应当根据需要建立企业破产工作协调机制，协调解决企业破产过程中涉及的有关问题。"为建立企业破产审判府院联动机制提供了法律依据。我们必须在充分总结实践经验的基础上进一步完善府院联动机制，真正建立起市场化、法治化的破产案件解决机制，政府和法院在破产过程中各司其职，才能保障破产程序高质高效运行。

（二）"府院联动"主导下的预重整机制

目前，我国复杂的、社会影响大的企业预重整案件无一不是在府院联动机制主导下审结的。其中，"温州模式"最为典型。"温州模式"建立了以政府为主导、法院积极介入、管理人具体参与的良性互动机制，[1] 其主要有以下特点：

一是建立常态化的高层级的组织机构。建立以市长担任组长，常务副市长、中级人民法院院长担任副组长的破产工作领导小组。2016 年温州市委出台《中共温州市委专题会议纪要》，对全市破产工作进行了统一部署，这是在全国鲜见的。同时，成立领导小组，下设领导小组办公室与温州市处置办合署办公。温州市处置办由市政府金融办、经信委牵头，从温州中院、人行温州市中心支行、温州银监分局、市地税、市商务局、市住建委、市国土资源局、市公安局等部门抽调精干人员组成，形成法院与政府职能部门的联动，下设综合协调组、银企协调组、司法协调组等工作小组。以联席会议文件规范各部门的主要职责，提高破产工作处置效率。重大案件还成立临时领导机构，定期"一事一议""一事一政策"，统筹协调预重整工作。例如，温州市首例预重整案中，即温州吉尔达鞋业有限公司重整案，温州市政府成立了由温州市政府分管领导任组长，联系副秘书长任副组长的预重整工作领导小组，加强对预重整工作的组织协调，定期解决预重整工作中遇到的困难和问题。

二是处置办主导预重整程序。依照 2018 年 12 月 27 日温州市政府《企业金融风险处置工作府院联席会议纪要二》的规定，预重整程序由属地政府启动，人民法院根据政府文件进行立案；从入选人民法院管理人名册的中介机构中指定管理人负责具体工作；参与引进战略投资人。实践中，政府负责召集主要债权人成立债权人会议，并由该会议行使预重整阶段的重整计划草案等相关决议的表决权。

三是法院负责预重整阶段的法律指导和监督。人民法院根据政府文件由立案部门立"引调"案号交破产审判业务庭；人民法院对管理人的相关工作进行指导和监督；决定管理人报酬；重整计划草案获得预表决通过；法院对符合受理条件的重整申请应及时裁定受理；预重整期间，应优先保障债务人的重整，由属地政府与相关法院协调，暂缓采取可能影响债务人重整的执行措施。

---

[1]　潘光林、方飞潮、叶飞：《预重整制度的价值分析及温州实践——以温州吉尔达鞋业有限公司预重整案为视角》，《法律适用》2019 年第 12 期。

预重整制度虽兼具私力救济的性质，但基于政府的功能及对危机企业帮扶处置中所发挥的作用，预重整若没有政府的牵头及参与，在我国目前状况下，可以说将难以有序推进，这是由我国政府管理职能和公信力、协调力所决定的。为此，各级政府应在预重整中起主导作用。①

【案例 8-2】

浙江三工汽车零部件有限公司破产和解案

　　浙江三工汽车零部件有限公司(以下简称三工公司)是温州市重点骨干企业，在汽车发动机冷却水泵、机油泵等产品的生产上具有雄厚的技术力量。近年来，企业因受对外担保债务所累导致经营困难。2016年，三工公司向瑞安市处置办提出帮扶申请。瑞安市处置办经甄选将其列为帮扶企业。之后，瑞安市处置办与瑞安市人民法院以全力快速推动企业再生为目的，决定对三工公司进行预重整。预重整过程中，瑞安市处置办依法对债务人情况进行全面摸底、研究和解方案并促成债务人与债权人等达成共识。预重整结束后，瑞安法院裁定受理三工公司破产和解申请。在该案审理过程中，瑞安法院提出"以失信修复为条件的破产和解或重整机制"，即对于具有市场重整价值的失信企业，若企业能主动修正或管理人能依法追回所减损的财产，而债权人等对此无异议的，可依法进行和解或重整。2017年2月，债务人制定和解协议经债权人表决通过。2017年6月5日，瑞安法院裁定认可三工公司和解协议及附件。

【评议】本案中，温州瑞安市政府和法院建立"府院联动式"预重整机制，探索适用"政府预重整+司法和解或重整"的企业帮扶模式。本案将预重整制度、府院联动机制、司法和解或重整制度三者有效结合，弥补单一制度的短板，形成行政权、司法权明确分工又相互协作的有效企业帮扶模式。首先，发挥政府协调和保障职能，解决金融债权谈判困难的问题。其次，缩短破产审判周期，在司法程序中确认预重整的谈判成果，缩短和解、重整程序时间，有效地将破产负面影响消解至最低程度。再次，充分发挥政府公共服务职能，解决和解、重整方案执行问题，由政府先期解决和解方案执行中将牵涉到的企业信

---

① 潘光林、方飞潮、叶飞：《预重整制度的价值分析及温州实践——以温州吉尔达鞋业有限公司预重整案为视角》，《法律适用》2019年第12期。

用修复、税费缴纳等问题。①

近年来，房地产行业受宏观经济形势变化和政策调控等因素影响，以及融资成本不断提高等原因，部分中小型房地产企业因资金链断裂导致所开发项目停滞烂尾，陆续出现因债权人或企业申请进入破产程序的情形，引起社会广泛关注。根据全国企业破产重整案件信息网的不完全统计，2019 年，全国有近 400 家房地产企业进入破产程序，2020 年 1 月、2 月，全国已有 96 家房地产相关企业宣告破产。房地产企业破产是一个复杂的系统工程，各种利益、矛盾交织，涉及刑民交叉，破产处置痛点多，困难大，造成案件审理周期长，因此，更需要府院联动机制深度介入，提升破产处置的效率。

实践中，房地产企业陷入财务危机引发群体性上访事件后，属地政府一般派驻临时工作小组进入企业进行维稳等相关工作。对于有房地产开发项目的企业，一般要进行重组或司法重整，不会破产清算了事。在破产案件受理前，政府与法院协调启动预重整程序，将重整程序前置。案件受理后，政府临时工作组聘用管理人机构组成清算组，法院指定清算组为管理人。如此，政府的协调能力、社会中介机构的专业能力和法院的重整程序掌控能力形成合力，能够更畅通地协调房企项目在运作中涉及的各种问题，大大提高了重整质效。

【案例 8-3】

"云天公司"破产和解案

2005 年，淮北云天置业有限公司（以下简称云天公司）开发"金色云天"项目，该项目位于淮北市黄金地带，占地 217 亩，规划建设 60 万平方米住宅及商业地产。由于经营管理不善，建设资金靠"挖东墙补西墙"和高利贷的融资方式，终因资金链断裂成了烂尾楼项目，随之而来的是约 280 名债权人起诉，拆迁户、债权人、购房户利益均不能得到保障，造成了群体持续上访。2016 年 5 月 5 日，根据前期调查结果和工作需要，淮北市委决定由市纪委牵头成立金色云天专案组——"五·五专案组"，即由市纪委调查组、市公安局调查组、资产审计组、信访稳定组、工程建设组、后勤保障组组成，并制定详细处理方案进行逐步推进实施。首先，云

---

① 浙江省高级人民法院：《2017 年浙江破产审判工作报告及十大破产审判典型案例》，浙江在线，http://pol.zjol.com.cn/201804/t20180416_7034679.shtml。

天公司向法院提出"破产和解"申请，市中级人民法院受理立案进入和解程序。其次，在党委、政府支持下，法院指定并指导由财政、信访、国土、城建、房管、工商、金融办、经信委、律师事务所、审计事务所共20家单位组成破产管理人，各单位负责人亲自参与，接手云天公司在破产和解期间的所有事务。管理人管理金色云天项目后，烂尾工程渐次复工。2017年5月9日债权人会议成功通过"和解方案"后，破产和解工作按既定方案有序推进。

【评议】本案是安徽淮北市运用"淮北模式"化解房地产企业破产案件的又一成功案例。所谓"淮北模式"是在处置陷入困境的房地产企业过程中，府院联动机制主导下的预重整+和解模式。"淮北模式"的特色在于，在探索处理房地产企业破产案件过程中，建立了以党委统一领导，政府配合，纪委牵头协调，法院依法具体运作，管理人依法履职，政府职能部门共同参与的"六位一体"府院联动机制。由于淮北市委、市纪委靠前一线指挥，政府主导管理人组织，搭建债务人与债权人快捷达成初步和解协议的平台，同时充分披露信息，高效使用政策工具，消除"中梗阻"，打通"最后一公里"，从而形成了全程依法阳光操作的"淮北模式"，使一度无解的难题得到了妥善解决，实现了多元共赢的良好局面。① 最高人民法院院长周强就"淮北模式"专门作出批示："淮北中院探索房企破产和解模式对全国法院处理类似问题具有借鉴意义，要认真总结推广。"②

四、预重整工作指引

目前，预重整程序虽然缺乏具体统一的制度性规定，但已有地方府院联席会议或地方法院在审判实践试点的基础上，作出了尝试性的工作指引。温州市、深圳市、北京市、南京市、苏州市吴江区、江苏省宿迁市、成都市四川自由贸易试验区先后公布了规范性文件，指导本地法院审理预重整案件。其中，以政府主导预重整的"温州模式"和以法院主导预重整的"深圳模式"为代表。③

---

① 侯斌：《淮北：破产和解新模式通梗阻》，《安徽经济报》2018年4月24日第1版。

② 淮北市人大：《淮北中院运用破产和解模式救活负债28.7亿元房产烂尾项目》，http://www.ahhbrd.gov.cn/content/detail/599feb8d45cb82300f000000.html，2020年2月14日访问。

③ 参见温州市人民政府办公室：《企业金融风险处置工作府院联席会议纪要》（温政办函〔2018〕41号）；深圳市中级人民法院《审理企业重整案件的工作指引（试行）》。

（一）受理申请及审查

"温州模式"是预重整程序由属地政府决定启动的模式。进入预重整程序的企业应为符合国家产业政策，行业前景较好，具有挽救价值的当地核心优质企业。人民法院根据政府文件由立案部门立"引调"案号。南京市中级人民法院规定，受理重整申请前，经债务人同意预重整并获得政府、主管部门等支持意见后，由法院听证审查决定对债务人进行预重整。①

"深圳模式"是受理重整申请前，对于具有重整原因的债务人，为识别其重整价值及重整可行性，提高重整成功率，经债务人同意，合议庭可以决定对债务人进行预重整。深圳市中级人民法院曾对福昌电子重整案以"预"字号立案。北京市高级人民法院规定预重整案件以"破申"案号立案。②

（二）指定管理人或者临时管理人，成立债权人委员会或临时债权人委员会

政府或法院对债务企业作出预重整决定后，应当同时指定管理人或者临时管理人，在政府和法院的协调下，管理人指导成立债权人委员会或临时债权人委员会。对于金融债权权重较大且人数众多的企业，可以发起成立金融债权人委员会。

（三）预重整实施阶段的操作流程

指定管理人并成立债权人委员会后，预重整平台也就搭建成功，接下来进入实施阶段。在实施阶段，预重整没有固定的操作流程，而应根据具体情况和实际需要进行操作，从实践情况来看，大致按照如下顺序进行操作：③

1. 债务企业和预重整管理人共同制定预重整工作方案，就预重整的工作事项、工作方法、工作时间、目的要求等作出切合实际的安排。预重整工作方案应当报请董事会审查通过，如有必要，可报请股东会议通过，以便今后有条不紊地开展预重整工作。

2. 通知已知的债权人并公告通知未知的债权人向预重整管理人申报债权；

---

① 南京市中级人民法院：《关于规范重整程序适用，提升企业挽救效能的审判指引》（宁中法审委〔2020〕1号）。

② 北京市高级人民法院：《北京破产法庭破产重整案件办理规范（试行）》。

③ 江丁库主编：《破产预重整法律实务》，人民法院出版社2019年版，第42页。

预重整管理人登记、审查、确认债权，并登记造册、编制债权表，全面调查债务人的基本情况、资产负债情况、涉诉涉执情况。

3. 招募战略投资人，并与意向投资人商谈投资方式、投资条件等，谈判成功后与投资人订立投资协议。

4. 拟制预重整计划方案，并征求出资人、债权人、意向投资人等利害关系人的意见，然后进行修订和完善。

5. 参照《企业破产法》有关重整规定，在不损害债权人利益的情况下，妥善和适当地处置部分资产，清偿部分债务，减轻预重整负担。

6. 召开临时债权人会议，参照《企业破产法》有关重整的表决规则，表决通过预重整计划方案。

7. 预重整管理人和债务企业等向决定预重整的法院或政府报告预重整工作状况，并提交债权人会议表决通过的重整计划方案。

8. 向法院提出破产重整申请，法院认为重整计划方案合法的裁定受理破产重整申请，预重整正式转入法定重整程序。

至此，预重整程序结束，重整计划进入执行阶段。

第四节　裁定重整和重整期间

一、裁定重整

(一)重整申请的受理

人民法院经审查认为重整申请符合法律规定的，应当作出重整裁定，并予以公告。受理重整申请的，应当同时指定债务人的管理人。预重整期间已经指定管理人的，指定预重整管理人为债务人的管理人。在受理破产清算后、宣告债务人破产前裁定对债务人进行重整的，破产清算期间的管理人即为重整期间的管理人。

(二)关联企业合并重整申请的受理

1. 关联企业的法律界定

目前司法实践中已有许多关联企业合并的破产案件，但是，我国商事法律尚无关联企业的具体规定。依据《公司法》第 216 条的规定，关联关系，是指公司控股股东、实际控制人、董事、监事、高级管理人员与其直接或者间接控制的企业之间的关系，以及可能导致公司利益转移的其他关系。所谓控股股东，是指其出资额占有限责任公司资本总额百分之五十以上或者其持有的股份占股份有限公司股本总额百分之五十以上的股东；出资额或者持有股份的比例虽然不足百分之五十，但依其出资额或者持有的股份所享有的表决权已足以对股东会、股东大会的决议产生重大影响的股东。所谓实际控制人，是指虽不是公司的股东，但通过投资关系、协议或者其他安排，能够实际支配公司行为的人。所谓董事、监事，是指公司股东会或股东大会选举出来的董事会成员、监事会成员。所谓高级管理人员，是指公司的经理、副经理、财务负责人，上市公司董事会秘书和公司章程规定的其他人员。《企业所得税法实施条例》第 109 条规定："企业所得税法第四十一条所称关联方，是指与企业有下列关联关系之一的企业、其他组织或者个人：（一）在资金、经营、购销等方面存在直接或者间接的控制关系；（二）直接或者间接地同为第三者控制；（三）在利益上具有相关联的其他关系。"2012 年修订的《税收征收管理法实施细则》第 51 条也作了类似规定，并且国家税务总局发布的《特别纳税调整实施办法（试行）》第 9 条列举了八种构成关联关系的情形，对《企业所得税法实施条例》中规定的三个方面的关联关系作了细化规定，更具有可操作性。在《公司法》尚未对关联企业作出明确法律界定的情况下，可以参考上述规定认定关联企业。[①] 关联企业是指独立存在而相互间具有控制与从属关系或者相互投资的企业。国际贸易法委员会第五工作组制定的《贸易法委员会破产法立法指南》第三部分"破产企业集团对待办法"中联合国"破产企业集团对待办法"对"企业集团"定义为：以控制权或举足轻重的所有权而相互连接的两个或多个企业。这个定义与上述"关联企业"的定义属同一意义。在各关联企业中必有指挥、操作、控制地位的公司即控股公司或者控股股东或者实际控制人的存在。司法实践中，关联企业合并重整主要有程序合并和实质合并两种类型。

　　2. 分别重整、协调审理

　　关联企业各成员企业同时或先后向人民法院申请重整，法院裁定受理重整申请的，应当以尊重企业法人人格的独立性为原则进行协调审理。协调审理不对关联企业成员的财产进行合并，各个程序保持独立。但各关联方之间不当利用关联关系形成的债权，应当劣后于普通债权。[②]

---

　　① 最高人民法院案例指导工作办公室：《指导案例 15 号〈徐工集团工程机械股份有限公司诉成都川交工贸有限责任公司等买卖合同纠纷案〉的理解与参照》，《人民司法（应用）》2013 年第 15 期。

　　② 《深圳市中级人民法院审理企业重整案件的工作指引（试行）》第 44 条。

3. 实质合并审理

关联企业合并重整一般为关联企业实质合并重整，是指将已进入重整程序的关联企业的资产与债务合并计算并且去除掉关联企业间彼此之债权和保证关系，完成合并后，将合并后的破产财产依债权额比例分配给关联企业的所有债权人。[①] 参照最高人民法院第 15 号指导案例确定的裁判规则和 2019 年《全国法院民商事审判工作会议纪要》第 11 条的规定，司法实践中，"关联公司人格混同，严重损害债权人利益"这一规则作为认定关联公司是否实体合并破产重整案件的基本标准。申请关联企业实质合并重整的条件为：

（1）关联企业成员之间法人人格高度混同

关联企业成员持续、普遍存在下列情形的，可以认定法人人格高度混同：[②]

①主要经营性财产难以区分；

②财务凭证难以区分或者账户混同使用；

③生产经营场所未明确区分；

④主营业务相同，交易行为、交易方式、交易价格等受控制企业支配；

⑤相互担保或交叉持股；

⑥董事、监事或高级管理人员交叉兼职；

⑦受同一实际控制人控制，关联企业成员对人事任免、经营管理等重大决策事项不履行必要程序；

⑧其他导致关联企业成员丧失财产独立性且无法体现独立意志的情形。

（2）严重损害债权人公平受偿利益

本条件具体表现为关联企业不当利用关联关系损害债权人利益的行为，例如：为控制公司和成员公司财产的不当增加或不当减少，致使各成员公司间债权人的受偿比例严重失衡，无法保障各企业债权人的合法权益等。"严重损害债权人公平受偿利益"这一后果必须在穷尽"破产撤销权""破产无效行为"等现有制度救济后仍然无法避免。

（3）申请人应当对实质合并重整的要件事实承担举证责任

债务人、管理人、出资人申请实质合并重整的，应当提供能够证明关联企

---

① 参见上海美浩电器有限公司等三公司破产清算案，案号：（2008）金民二（商）破字第 1、2 号，审理法院：上海市金山区人民法院，《人民法院案例选》2011 年第 3 辑（总第 77 辑）。

② 《深圳市中级人民法院审理企业重整案件的工作指引（试行）》第 46 条。

业不当利用关联关系，导致关联企业成员之间法人人格高度混同，损害债权人公平受偿利益的初步证据。债权人申请合并重整的，应当提供能够证明存在合理理由信赖其交易对象并非单个关联企业成员、单独破产损害其公平受偿利益的证据。①

（三）法院应当审慎适用实质合并重整

人民法院收到实质合并申请后，应当及时通知相关利害关系人并组织听证，听证时间不计入审查时间。人民法院在审查实质合并申请过程中，可以综合考虑关联企业之间资产的混同程序及其持续时间、各企业之间的利益关系、债权人整体清偿利益、增加企业重整的可能性等因素，在收到申请之日起 30 日内作出是否实质合并审理的裁定。

相关利害关系人对受理法院作出的实质合并审理裁定不服的，可以自裁定书送达之日起 15 日内向受理法院的上一级人民法院申请复议。②

（四）关联企业破产审理的法律后果

1. 采用程序合并或者协调审理方式处理关联企业破产案件不消灭关联企业成员之间的债权债务关系，不对关联企业成员的财产进行合并，各关联企业成员的债权人仍以该企业成员财产为限依法获得清偿。但关联企业成员之间不当利用关联关系形成的债权，应当劣后于其他普通债权顺序清偿，且该劣后债权人不得就其他关联企业成员提供的特定财产优先受偿。③

2. 关联企业实质合并审理的各关联企业成员的财产应当合并作为破产财产，各成员之间的债权债务由于主体合并而归于消灭，各成员的债权人以合并后资产按照法定顺序公平受偿。采用实质合并方式进行重整的，重整计划草案中应当制定统一的债权分类、债权调整和债权受偿方案，实现对债权债务清偿、经营方案制定、出资权益调整等事项的统一处理。④ 适用实质合并规则进行破产清算的，破产程序终结后各关联企业成员均应予以注销。适用实质合并规则进行和解或重整的，各关联企业原则上应当合并为一个企业。根据和解协

---

① 《深圳市中级人民法院审理企业重整案件的工作指引（试行）》第 48 条。
② 《全国法院破产审判工作会议纪要》第 33、34 条。
③ 《全国法院破产审判工作会议纪要》第 37 条。
④ 贺小荣、葛洪涛、郁琳：《破产清算、关联企业破产以及执行与破产衔接的规范与完善——〈全国法院破产审判工作会议纪要〉的理解与适用（下）》，《人民司法·应用》2018 年第 16 期。

议或重整计划，确有需要保持个别企业独立的，应当依照企业分立的有关规则
单独处理。

【案例 8-4】

无锡华东可可食品股份有限公司等三家企业程序合并破产重整案

无锡华东可可食品股份有限公司（以下简称华东可可）是国内三大可可加工生产企业之一，旗下三家全资子公司分别是无锡上可食品有限公司（以下简称无锡上可）、华东可可食品（兴化）有限公司（以下简称兴化可可）和海南万宁欣隆可可有限公司（以下简称海南可可）。2017 年 9 月 11 日，江苏省无锡市中级人民法院（以下简称无锡中院）裁定受理华东可可重整案；同年 9 月 20 日，江苏省无锡市锡山区人民法院裁定受理无锡上可重整案；同年 12 月 7 日，经江苏省高级人民法院指定管辖，无锡中院裁定受理兴化可可重整案。为便于三个案件同步审理，人民法院指定同一管理人担任华东可可、无锡上可、兴化可可的管理人。针对申报的 5 亿元民间借贷债权，管理人组织专项审计，将债权压降至 2.7 亿元，有效核减虚高债务。经核查，三家企业资产总值 2.57 亿元，负债总额 12 亿元，均已严重资不抵债，普通债权模拟清偿率除兴化可可为 2.42% 以外，华东可可和无锡上可均为零。

2018 年 1 月，为维持三家企业的营运和投资价值，管理人与既是三家企业经营性债权人，又对三家企业有重整意向的江苏汇鸿国际集团股份有限公司（以下简称汇鸿集团）达成托管协议，由其对三家企业重整期间的营业事务进行托管，恢复三家企业规模化生产。后管理人在全国范围内公开招募重整投资人并公布评审标准，最终经评审会评审确定重整投资人为汇鸿集团与无锡盈创国际贸易有限公司（以下简称无锡盈创）联合体。管理人以招募公告、投募文件和中募文书为基础，经过多轮协商谈判，获得重整投资人在投募承诺 2.57 亿元基础上，额外负担部分破产费用、共益债务，另行增加偿债资金，提高普通债权清偿率。管理人据此制作三家企业重整计划草案，获各债权人组及出资人组表决通过。2018 年 9 月 10日，法院裁定批准三家企业重整计划并终结重整程序。[①]

---

① 江苏省高级人民法院：《2018 年度江苏法院审理企业破产十大典型案例》，载江苏法院网，http://www.jsfy.gov.cn/art/2019/03/06/66_97084.html，2020 年 7 月 1 日最后访问。

【评议】本案系江苏省高级人民法院公布的 2018 年度企业破产十大典型案例之一。本案是"关联企业程序合并重整"的典型案例。法院及管理人既尊重三家企业法律上的独立人格，又同步调查财产、审查债权、召开会议、招募投资、清理债权、调整经营，并保持重整投资人控股母公司、母公司全资控股子公司的股权结构，满足绝大多数意向投资人对三家企业一并投资的需求，推动重整取得成功。此外，本案还通过民间借贷专项审计为三家公司摆脱巨额"高利贷"，有力维护了经营性债权人的利益。

【案例 8-5】

江苏省纺织工业(集团)进出口有限公司等六家公司破产重整案

江苏省纺织工业(集团)进出口有限公司(以下简称省纺织进出口公司)及其下属的五家控股子公司江苏省纺织工业(集团)轻纺进出口有限公司、江苏省纺织工业(集团)服装进出口有限公司、江苏省纺织工业(集团)机电进出口有限公司、江苏省纺织工业(集团)针织进出口有限公司、无锡新苏纺国际贸易有限公司，是江苏省纺织及外贸行业内有较高影响力的企业，经营范围主要为自营和代理各种进出口业务及国内贸易。在国际油价大幅下跌的背景下，因代理进口化工业务的委托方涉嫌违法及自身经营管理出现问题等原因，省纺织进出口公司及其五家子公司出现总额高达 20 余亿元的巨额负债，其中 80% 以上为金融债务，而六家公司经审计总资产仅为 6000 余万元，资产已不足以清偿全部债务。根据债权人的申请，江苏省南京市中级人民法院(以下简称南京中院)分别于 2017 年 1 月 24 日、2017 年 6 月 14 日裁定受理省纺织进出口公司及五家子公司(其中无锡新苏纺国际贸易有限公司经请示江苏省高级人民法院指定南京中院管辖)重整案，并指定同一管理人接管六家公司。管理人对六家公司清理后认为，六家公司存在人员、财务、业务、资产等人格高度混同的情形，据此申请对六家公司进行合并重整。南京中院在全面听证、审查后于 2017 年 9 月 29 日裁定省纺织进出口公司与五家子公司合并重整。基于六家公司在纺织及外贸行业的影响力及经营前景，管理人通过谈判，分别引入江苏省纺织集团有限公司及其母公司等作为战略投资人，投入股权等优质资产增资近 12 亿元，对债务人进行重整并进行资产重组，同时整合省纺织进出口公司与子公司的业务资源，采用"现金清偿+以股抵债"的方式清偿债权。2017 年 11 月 22 日，合并重整债权人会议及出资人组会议经过分组表决，各组均高票或全票通过管理人提交的合并重整计划草案。经管理人申请，南京中院审查后于 2017 年 12 月 8 日裁定批准省纺织进出口公司及五家子公司的合并重整计划；终止省纺织进出口公司及五家子公司的合并重整程序。①

【评议】本案系最高人民法院公布的 2018 年度全国十大企业破产典型案例之一。本案是探索关联企业实质合并重整、实现企业集团整体脱困重生的典型案例。对分别进入重整程序的母子公司，首先在程序上进行合并审理，在确认关联企业人格高度混同、资产和负债无法区分或区分成本过高以致严重损害债权人利益，并全面听取各方意见后，将关联企业进行实质合并重整。合并重整中，通过合并清理债权债务、整合关联企业优质资源，同时综合运用"现金清偿+以股抵债"等重组方式对危困企业进行"综合诊治"，不仅使案件审理效率大为提升，债权人的整体清偿利益得到有效维护，还化解了 20 余亿元的债务危机，有效防范了金融风险，实现了六家企业整体脱困重生，凸显了破产审判的制度功能与社会价值，为国有企业深化改革提供了有益经验。

二、重整期间

(一)重整期间的概念

我国《企业破产法》第 72 条规定："自人民法院裁定债务人重整之日起至重整程序终止，为重整期间。"重整期间，在美国被称为冻结期间(period of freeze)，在澳大利亚被称为"延缓偿付期"(moratorium)，在法国被称作"观察期间"。

外国法上对重整期间一般都规定有具体的时限，我国破产法没有规定重整的具体时限体现了我国破产法极力挽救企业的法律政策。但是，并不意味着重整期间可以无限延长。根据《企业破产法》的规定，自人民法院裁定许可债务人重整之日起，债务人或者管理人应当在 6 个月内提交重整计划草案，有正当理由的，经债务人或者管理人申请，人民法院可以裁定延长 3 个月。人民法院应当自收到重整计划草案 30 日内召开债权人会议，付诸表决。自重整计划通

---

① 最高人民法院：《江苏省纺织工业(集团)进出口有限公司等六家公司破产重整案》，载中国法院网，https://www.chinacourt.org/article/detail/2018/03/id/3219420.shtml，2020 年 7 月 1 日最后访问。

过之日起 10 日内，债务人或者管理人应当向人民法院提出批准重整计划的申请，人民法院应当自收到申请之日起 30 日内裁定批准，终止重整程序并予以公告。部分表决组未通过重整计划草案的，债务人或者管理人可以申请人民法院强制批准重整计划草案。人民法院应当自收到申请之日起 30 日内审查该重整计划草案是否符合《企业破产法》规定的条件，并裁定是否批准重整计划草案。逾期不提交重整计划草案，或者重整计划草案未获通过，或者人民法院没有裁定批准重整计划草案的，人民法院应当裁定终止重整程序并宣告债务人破产。可见我国《企业破产法》中的重整期间事实上是有限制的。

（二）重整期间的意义

我国《企业破产法》专列一条对重整期间进行定义，是因为重整期间具有非常重要的意义。在重整期间，所有对债务人及其财产采取诉讼或其他程序的行动，包括别除权人的别除权都一律停止，以便保护企业的营运价值和制定重整计划，增加重整成功的可能性。

从我国《企业破产法》的相关规定来看，重整期间的法律意义主要体现在以下几个方面：

1. 债务人企业的管理权在重整期内发生变化

根据《企业破产法》的相关规定，在重整期间，对债务人企业的财产和营业事务的管理，有两种情况：一是经债务人申请，人民法院批准，由债务人自行管理，但要接受管理人的监督；二是由管理人进行管理，管理人可以在必要时聘任债务人经营管理人员。

2. 别除权行使受到限制

在重整期间，对债务人的特定财产享有的担保权和法定优先权暂停行使。债务人或管理人为继续营业，可以通过提供为债权人接受的担保，取回质物或留置物。

3. 债务人的权利人在重整期间行使权利应当符合法律规定

根据《企业破产法》的规定，债务人合法占有他人财产，该财产的权利人在重整期间要求取回的，应当符合事先约定的条件。

4. 债务人的出资人和有关人员的权利在重整期间受到限制

在重整期间，债务人的出资人不得要求投资收益分配，其董事、监事、高级管理人员非经人民法院同意，不得向第三人转让其持有的债务人的股权。

（三）重整期间债务人财产和营业事务的管理

重整期间，经债务人申请，由人民法院批准，允许债务人在管理人的监督下自行管理，也可由管理人继续管理。

1. 债务人自行管理财产和营业事务

我国《企业破产法》对债务人的财产管理和营业管理采取了比较谨慎和灵活的态度。《企业破产法》第 73 条第 1 款规定："在重整期间，经债务人申请，人民法院批准，债务人可以在管理人的监督下自行管理财产和营业事务。"根据 2019 年《全国法院民商事审判工作会议纪要》第 111 条规定，债务人同时符合下列条件的，经申请，人民法院可以批准债务人在管理人的监督下自行管理财产和营业事务：①债务人的内部治理机制仍正常运转；②债务人自行管理有利于债务人继续经营；③债务人不存在隐匿、转移财产的行为；④债务人不存在其他严重损害债权人利益的行为。债务人自行管理的职权限于管理财产和营业事务。管理人应当对债务人的自行管理行为进行监督。管理人发现债务人存在严重损害债权人利益的行为或者有其他不适宜自行管理情形的，可以申请人民法院作出终止债务人自行管理的决定。人民法院决定终止的，应当通知管理人接管债务人财产和营业事务。债务人有上述行为而管理人未申请人民法院作出终止决定的，债权人等利害关系人可以向人民法院提出申请。

2. 管理财产和营业事务的管理人可以聘任债务人经营管理人员

管理人负责管理债务人财产和营业事务的，经人民法院许可，可以聘任债务人的经营管理人员负责营业事务。管理人聘任债务人经营管理人员负责营业事务的，应当定岗定责，聘用费用参照当地同行业同职位人员的工资标准合理确定。

（四）重整程序的终止

重整程序的终止，又称重整程序的废止或撤销，重整期间有不能完成重整工作的事实发生而终止重整程序，不包括人民法院批准重整计划而终止重整程序这一情形。重整之目的在于企业更生，但在重整程序开始以后，如果企业拯救已无成功的可能，或者因拯救成本过高或存在其他障碍而难以继续进行，则应当终止重整程序和转入破产清算程序。因此，重整程序的终止是重整制度的一个重要组成部分。

1. 重整程序终止的情形

根据我国《企业破产法》的相关规定，重整程序终止主要有以下几种情形：

　　①债务人的经营状况和财产状况继续恶化，缺乏挽救的可能性；

　　②债务人有欺诈、恶意减少债务人财产或者其他显著不利于债权人的行为；

　　③由于债务人的行为，致使管理人无法执行职务；

　　④债务人和管理人自裁定重整之日起超过 6 个月，或者经过人民法院裁定延长 3 个月的情况下未按期提出重整计划草案的；

　　⑤在通过和批准重整计划的过程中，债权人会议没有通过重整计划草案，而该草案在协商后仍未获得有关债权人的通过，或者未依法提请法院批准，或者法院以该计划不符合《企业破产法》的有关规定为由驳回批准申请的。

　　2. 重整程序终止的效力

　　依据我国《企业破产法》的规定，人民法院裁定终止重整程序的，应当宣告债务人破产，即债务人进入破产清算程序。如果人民法院不在裁定终止重整程序的同时宣告债务人破产，则债务人财产状况将继续恶化，给债权人造成更大的损害。另外，人民法院及时裁定终止重整程序也有利于防止债务人滥用重整程序，恶意逃废债务。

第五节　重整计划

一、重整计划的概念及特征

　　重整计划是重整程序中的核心要素，是重整程序中最重要的法定文件。它是债务人、债权人和其他利害关系人在协商基础上以债务清偿和企业拯救为主要内容的多方协议，在法律性质上相当于和解协议。根据我国《企业破产法》的规定，重整计划具有以下特征：

　　1. 重整计划以企业拯救和债务公平清偿为目的；

　　2. 重整计划由管理人或者债务人负责制作；

　　3. 重整计划应当依据企业的经济状况和营业前景，确定以让步为基础的债务清偿方案，以及在必要时，确定有助于企业复兴的经营方案；

　　4. 重整计划须征得债权人会议的同意；

　　5. 重整计划经法院批准后生效；

　　6. 重整计划由债务人在破产管理人的监督下执行。

二、重整计划草案的制定

提出重整计划草案时，需要考虑两个重要问题：哪些当事人有能力提出重整计划草案，以及在哪个阶段提出重整计划草案，它们分别涉及重整计划草案的制定人和重整计划草案制定的时机。

（一）重整计划草案的制定人

关于重整计划草案的制定人，各国规定有所不同。美国法律规定重整计划草案由债务人制定，在特殊情况下可以由其他人制定。[①] 法国商法典第 6 卷《困境企业》第 621-54 条（2003 年 7 月 30 日第 2003-699 号法律）规定，司法管理人在债务人的协助下，以及可能的话，在一名或者若干名专家的援助下，负责制定一份企业的社会状况和经济状况报告。司法管理人员根据企业状况或者提出重整方案，或者建议进行司法清算。[②] 日本《会社更生法》第 189 条规定，管理人于更生债权及更生担保权的申报期间届满后，应在法院规定的期间内制成更生计划草案，并提交法院；该法第 190 条又规定，公司、申报更生债权人以及更生担保权人、股东可以于法院规定的期间内制成更生计划草案并提交法院。[③]

我国《企业破产法》第 80 条规定："债务人自行管理财产和营业事务的，由债务人制作重整计划草案。管理人负责管理财产和营业事务的，由管理人制作重整计划草案。"

重整计划草案的制作实际上是一个协商过程，在未经债权人会议讨论通过前，它是一个由债务人或管理人提出的协议草案。因此，债务人或管理人在制作重整计划草案时，应当与债权人、出资人、重整投资人等利害关系人充分协商，并充分听取企业管理人员、实际控制人、职工代表或工会等的意见。有必

---

① 《美国联邦破产法》第 1121 条规定："债务人在自愿申请的同时或者在强制申请之后的任何时候可以提出重整计划，除非本法有特别规定，在依本章的免责之后的 120 天内，只有债务人可以提出重整计划。在下列情况下，任何利害关系人包括债务人、破产受托人、债权人委员会、股东委员会、债权人、股东均可提出计划：①已任命了受托人；②债务人在本章规定的免责后的 120 天内未曾提出计划且 120 天的期间未得到延长；③依本章免责后 180 天内债务人未曾提出得到债权或股权受到削减的权利人接受的计划。"转引自李永军：《破产法：理论与规范研究》，中国政法大学出版社 2013 年版，第 360~361 页。

② 李飞主编：《当代外国破产法》，中国法制出版社 2006 年版，第 376 页。

③ 王书江、殷建平译：《日本商法典》，中国法制出版社 2000 年版，第 420 页。

要的，可以邀请有关单位，或者委托外部专业机构、人员对特定事项发表意见。

（二）重整计划草案制定的时间

重整计划草案何时提出，取决于重整要达到的目标，或者与启动重整程序的方式有关。有些国家的法律规定，债务人在申请启动重整程序的同时提出重整计划；有些国家的法律则规定，必须在启动重整程序后谈判和提出计划。在清算程序改为重整程序时，也可能出现提出重整计划的时机问题。按照我国《企业破产法》第79条规定，债务人或者破产管理人应当自人民法院裁定债务人重整之日起6个月内，同时向人民法院和债权人会议提交重整计划草案。该期限届满，经债务人或者管理人请求，有正当理由的，人民法院可以裁定延期3个月。

（三）重整计划草案的内容

关于重整计划的内容，《企业破产法》规定应当包括以下内容：债务人的经营方案、债权分类、债权调整方案、债权受偿方案、重整计划的执行人和执行期限、重整计划执行的监督期限、有利于债务人重整的其他方案。

1. 债务人的经营方案

债务人的经营方案的主要内容是重整措施。各国破产法在规定重整措施时，多采取列举加概括相结合的方式，即列举主要的手段，并概括地授权重整人运用法律允许的其他手段。这些主要的措施有企业的转让或合并（《法国商法典》第6卷《困境企业》第621-62条、第83条、第84条）、新公司的设立（日本《会社更生法》第226条）等。目前我国企业重整常用的措施有转投资设立新企业、债转股、资产置换等。总之，债务人的经营方案应根据企业的具体情况制定。实践中，通常考虑需要停止一些亏损或不盈利的经营项目，筹措资金和集中资源维持、改善主营项目。此外，还需要考虑诸如融资、增收、节支、减产、裁员、修改营销策略、内部组织调整和重要人事变动等问题。

2. 债权分类

债权分类是债权调整方案和清偿方案的基础。对于不同种类的债权，其让步范围和清偿顺序是不一样的。因此，重整计划必须遵守关于债权分类的规定。《企业破产法》规定，重整计划中债权分类如下：①对债务人的特定财产享有担保权的债权、享有建设工程价款、船舶和航空器等法定优先权的债权人可以列入对债务人特定财产享有担保权的债权表决组；②债务人所欠职工的工资和医疗、伤残补助、抚恤费用，所欠的应当划入职工个人账户的基本养老保险、基本医疗保险费用，以及法律、行政法规规定应当支付给职工的补偿金；③前项规定之外的社会保险费用；④债务人所欠税款；⑤普通债权，必要时可单列小额普通债权。

3. 债权调整和受偿方案

债权调整和受偿方案，是指对每类债权的具体调整计划，包括对债权的减少、免除、延期、债权性质转换等。法律通常不作具体限定，其本意是鼓励当事人采取各种灵活有效的方法实现企业拯救和公平清偿。实践中，重整计划可以分别对各类债权采用以下调整方法：①按比例降低清偿额；②一次性或者分期延期偿付；③债权其他条件的变更；④部分或者全部债权转换为股权。重整计划中的同类债权应按同等条件受偿。还应当明确指出按照重整计划草案权益未受到调整或影响的表决组。在清偿方案中，应当规定各类债权的清偿时间、清偿金额和清偿方式等。但是，根据《企业破产法》的规定，债权调整方案不得规定减免债务人欠缴的劳动债权以外的社会保险费用，并且该项费用的债权人也不参加重整计划的表决。这是因为，该项费用要用来建立基本养老保险基金、基本医疗保险基金、失业保险基金、工伤保险基金以及生育保险基金，以备职工一旦出现保险范围内情况的急需。它所涉及的是全社会职工的利益，而非单个职工或者部分职工的利益。如果减免，会导致对其他职工的不公平。

4. 重整计划的执行人和执行期限

重整计划的执行人负责执行重整计划，对债权人会议负责并报告工作。我国《企业破产法》规定，重整计划由债务人执行，但是没有规定强制的重整计划的执行期限。执行期限的长短，需根据不同的个案来确定，但必须在重整计划中作出明确的规定。[①]

5. 重整计划执行的监督期限

《企业破产法》规定，管理人负责监督重整计划的执行情况。监督期限的长短由重整计划规定。在监督期限内，债务人应当向管理人报告重整计划的执行情况和债务人财务状况。

6. 有利于债务人重整的其他方案

这可以根据债务人的具体情况确定。例如重整计划可以规定重整企业的合并、分立或者营业转让的方案，也可以规定重整企业向战略投资者定向增发股份的方案。一般而言，其他措施主要围绕继续营业资金的募集来规定。

---

① 李国光主编：《新企业破产法教程》，人民法院出版社 2006 年版，第 296 页。

重整计划草案涉及出资人权益调整事项的，参加表决的出资人有义务如实披露其出资权益的涉诉情况，以及出资权益上设定的质押、被保全等权利负担情况。

上市公司重整计划草案的经营方案涉及并购重组等行政许可审批事项的，债务人或者管理人应当聘请经证券监管机构核准的财务顾问机构、律师事务所以及具有证券期货业务资格的证券服务机构按照证券监管机构的有关要求及格式编制相关材料，作为重整计划草案的必备文件。

三、重整计划草案的表决、通过和批准

《企业破产法》对重整计划草案的表决、通过和批准设立了一系列的程序规则。

（一）重整计划草案的表决和通过

重整计划一旦提交人民法院，人民法院应当及时召开债权人会议对重整计划草案进行表决。各国对于重整计划草案的表决期限规定不同。日本《会社更生法》第192条规定，提出更生计划后，法院应当确定日期，召集关系人会议审查计划草案；德国《支付不能法》第235条规定，法院应当指定对支付不能方案表决的日期，该日期的指定不应超过1个月。[1] 我国《企业破产法》第84条第1款规定："人民法院自收到重整计划草案之日起30日内召开债权人会议，对重整计划草案进行表决。"可以采取现场或者网络等方式表决重整计划草案。

《企业破产法》第82条规定，债权人会议对于重整计划草案的表决，依照债权的分类，分组进行表决。债权人参加讨论重整计划草案的债权人会议，依照下列债权分类，分组对重整计划草案进行表决：

①对债务人的特定财产享有担保权的债权；

②债务人所欠职工的工资和医疗、伤残补助、抚恤费用，所欠的应当划入职工个人账户的基本养老保险、基本医疗保险费用，以及法律、行政法规规定应当支付给职工的补偿金；

③债务人所欠税款；

④普通债权。

债权系因债务人侵权行为造成的人身损害赔偿，除其中涉及的惩罚性赔偿

---

① 覃有土编：《商法概论》，武汉大学出版社2010年版，第280页。

外，可以列入前款第 2 项规定的表决组进行表决。

对特定财产享有担保权的债权人，经评估等方式能够判断其优先受偿权利不能完全受偿的，债权人可以就剩余债权金额在其他组别表决。

对于表决通过的条件，《企业破产法》采用了双重标准。根据《企业破产法》第 84 条第 2 款的规定，出席会议的同一表决组的债权人过半数同意重整计划草案，并且其所代表的债权额占该组已确定债权总额的 2/3 以上的，即为该组通过重整计划草案。各表决组均通过重整计划草案时，重整计划即为通过。

重整计划草案涉及出资人权益调整事项的，应当设出资人组对该事项进行表决。出资人权益调整事项，可以包括要求出资人出让股权，要求出资人增资，或调整出资人在董事会中的代表权等内容。出资人组表决方法原则上适用股东会和股东大会对公司重大事项的表决方法。

(二) 重整计划草案的批准

重整计划草案的批准，是法院依法审查，赋予重整计划强制执行力的过程。重整计划一经批准，即对所有债权人及其他利害关系人产生效力，不论其表决时是同意还是反对重整计划草案。重整计划的批准分为正常批准与强制批准两种情形。

1. 正常批准。根据《企业破产法》第 86 条的规定，债务人或者管理人应当自重整计划通过之日起 10 日内，向人民法院提出批准重整计划的申请，人民法院经审查认为符合《企业破产法》规定的，应当自收到申请之日起 30 日内裁定批准，同时裁定终止重整程序，并予以公告。

对于部分表决组未通过重整计划草案的，管理人或自行管理的债务人可以同未通过重整计划草案的表决组协商。该表决组可以再次协商后再表决一次，但协商结果不得损害其他表决组的利益。

实务中，人民法院对各表决组均已通过的重整计划往往不加审查就直接批准。但经决议通过的重整计划仍存在多数人利用表决程序损害少数人权益的可能。故此，人民法院仍应审查，满足一定的条件后才能批准。《破产审判会议纪要》第 17 条对此规定了两个方面的条件：一是合法性条件，包括程序合法和内容合法。程序合法强调重整计划草案的表决程序符合破产法的规定；内容合法是指重整计划的内容符合债权人利益最大化原则、绝对优先原则、公平对待原则，不得损害利害关系人和社会公共利益，尤其是不得损害少数反对者的合法权益。二是可行性条件，即重整计划中关于企业重新获得盈利能力的经营方案具有可行性。

2. 强制批准。未通过重整计划草案的表决组拒绝再次表决或者再次表决仍未通过重整计划草案，符合《企业破产法》第87条规定的条件，债务人或者管理人可以申请人民法院批准重整计划草案。重整计划草案必须符合以下强行批准条件：①按照重整计划草案，有财产担保的债权就该特定财产将获得全额清偿。其因延期清偿所受损失将得到公平的补偿，并且其担保权未受到实质性的损害，或者该表决组已经通过重整计划草案。②按照重整计划草案，劳动债权和税款请求权将获得全额清偿，或者重整计划草案已经获得相应表决组的通过。③无担保的普通债权依照重整计划所应获得的清偿比例，不低于无担保的债权在重整计划草案被提请批准时依照破产清算程序所能获得的清偿比例，或者该表决组已经通过重整计划草案。④重整计划草案对出资人权益的调整公平、公正，或者出资人组已经通过重整计划草案。⑤重整计划草案公平对待同一表决组的成员，并且所规定的债权清偿顺序不违反《企业破产法》的规定。⑥重整债务人的经营方案具有可行性。⑦如债权人分多组的，还应当至少有一组已经通过重整计划草案，且各表决组中反对者能够获得的清偿利益不低于依照破产清算程序所能获得的利益。

人民法院可以就是否强行批准重整计划草案组织召开听证调查，重点听取和审查反对意见是否具有事实和法律依据。如果法院经审查认为重整计划草案不符合《企业破产法》的规定，则应裁定驳回请求批准重整计划的申请，并应当裁定终止重整程序，宣告债务人破产。宣告破产后即进入破产清算程序。

【文书样式 8-3】

×××人民法院

决 定 书

（设小额债权组用）

（××××）××破字第×-×号

××××年××月××日，本院裁定×××（债务人名称）重整。因……（写明普通债权中债权数额的大概分布情况），为了在重整计划草案的表决中充分保护各债权人的利益，本院依照《中华人民共和国企业破产法》第八十二条第二款之规定，决定如下：

在普通债权组中设小额债权组对重整计划草案进行表决。债权额××

万元以下的债权属于小额债权，列入小额债权组表决。

××××年××月××日

（院印）

【文书样式8-4】

×××人民法院

民事裁定书

（批准重整计划草案用）

（××××）×破字第×-×号

申请人：……（写明名称等基本情况）。

××××年××月××日，×××（申请人名称）向本院提出申请，称……（写明依据的事实及理由），请求本院批准重整计划草案（附后）。

本院认为：……（写明批准重整计划草案的具体理由）。依照《中华人民共和国企业破产法》第八十七条第二款、第三款之规定，裁定如下：

一、批准×××（债务人名称）重整计划草案；

二、终止×××（债务人名称）重整程序。

本裁定为终审裁定。

审判长×××

（代理）审判员×××

（代理）审判员×××

××××年××月××日

（院印）

本件与原件核对无异

书记员×××

附：重整计划草案

四、重整计划的效力和执行

（一）重整计划的效力

各国立法均对重整计划的效力作出规定。如美国破产法规定，重整计划经批准后，对任何根据重整计划发行证券或取得财产的人以及所有债权人、股东或者受重整计划削减的合伙人，均有约束力，而不论其是否同意重整计划。但通常重整计划的效力不及于对债务人的保证人和其他连带债务人承担的责任。

我国《企业破产法》规定，经法院裁定批准的重整计划，对破产案件受理以前成立的所有债权均产生效力，并对债务人和全体债权人均有约束力。此时尚未申报的债权，在重整计划执行期间不得行使权利；在重整计划执行完毕以后，可以按照重整计划规定的同类债权的清偿条件行使权利。此为重整计划的强制约束力。并且也规定，债权人对债务人的保证人和其他连带债务人享有的权利，不受重整计划的影响。

（二）重整计划的执行权

我国《企业破产法》第89条规定，重整计划由债务人负责执行。人民法院裁定批准重整计划后，已经接管财产和营业事务的管理人应当向债务人移交财产和营业事务。

（三）对重整计划执行的监督

《企业破产法》第90条、第91条规定，自人民法院裁定批准重整计划之日起，在重整计划规定的监督期限内，由管理人监督重整计划的执行。在监督期内，债务人应当向管理人报告重整计划执行情况和债务人财务状况。

监督期届满时，管理人应当向人民法院提交监督报告。自监督报告提交之日起，管理人的监督职责终止。经管理人申请，人民法院可以裁定延长重整计划执行的监督期限。

管理人向人民法院提交的监督报告，重整计划的利害关系人有权查阅。

五、重整计划的终止

我国《企业破产法》规定，重整计划因以下情形而终止：

（一）重整计划因执行障碍而终止

债务人不能执行或者不执行重整计划的，人民法院经管理人或者利害关系人申请，应当裁定终止重整计划的执行。人民法院裁定终止重整计划执行的，应当同时宣告债务人破产清算。在这种情况下，债权人因重整计划实施所受的清偿仍然有效。债权未受偿的部分，作为破产债权行使权利，同时，债权人在重整计划中作出的让步失去效力。但是，为重整计划执行提供的担保继续有效，不过此时的债权人，只有在其他同顺位债权人同自己所受的清偿达到同一比例时，才能继续接受分配。

(二) 重整计划因执行完毕而终止

重整计划执行完毕，是重整计划的执行人按照计划的规定完成重整任务，企业达到重整目的得以重生的情形。

重整计划执行完毕，债务人清偿责任免除，是重整立法普遍采取的原则，目的在于使债务人获得再生。如《美国联邦破产法》第228条规定："重整计划完成后，除重整计划另有规定外，债务人之债务解除，股东对于公司之权益终止，受托人之职务解除。"日本《会社更生法》第241条规定："公司重整经裁定认可后，除依重整计划或本法之规定认可之权利外，对于所有重整债权及重整担保权免其责任，股东之权利及公司财务上存在之担保权自行减灭。"我国《企业破产法》也规定了重整计划执行完毕后债务人的免责效力，即按照重整计划减免的债务，自重整计划执行完毕时起，债务人不再承担清偿责任。重整计划执行完毕后发生的债权债务纠纷，不适用《企业破产法》的规定。

第九章　破产和解程序

第一节　破产和解制度概述

我国《企业破产法》在破产程序中采纳了"一个大门、三个小门"的设计思路，破产和解制度与破产重整制度、破产清算制度并列为我国《企业破产法》的三大基本制度。

一、和解制度

（一）和解的概念及特征

破产和解是指法院受理破产案件后，为了避免破产宣告或破产分配，由债务人提出和解申请及和解协议草案，债权人会议讨论通过并经法院许可的，解决债权人、债务人之间债权债务问题的制度。破产法审判实践中，破产和解程序使用较少。近年来，北京、浙江、安徽、四川等地也出现了一些运用和解制度成功解决企业债务危机的典型案例。为此，2019 年 11 月 14 日，最高人民法院发布的《全国法院民商事审判工作会议纪要》要求各级法院注重发挥和解程序简便快速清理债权债务关系的功能，鼓励当事人通过和解程序或者达成自行和解的方式实现各方利益共赢。破产和解具有下列特点：

1. 债务人已具备破产原因且由债务人提出和解的请求。破产和解制度设立的目的在于为债务人提供避免破产清算的机会，如果债务人不具备破产原因，那么清算制度及和解制度则没有适用的必要。破产和解制度的设立是出于保护债务人利益的需要，因而债务人最有寻求和解的动机。但是，由于和解之后，债务人将继续承担债务清偿责任，因此，是否请求和解应由债务人自行决定。

2. 和解的目的在于中止破产程序，避免破产清算。债务人和债权人就和解事项达成的和解协议一旦生效，破产程序即告中止。只要债务人能够按照和解协议的约定履行清偿义务，即可避免破产宣告，而且破产程序同时宣告终结，这是和解制度存在的主要目的。

3. 和解协议具有强制性。破产法上的和解又称为"强制和解"，之所以称为强制和解，是因为和解协议并非需要每一个债权人的同意，而是由债权人会议以多数表决的方式通过债务人所提出的和解条件。和解协议实际上是债务人与债权人会议的和解，和解协议一旦生效，即使不同意的债权人也要受到该协议的约束。

和解协议没有法律强制力，在债务人履行和解协议完毕之前，不具有确定和变更债权债务关系的效力。

4. 和解协议须经法院裁定认可才能生效。为了防止和解协议违反法律法规，或牺牲少数或者小额债权人的利益，法律赋予法院以司法裁决权，即和解协议须经法院裁定认可才能生效。

综上，破产和解是一种特殊的法律行为，双方法律行为以双方当事人的意思表示一致为条件，而这种法律行为不仅需要债权人会议与债务人意思表示一致，还要经过人民法院的裁定认可，方能成立。

(二) 西方破产和解制度的立法趋势

1. 和解分离主义。和解分离主义是指和解程序与破产程序分别独立，究竟申请开始哪种程序，债务人有选择的自由。大陆法系国家普遍确立了和解分离主义立法原则。1883 年比利时在其立法中确立了破产和解制度。自此，欧洲一些国家，如瑞士、法国、德国、奥地利等纷纷采用和解制度，并且将其单独立法——和解法，[①] 与破产法并行。

2. 和解前置主义。和解前置主义是指在法院宣告债务人破产之前，应首先试行和解。和解是必经程序，只有在和解不成的情况下，方能开始破产宣告程序。此种立法例以美国和英国为典型。采用和解前置主义的法律，将和解制度规定于一部统一的破产法中。应当指出的是，将和解制度与破产制度规定于一部统一的破产法中是当今破产立法的趋向，一些采用和解分离主义的大陆法系国家，如德国和日本纷纷摒弃实施多年的破产和解制度，采用和解前置主义立法模式。

---

① 例如，日本 1922 年的和议法，德国 1935 年的和解法，法国 1919 年的和解法等。

（三）我国现行《企业破产法》吸纳了两种立法例，既可以在法院受理破产之前直接申请破产和解，也可以在法院受理破产后至破产宣告之前期间申请破产和解

但我国破产和解制度倾向于分离主义立法模式。"我国的和解制度规定于《企业破产法》的第九章，与第八章重整制度共同构成了我国的企业再生程序体系，供力图实现再生的企业依自身不同情况选择适用。"①

三、破产和解与重整的关系

破产和解与破产重整一样同属于企业再建程序，二者有着共同的价值，其目的均在于防止企业被宣告破产而进入破产清算程序，最大限度地维护债务人的营运价值，使债务人获得重生的机会，维护社会的整体利益。这两种制度相互联系，又相互独立，共同构成现代破产预防制度。破产和解制度与重整制度在相同之中又存在不同。在价值取向上，和解制度与重整制度相对于破产清算制度趋于保护债权人的利益而言，外观上更侧重于保护债务人利益，但两者实质有所差异。和解制度是通过保护债务人的利益进而保护债权人利益，即虽然在和解程序中，债权人作出了一定的让步和牺牲，债务人由此获得喘息的机会和重生的希望，但归根到底，其目的是使得债权人获得更高的清偿，因而债权人在和解程序中并不关心债务人履行和解协议后是否还能继续生存，其作出的让步也完全是权衡利弊后的自愿行为。而重整制度的目的在于拯救债务人，通过采取各种措施使债务人走出困境，以避免债务人破产给社会造成的巨大冲击和影响，其价值取向更多的是通过保护债务人进而保护社会整体的利益，债权人利益被放在了社会整体利益之后。具体地说，破产和解与破产重整的区别在于：

1. 适用对象不同。实践中，选用和解程序的一般都是规模小、人员少、资本小的中小型企业，而采用重整程序的则是规模较大、人员众多的大型企业和上市公司。

2. 提出申请的主体不同。和解仅能由债务人向法院申请，但重整则既可由债务人申请，也可由债权人申请，占债务人注册资本10%以上的出资人亦可向法院申请。

3. 效力的范围不同。和解协议仅涉及无担保债权人，即只对普通债权进

---

① 郁琳：《我国企业破产法和解制度评析》，《中国青年政治学院学报》2008年第6期。

行偿债处理，而重整计划不单单涉及普通债权，还涉及有特定财产担保的债权即优先债权，税收债权和职工债权，重整计划的执行将切实解决债务人全方位的债务问题。

4. 程序的直接参与者不同。和解程序的参与者只包括债务人、债权人及法院三方，不涉及出资人权益调整，出资人不能直接参与其中。而重整程序的参与者则包括了债务人的出资人，出资人代表可以列席讨论重整计划草案的债权人会议。若重整计划涉及出资人权益调整的内容，还须出资人表决通过。

5. 法院的地位不同。与和解程序相比，在重整程序中，法院所代表的国家公权力对债权人和债务人的干预更强。法院亦可裁定批准重整计划，即法院"强裁"。在和解程序中，债权人以债权人会议的方式实现完全意思自治，一旦债权人会议未通过和解协议草案，法院不得依职权强制认可和解协议。法院只能作程序合法性审查和实体合法性审查。

6. 核心文件执行监督不同。和解协议经法院认可生效后，管理人需向债务人移交财产与营业事务，并向法院提交执行职务的报告，管理人不对和解协议的执行进行监督，债权人会议作为债权人团体可对债务人执行和解协议进行监督；而重整计划规定有监督期，由管理人监督重整计划的执行，监督期满，管理人还需提交监督报告。

【案例 9-1】

国泰世行控股集团有限公司破产和解案

国泰世行控股集团有限公司(以下简称国泰世行公司)成立于 2012 年 5 月 29 日，主营业务为投资管理、投资咨询等。在经营过程中，国泰世行公司因资金链断裂无力偿还债务。2017 年，债权人依据生效仲裁裁决，向法院申请对国泰世行公司进行强制执行，并在执行过程中申请对该公司进行破产清算，执行法院依申请将该案移送北京市第一中级人民法院(以下简称北京一中院)进行破产审查。2018 年 8 月 23 日，该院裁定受理国泰世行公司破产清算案。北京一中院经审查后受理债权人对国泰世行公司的破产清算申请，在案件审理过程中发现公司仍处于营业状态，且有 45 万余元负债。为避免国泰世行公司简单进行破产清算后彻底退出市场，合议庭释明引导当事人合理选择破产程序，并组织债权人与债务人多次协商偿债方案，积极促成各方达成和解共识。2018 年 12 月 18 日，国泰世行公司以该公司拟与债权人达成破产和解，最大限度清偿债权人的债权为由，向北京一中院申请破产和解并提交和解协议草案。合议庭对和解协议草案的合法性、可行性进行了重点审查，并依据债务人申请依法转入破产和解程序。12 月 21 日，和解协议草案经债权人会议 100% 表决通过。依据和解协议，债务人引入第三方资金偿还债务，普通债权清偿率达到 57.89%。12 月 24 日，北京一中院裁定认可和解协议，终止和解程序。当天，国泰世行公司即向债权人偿还近 95% 的欠款。截至 2019 年 1 月底，破产和解协议已全部履行完毕，债务人主体资格得以继续存续，相关人员从失信被执行人名单上移除，执行案件也顺利终结。[①]

【评议】本案是北京一中院自 2007 年《企业破产法》实施以来审结的首例破产和解案件，是人民法院根据当事人意思自治灵活转换破产程序，充分发挥和解制度的破产预防功能，助力中小民营企业化解债务危机，实现再建重生的典型案例。破产和解程序具有程序简化、成本较低、当事人自治程度较高的特点，适宜用于挽救债权债务关系较为简单，不需要对企业经营结构作出重大选择的债务人企业。但是，实践中破产和解的司法案例较少，其制度作用的发挥受到局限。本案中，北京一中院在受理国泰世行公司破产清算案件后，没有把"一张方子用到底"，而是根据案件具体情况向当事人充分释明破产程序的类型特点，在充分尊重债权人、债务人意思自治的基础上，适时把握关键节点依法转换破产程序，同时在清算程序前置中达成和解意向，为保障后续程序顺利进行、优化和解程序运行效果奠定基础。同时，该案也是法院充分发挥破产审判职能作用，努力为困境民营企业发展提供司法保障，助力优化法治化营商环境的有益探索。

第二节 破产和解程序的规则

一、和解申请

(一) 申请人

《企业破产法》第 95 条第 1 款规定："债务人可以依照本法规定，直接向

---

① 北京市第一中级人民法院：《北京一中院审结首例破产和解案件》，载新浪微博北京市第一中级人民法院，https://weibo.com/3820915614/H98W1e449? type = comment #_rnd1593672427986,2020 年 7 月 2 日最后访问。

人民法院申请和解；也可以在人民法院受理破产申请后、宣告债务人破产前，向人民法院申请和解。"和解申请，是债务人向法院请求同债权人会议进行和解的意思表示。和解的申请只能由债务人向法院提出，其他任何利害关系人均不得提出和解申请，法院也不得依职权启动和解程序。债务人可以依照破产法规定，直接向人民法院申请和解；也可以在人民法院受理破产申请后、宣告债务人破产前，向人民法院申请和解。

(二)债务人申请和解，应当提出和解协议草案

我国《企业破产法》第 95 条第 2 款规定："债务人申请和解，应当提出和解协议草案。"债务人提出和解申请时，应当同时提交和解协议草案，供债权人会议讨论审查并表决。和解协议草案一般包括下列内容：

(1)债务人的财产状况。债务人在和解协议草案中，应当简明真实地陈述自己的财产状况，包括财产的总额、财产类别、财产分布，以及其他可资利用的财产，改善财产状况的措施等。

(2)债务状况。债务人在和解协议草案中，应当列明其所负担的债务总额、性质、清偿期限等必要事项。但对于有争议的债务，债务人应当单独列明争议数额、争议的性质、原因等事项。

(3)清偿债务的比例、期限及财产来源。债务人在和解协议草案中，应当拟出清偿债务的具体办法，如延期偿付债务、分期偿付债务、金钱清偿债务、实物抵偿债务等，并明确保证各债权人能够获得清偿的债务比例。债务人在和解协议草案中，应当规定清偿债务的期限，进行一次性清偿的，应当有明确的清偿日；进行分期清偿的，应当分别确定每次清偿的日期。全部和解债权的清偿期和个别和解债权的清偿期不一致的，应当分别加以说明。债务人在和解协议草案中，还应当拟出清偿债务的财产来源，如第三人投资等。

(4)破产费用和共益债务的种类、数额及支付期限。

(5)确保执行和解协议的措施。债务人在和解协议草案中，应当列明其已经采取的确保和解协议执行的措施，或者其在和解协议达成后将采取的措施。债务人可以在和解协议草案中为和解协议的执行设定担保，也可以规定监督条款，设置和解协议执行的监督人。

(三)申请破产和解应提交的文件

债务人向人民法院提出和解申请，应当提交以下文件：

1. 和解申请书。申请书应当载明申请人的基本情况、申请和解的事实和

理由以及申请和解的明确的意思表示。和解申请书为破产和解的形式要件。

2. 提供有关证据。有关证据主要包括企业法人营业执照、法定代表人身份证明、经审计的财务报告，债权清册、债务清册、资产清册，财产状况说明（包括财产是否设定抵押、质押，现状等），企业职工情况和职工安置预案、职工工资和社会保险费用支付情况。

3. 和解协议草案。

（四）法院审查受理

人民法院经审查认为债务人已经发生破产原因，其申请符合《企业破产法》规定的，应当裁定受理和解申请，予以公告，并召集债权人会议讨论和解协议草案。

【文书样式 9-1】

破产和解申请书

申请人：中国×××股份有限公司

法定代表人：×××

住所：××市××区××路××号

申请事项：申请中国×××股份有限公司破产债权和解还债。

事实与理由：中国×××股份有限公司（以下简称"中×××"）的债权人提出的对中×××实施破产还债的申请，申请人于××××年××月××日收到了×××市中级人民法院（××××）××中民破字第××号民事裁定书。

一、中×××的基本情况

中×××是××××年××月经××省体改委批准［见××改发（××××）××号文］，由中国×××技术合作公司改组设立的定向募集股份有限公司，原始发起人股东是××省国有资产管理局。中×××于××××年××月××日至××日公开发行 A 股 1500 万股并随后上市交易，成为一家在深圳交易所上市交易的上市公司。××××年，××省国有资产管理局将所持股份全部划转给了××省国×××集团有限责任公司（以下简称"×××集团"）持有，××××年××月，×××集团将所持全部股权以股抵债，转给现大股东××证券有限责任公司（以下简称"×××证券"）。中×××因××××—××××年连续三年亏损，被深圳证券交易所于×××年××月××日起暂停上市，存在重大的退市风险。从中×××的年报看，目前已经严重资不抵债。中×××的注册地址为：××市××区××路××号。现任法定代表人为×××。目前总股本15470万股，其中：×××证券持有6630万法人股，占总股本的42.86%，社会公众股8840万股，占总股本的57.14%。根据中×××公开披露的×××年年报，中×××截至2006年12月31日的净资产为−3.57亿元，折合每股净资产−2.307元/股，已处于严重资不抵债的境地。

二、中×××的重组进展

20××年3月9日，×××证券与×××开发有限公司（以下简称"×××"）签订《股权转让协议》，将其持有的ST××的6630万股（占总股本的42.86%）协议转让给×××，有关《收购报告书》等材料已上报中国证监会和深圳交易所，中国证监会已经正式受理，处于审核过程中，其中《收购报告书摘要》已刊登在×××年××月××日的《××时报》上。

三、重组的整体方案计划

重组方×××公司拟在成为中×××的大股东后，将其所有经营房地产开发的项目公司股权、资产、土地储备等资产注入上市公司，目前暂选定将×××有限责任公司（注册资本4500万元）70%的股权、×××有限公司80%的股权评估作价，赠送注入中×××。

四、债务和解的必要性

中×××重组的核心和难点是如何处置债务，只要债务负担减轻了，重组方才能够进行实质性资产注入，改善中×××的经营业绩，使其起死回生，否则，中×××只能破产退市。由于涉及29000名股民，一旦宣告破产，可能触发社会不稳定因素。并且，由于中×××已经严重资不抵债，净资产值为−356960159.87元，一旦宣告破产，所有债权人的债权将根本无法得到偿付。只有通过债务和解，潜在的重组方代替中×××支付和解后的债务，债权人的利益才能最大限度地得到保护。请贵院考虑中×××的实际情况，依法裁定和解。

此致

×××市中级人民法院

申请人：中国×××股份有限公司

×××年××月××日

【文书样式9-2】

×××人民法院

民事裁定书

（受理债务人直接提出和解申请用）

（××××）×破（预）字第×-×号

申请人：……（写明名称等基本情况）。

××××年××月××日，申请人×××以……为由，向本院申请和解并提交了和解协议草案。

本院查明：……

本院认为：……（从本院是否具有管辖权、申请人是否属于破产适格主体、是否具备破产原因等方面写明受理申请的理由）。依照《中华人民共和国企业破产法》第二条、第三条、第七条、第九十五条、第九十六条第一款之规定，裁定如下：

受理×××（债务人名称）的和解申请。

本裁定自即日起生效。

审判长×××

（代理）审判员×××

（代理）审判员×××

××××年××月××日

（院印）

本件与原件核对无异

书记员×××

二、和解协议的成立和生效

和解协议是债权人与债务人就解决双方之间的债权债务问题达成意思表示一致而成立的契约。和解协议具有要式合同的性质，其成立和生效都必须符合法律规定的方式和程序。具体包括两个环节：合同的成立，即债务人与债权人团体双方意思表示一致；合同的生效，即债权人团体与债务人双方达成的协议经人民法院认可。

（一）和解协议的成立

和解协议的成立是指，债务人以和解协议草案的形式向债权人团体发出要约，债权人会议以通过和解协议草案的决议形式进行承诺。由于和解协议草案与各债权人的切身利益密切相关，因而是债权人会议的特别决议事项，对这项决议的通过应当有特别的要求，根据《企业破产法》第 97 条规定，债权人会议通过和解协议的决议，应当"由出席会议的有表决权的债权人过半数同意，并且其所代表的债权额占无财产担保债权总额的三分之二以上"。只有满足了这样的条件，和解协议才能成立。

（二）和解协议的生效

和解协议的生效应当经过人民法院的认可。债权人会议通过和解协议后，管理人应当向人民法院提出认可和解协议的申请。人民法院应当依法受理并及时作出是否批准的裁定。

（三）债权人会议或法院对于和解协议的否定

《企业破产法》第 99 条规定："和解协议草案经债权人会议表决未获得通过，或者已经债权人会议通过的和解协议未获得人民法院认可的，人民法院应当裁定终止和解程序，并宣告债务人破产。"根据法律整体解释的方法，第 103 条所规定的"因债务人的欺诈或者其他违法行为而成立的和解协议，人民法院应当裁定无效，并宣告债务人破产"可作为法院的否定事由之一。

（四）债务人撤回和解申请

在人民法院作出是否认可和解协议的裁定之前，债务人撤回和解申请的，人民法院应当裁定终止和解程序，宣告债务人破产，并公告。

【文书样式 9-3】

破产和解协议

甲方：×××有限公司

乙方：×××有限公司债权人会议

甲方因不能清偿到期债务，于××××年××月××日被×××人民法院宣告破产。××××年××月××日，甲方向乙方提出和解方案，乙方于××××年××月××日召开的债权人会议上，通过和解决议。甲、乙双方经充分协商，特订立和解协议如下：

1. ×××有限公司将以公司近两年的盈利作为偿还债务的主要来源。另外，还包括近期从其债务人处追讨来的欠款。

2. 清偿债务的办法。每季度×××有限公司与债权人会议结算一次，清偿的债款由债权人会议按比例分配给债权人。

3. 清偿债务的期限。近三年内必须偿还债权总额的75%，剩余款项必须在三年内还清。

4. 关于债务的减免数额。全体债权人一致同意免除债款利息部分。

5. 在整个整顿期间，债务人将接受债权人会议的监督。×××有限公司一切重大经营决策的变化必须征求债权人会议的意见，并按月呈报企业财务状况的有关会计报表，不得有任何损害债权人利益的行为发生。

以上各项经×××人民法院许可生效后，对债权人、债务人均有约束力。和解协议对该协议产生法律效力以后成立的债权人不发生效力。

×××有限公司（印）

法定代表人：×××（签字）

×××破产案债权人会议（印）

会议主席：×××（签字）

××××年××月××日

【文书样式 9-4】

×××人民法院

民事裁定书

（认可或不予认可和解协议用）

（××××）×破字第×-×号

申请人：……（写明债务人名称等基本情况）。

××××年××月××日，×××（债务人名称）向本院提出申请，称和解协议已经第×次债权人会议通过，请求本院裁定予以认可。

本院认为：……（写明认可或不认可的理由）。依照……（写明所依据的法律条款项）之规定，裁定如下：

一、认可×××（债务人名称）和解协议；

二、终止×××（债务人名称）和解程序。

或者：

一、驳回×××(债务人名称)的申请；

二、终止×××(债务人名称)和解程序；

三、宣告×××(债务人名称)破产。

本裁定自即日起生效。

审判长×××

(代理)审判员×××

(代理)审判员×××

××××年××月××日

(院印)

本件与原件核对无异

书记员×××

附：和解协议

三、和解协议的法律效果

和解协议一旦生效，即发生以下法律效果：

(一)和解程序终结，破产程序中止

人民法院裁定认可债权人会议通过的和解协议的，应当同时裁定终止和解程序，并公告。管理人应当向债务人移交财产和营业事务，并向人民法院提交执行职务的报告。

(二)和解协议对债务人发生法律约束力

和解协议生效后，债务人重新取得对其财产的支配权。个别债权人不得向债务人追索债务，且请求企业给付财产的民事诉讼、民事执行程序以及相关的诉讼保全措施也均不得进行。债务人应当严格执行和解协议，不得给予个别债权人以和解协议以外的利益以防止在债权人之间产生不平等，影响和解协议的正常执行。

(三)和解协议对债权人发生法律约束力

和解协议一经债权人会议依法定程序通过并经法院认可即对所有债权人发

生法律效力而无论其是否申报债权、是否参加债权人会议、表决时是否同意。债权人未依照《企业破产法》规定申报债权的，在和解协议执行期间不得行使权利；和解协议执行完毕后，可以按照和解协议规定的清偿条件行使权利。

值得注意的是，和解协议对于在和解协议生效后发生的新债权不产生效力。因为在和解协议生效后，债务人重新获得了对财产的支配权。为再生的需要，必然要与他人发生新的交易，产生新的债权人。和解协议对这些新的债权人不产生任何效力，新债权人可以在和解协议外请求法院个别执行，债务人不能清偿债务的，甚至可以向法院申请债务人破产。

（四）别除权的行使

对债务人的特定财产享有担保权的债权人，自人民法院裁定受理和解申请之日起，可以行使权利。

（五）和解协议对于保证人、连带债务人的效力

和解协议的效力不及于保证人、连带债务人和物上保证人。根据《企业破产法》第 96 条第 2 款、第 101 条之规定，对债务人的特定财产享有担保权的权利人，自人民法院裁定和解之日起可以行使权利。和解债权人对债务人的保证人和其他连带债务人所享有的权利，不受和解协议的影响。

四、和解的终结

《企业破产法》规定和解程序的启动仅需债务人在自身具备破产原因时即可启动，而终止和解协议的执行也是由于出现债务人不执行和解协议，不能执行和解协议，或者严重侵犯债权人的共同利益时，为保护债权人的合法权益，法院根据债权人的申请或者依职权裁定废止已经生效的和解协议。

（一）终止和解协议的执行

根据《企业破产法》第 103 条、第 104 条第 1 款的规定，可能因以下三个方面原因而不能继续进行，从而使和解程序归于消灭：

（1）债务人不执行和解协议。和解协议经人民法院裁定生效后，对债务人和全体债权人均有约束力。如果债务人不执行和解协议，债权人作出的让步和破产程序的中止就失去了意义，这也说明债务人对和解并无诚意，此时应当终止和解协议的执行，恢复破产程序，由人民法院宣告债务人破产。

债务人不执行和解协议包括完全没有执行和部分没有执行。对于后者，应

当根据不同的情况作出不同的处理。

（2）债务人不能执行和解协议。和解的目的在于使企业的财务状况获得根本好转，恢复偿债能力。但是如果执行期限届满前，有证据证明债务人的复兴已无可能，那么财产的减少也就意味着清偿能力的进一步丧失，所以在整顿期限届满前，只要债务人的财产状况继续恶化，债权人即可以申请人民法院终结整顿程序，宣告企业破产。

（3）因债务人的欺诈或者其他违法行为而成立和解协议。《企业破产法（试行）》（已失效）第35条列举了严重损害债权人利益的行为，包括：①隐匿、私分或者无偿转让财产；②非正常压价出售财产；③对原来没有财产担保的债务提供财产担保；④对未到期的债务提前清偿；⑤放弃自己的债权。只要债务人有上述行为之一，并且从行为所涉及的财产数额、造成的后果看，构成"严重损害"的，债权人会议或者部分债权人即有权申请人民法院终结整顿程序，宣告债务人破产。人民法院也可以依职权裁定终结整顿，宣告债务人破产。而《企业破产法》第103条规定："因债务人的欺诈或者其他违法行为而成立的和解协议，人民法院应当裁定无效，并宣告债务人破产。"该法对于"债务人的欺诈或者其他违法行为"虽无具体列举，但为保证和解协议的合法性以防止损害个别债权人利益的立法目的，则可将《企业破产法（试行）》（已失效）中所列举的严重损害债权人利益的行为尽数包括其中，且不局限于此，从而在实务中对抗恶意债务人，充分保护在和解协议中让步的债权人。

【文书样式 9-5】

××××人民法院

公 告

（终止和解程序并宣告债务人破产）

（××××）×破字第×-×号

因……（写明终止原因），××××年××月××日，本院依照《中华人民共和国企业破产法》第九十九条之规定，裁定终止×××（债务人名称）和解程序并宣告×××（债务人名称）破产。

特此公告。

××××年××月××日

（院印）

（二）终止和解协议执行的法律后果

1. 有上述法定事由时，人民法院经和解债权人请求，应当裁定终止和解协议的执行，并宣告债务人破产。

2. 债权人让步的取消及受偿部分的保持力。

依据《企业破产法》第 104 条之规定，人民法院裁定终止和解协议执行的，和解债权人在和解协议中作出的债权调整的承诺失去效力。和解债权人因执行和解协议所受的清偿仍然有效，和解债权未受清偿的部分作为破产债权。此类债权人，只有在其他债权人同自己所受的清偿达到同一比例时，才能继续接受分配。

3. 和解协议终止执行的，为和解协议的执行提供的担保继续有效。

五、法庭外的和解

法庭外的和解（out-of-court workout），目的是债务人与债权人达成协议，确定协议的内容或者延长清偿期限，但不改变债权人请求权的金额；或者是改变请求权，即减少应清偿的金额。①

我国《企业破产法》也规定了法庭外的和解，根据《企业破产法》第 105 条规定，人民法院受理破产案件申请后，债务人与全体债权人就债权债务的处理自行达成协议的，可以请求人民法院裁定认可，并同时裁定终结破产程序。

法庭外的和解经人民法院裁定认可后即具有法庭内和解的效力，这体现了法律对当事人意思自治的尊重，以及《企业破产法》预防破产，鼓励挽救企业的宗旨。需要注意的是，法庭外的和解需要经全体债权人同意后才能成立，这与前文所述和解协议的成立条件不同。

【案例 9-2】

金双喜实业发展有限公司等六企业合并和解案

金双喜实业发展有限公司（以下简称金双喜公司）、南通博金电器有限公司、南通冠金置业有限公司等六家企业系受施某一人实际控制的南通当地知名家族型企业，拥有 38 项国家专利，其免检产品远销十几个国家

---

① 沈达明、郑淑君：《比较破产法初论》，对外贸易教育出版社 1993 年版，第 101 页。

和地区。2014年下半年以来，六家企业因过度扩张，资金链断裂，相继向江苏省启东市人民法院(以下简称启东法院)申请破产清算。2016年12月7日，金双喜公司及其五家关联企业以存在人格混同、合并和解有利于挽救企业及公平清偿为由，共同向启东法院提出合并和解申请，并提供相关证据证明：金双喜公司及其五家关联企业虽均为法人主体，但实系作为一个整体运营，资金和财产均由金双喜公司掌控，人员调配、企业决策和运营管理均由施某统一负责，已严重丧失法人实体应具备的财产与意志独立性。2016年12月28日，启东法院组织召开由异议人、债务人、管理人、审计机构等参加的听证会，2017年1月6日，启东法院依法裁定金双喜公司等六家企业合并和解。由于合并和解的债权清偿率远高于破产清算模拟清偿率，债权人会议高票通过了金双喜公司等六家企业合并和解协议草案。2017年3月23日，启东法院裁定认可合并和解协议草案，终止和解程序。为确保合并和解协议履行，协议专款规定在和解协议执行期间，由债权人委员会向债务人派驻财务人员，设立监管账户，监督和解协议履行，此举有效维护了债权人利益，也保障了和解后企业的有序经营。六家企业成功和解，数百员工重新上岗。①

【评议】本案是我国首例关联企业合并和解案。本案通过分别受理，先清算，及时由清算转入和解的破产审理方式，探索实质合并规则，构建合并和解程序，创设和解协议监督执行机制，化繁为简，归并资产，抵销关联企业间债权债务，提高债权清偿率，确保债权公平受偿和协议全面履行，实现优质企业重生。

---

① 江苏省高级人民法院：《2017年度江苏法院十大破产案例》，载江苏法院网，http://www.jsfy.gov.cn/art/2018/01/24/66_93340.html,2020年7月2日最后访问。

第十章　破产清算

近年来，全国法院受理的各类破产案件中，破产清算案件占比80%以上。例如，浙江省法院受理和审结的破产案件中，清算案件占绝对多数，2017年占比97.6%、2018年占比96.8%、2019年占比97.4%。[1] 破产清算是我国《企业破产法》中的典型程序，与重整程序、和解程序并列为独立的债权债务清理程序。作为破产制度创立和发展的原初形态和制度基石，破产清算是在债务人不能清偿债务时，由管理人对破产财产进行集中清理、变价和分配，以清偿全体债权人债权的一种程序。破产清算是让没有挽救希望和生存价值的企业，通过对债权债务关系的全面清理退出市场。虽然现代破产法更注重于破产预防和拯救制度的发展，但破产清算制度的重要性仍不可忽视，其在市场主体退出机制中始终居于基础性地位。[2]

第一节　破产宣告

一、破产宣告的概念

破产宣告，是指法院以裁定方式作出的，认定债务人已丧失清偿能力，应当依照破产清算程序，清理债务关系的法律判定。[3] 法院通过破产宣告程序确认债务人确有无法消除的破产原因，从而决定对债务人进行清算。破产宣告是破产清算程序开始的标志，是破产程序中对债务人财产进行分配的关键程序。

---

① 浙江省高级人民法院：《浙江法院2019年破产审判工作报告暨十大典型案例》，微信公众号"浙江天平"，2020年3月18日。

② 见贺小荣、葛洪涛、郁琳：《破产清算、关联企业破产以及执行与破产衔接的规范与完善——〈全国法院破产审判工作会议纪要〉的理解与适用（下）》，载《人民司法·应用》2018年第16期。

③ 王欣新主编：《破产法原理与案例教程》（第二版），中国人民大学出版社2018年版，第290页。

破产宣告都是由法院作出的，但是对破产宣告的依据，综观各国破产立法有两种立法例：申请主义和职权主义。所谓申请主义，是指法院必须依当事人的申请，才能受理破产案件，作出破产宣告；所谓职权主义，是指法院可以依职权在无人申请的情况下受理破产案件，作出破产宣告。我国现行《企业破产法》在破产宣告问题上采取申请主义。

二、破产宣告的适用情形

（一）管理人申请宣告债务人破产

依据《破产审判会议纪要》第 23 条规定："人民法院受理破产清算申请后，第一次债权人会议上无人提出重整或和解申请的，管理人应当在债权审核确认和必要的审计、资产评估后，及时向人民法院提出宣告破产的申请。人民法院受理破产和解或重整申请后，债务人出现应当宣告破产的法定原因时，人民法院应当依法宣告债务人破产。"虽然《企业破产法》规定在破产重整或和解程序中，法院可依管理人或利害关系人申请宣告债务人破产，也可在债务人出现应当被宣告破产情形时依职权宣告破产，但在破产清算程序中，管理人作为对债务人财产进行管理、对债权债务关系进行清理的专门机构，由管理人在对债务人财产情况进行调查后及时申请法院进行破产宣告，符合其职责定位并具有程序适当性。此外，考虑到实践中有时第一次债权人会议期间尚未完成对债务人财产的评估、破产债权的审核确定等事务，故即便第一次债权人会议期间无人提出重整或和解的意愿，管理人亦应当在充分调查债务人财产、债权等情况下，对债务人破产原因进行充分判断后，及时申请对债务人进行破产宣告。[①]

（二）法院依职权宣告债务人破产

破产和解或重整申请受后，债务人出现应当宣告破产的法定原因时，人民法院应当依法宣告债务人破产。这些法定原因包括：

1. 债务人或者管理人未按期提出重整计划草案的，人民法院应当裁定终止重整程序，并宣告债务人破产（《企业破产法》第 79 条）；

2. 重整计划草案未获得债权人分组会议通过且未依法被法院批准，或者

---

① 贺小荣、葛洪涛、郁琳：《破产清算、关联企业破产以及执行与破产衔接的规范与完善——〈全国法院破产审判工作会议纪要〉的理解与适用（下）》，载《人民司法·应用》2018 年第 16 期。

已通过的重整计划未获得批准的，人民法院应当裁定终止重整程序，并宣告债务人破产(《企业破产法》第 88 条)；

3. 和解协议草案经债权人会议表决未获得通过，或者已经债权人会议通过的和解协议未获得人民法院认可的，人民法院应当裁定终止和解程序，并宣告债务人破产(《企业破产法》第 99 条)；

4. 因债务人的欺诈或者其他违法行为而成立的和解协议，人民法院应当裁定无效，并宣告债务人破产(《企业破产法》第 103 条)。

【案例 10-1】

法院依职权宣告债务人破产案

2013 年 4 月，债权人 A 向法院提出对债务人 B 的破产清算申请，并提交了法院生效判决书作为其债权成立的证明材料，该判决书判决 B 应给付 A 货款 800 万元。法院将该申请及证明材料向 B 送达后，B 表示对申请没有异议。经审查后，法院受理了 A 提出的破产清算申请。第一次债权人会议上，法院告知全体债权人以及债务人的法定代表人和出席会议的股东，在法院作出破产宣告前，破产清算程序可基于申请转化为和解或者重整程序。出资额占 B 公司注册资本 15% 的股东 C 提出希望对 B 进行重整。但会后不久，C 发现无法根据原有意向制定重整计划草案，因此没有提出重整申请。之后，法院作出了宣告 B 公司破产的裁定，该裁定被依法送达并公告。①

【评议】法院经审查认为债务人发生破产原因的，并不必然作出破产宣告的裁定，还应当考虑和解或者重整程序转化的可能性。因此，本案中，法院在第一次债权人会议上释明破产清算程序可以转化为和解或重整程序的做法值得肯定，这为债务人 B 的重生保留了可能性。同时，在试图转换为重整程序的过程中，如果债务人的股东未能提出或者撤回重整申请，则法院可以依职权宣告债务人破产。

---

① 王欣新主编：《破产法原理与案例教程》(第二版)，中国人民大学出版社 2015 年版，第 291~292 页。

三、不予宣告破产的情形

债务人因具有法定的破产原因而进入破产程序，但是在进入破产程序后，因为某些法定情形的出现而使破产原因消失，此时就不应再继续破产程序，而应当裁定终结破产程序，并予以公告。

《企业破产法》第108条规定不予破产宣告的情形有两种：

1. 来源于外部的破产宣告障碍，即第三人为债务人提供足额担保或者为债务人清偿全部到期债务的。因为第三人为债务人提供足额担保或者为债务人清偿了全部到期债务后，企业法人不能清偿到期债务的破产法定原因消失，此时破产程序无继续进行之必要，需要强调的是，第三人提供的担保必须是足额的，仅仅是对部分债务提供担保不能构成法定的破产宣告的障碍。[①]

2. 来源于内部的破产宣告障碍，即债务人自己已清偿全部到期债务而导致破产案件终结，债务人若将全部到期债务予以清偿，破产程序自然没有必要继续进行。

【文书样式10-1】

××××人民法院

民事裁定书

（不足清偿破产费用时宣告债务人破产并终结破产程序用）

（××××）×破字第×-×号

申请人：×××（债务人名称）管理人

××××年××月××日，×××（债务人名称）管理人向本院提出申请，称……（写明债务人财产不足以清偿破产费用的事实），请求本院终结×××（债务人名称）破产清算程序。

本院认为：……（写明宣告债务人破产并终结破产程序的理由）。依照《中华人民共和国企业破产法》第四十三条、第一百零七条之规定。裁定如下：

一、宣告×××（债务人名称）破产；

二、终结×××（债务人名称）破产程序。

---

① 李国光主编：《企业破产法教程》，人民法院出版社2006年版，第249页。

本裁定自即日起生效。

审判长×××

审判员×××

审判员×××

××××年××月××日

（院印）

本件与原本核对无异

书记员×××

【文书样式 10-2】

××××人民法院

公　告

（不足清偿破产费用时宣告债务人破产并终结破产程序用）

（××××）×破字第×-×号

××××年××月××日，本院根据×××（申请人姓名或名称）的申请裁定受理×××（债务人名称）破产清算一案。查明，……（写明债务人财产不足以清偿破产费用的事实）。

本院认为，……（写明宣告债务人破产并终结破产程序的理由）。依照《中华人民共和国企业破产法》第四十三条、第一百零七条之规定，本院于××××年××月××日裁定宣告×××（债务人名称）破产并终结×××（债务人名称）破产清算程序。

特此公告。

××××年××月××日

（院印）

四、破产宣告的程序

相关主体向人民法院提出宣告破产申请的，人民法院应当自收到申请之日起七日内作出破产宣告裁定并进行公告。债务人被宣告破产后，不得再转入重整程序或和解程序。

依据《企业破产法》第 107 条第 1 款的规定，人民法院将破产宣告的事实公告于众，主要通过以下两种方式：第一，对于人民法院已经知晓的债权人，应当直接通知；第二，对于人民法院不知晓的债权人、其他利害关系人等，通知应以公告的形式进行。无论是通知还是公告，在内容上均应包括破产宣告裁定的内容，如破产案件的受理法院、债务人、债权人的资产负债情况、破产宣告的理由和适用的法律、破产宣告的时间等。

【文书样式 10-3】

××××人民法院
民事裁定书
（宣告债务人破产用）

（××××）×破字第×-×号

××××年××月××日，×××（申请人姓名或名称）以……为由向本院申请对×××（债务人名称）进行破产清算，本院于××××年××月××日裁定受理。

本院查明：……（写明债权人会议召开情况）。

本院认为：……（写明宣告破产的理由）。依照……（写明所依据的法律条款项）之规定，裁定如下：

宣告×××（债务人名称）破产。

本裁定自即日起生效。

审判长×××
审判员×××
审判员×××
××××年××月××日
（院印）

本件与原本核对无异

书记员×××

【文书样式 10-4】

××××人民法院
公　告
（宣告债务人破产用）

（××××）×破字第×-×号

××××年××月××日，本院根据×××（申请人姓名或名称）的

申请裁定受理×××(债务人名称)破产清算一案。查明，……(写明债务
人的资产负债情况)。本院认为，……(写明宣告破产的理由)。依照……
(写明判决所依据的法律条款项)之规定，本院于××××年××月××
日裁定×××(债务人名称)破产。

特此公告。

×××× 年 ×× 月 ×× 日

(院印)

五、破产宣告的法律效力

破产宣告的法律效力在《企业破产法》中没有专门规定。破产宣告是对债
务人启动破产清算的程序标志，一般认为，破产宣告的法律效力主要表现在以
下几个方面：

(一) 对债务人的效力

《企业破产法》第 107 条第 2 款规定："债务人被宣告破产后，债务人称为
破产人，债务人的财产称为破产财产，人民法院受理破产申请时对债务人享有
的债权称为破产债权。"破产宣告后，债务人的身份由债务人变为破产人，其
仅仅在破产清算意义上存在，并无权再继续各项经营活动。债务人财产成为破
产财产，债务人丧失对财产和事务的管理控制权，由管理人对债务人的全部财
产进行破产清算。债务人的法定代表人、财务管理人员和其他经营管理人员，
继续承担下列义务：①妥善保管其占有和管理的财产，印章和账簿、文书等资
料；②根据人民法院、管理人的要求进行工作，并如实回答询问；③列席债权
人会议并如实回答债权人的询问；④未经人民法院许可，不得离开住所地；
⑤不得新任其他企业的董事、监事、高级管理人员。

(二) 对债权人产生的效果

债务人被宣告破产后，人民法院受理破产申请时对债务人享有的债权称为
破产债权。破产债权包括有担保债权和无担保债权。无担保债权只能在破产清
算程序中按照破产财产分配方案受偿；有担保债权的担保分为人的担保和财产
的担保。人的担保债权，不构成别除权；对破产人的特定财产享有担保权的债
权可以通过行使别除权得到优先偿还，不按照破产清算程序偿还。

（三）对破产人的职工的法律效力。

企业被宣告破产后，职工原来与企业订立的劳动合同即可依法宣告解除，职工成为失业人员，有权依据国家有关规定领取失业救济金，并有权自谋职业，或者根据有关的规定要求国家有关部门安排重新就业。

第二节　破产财产的变价和分配

一、破产财产的变价

（一）破产财产变价的概念

破产财产的变价，是指在破产清算程序中，将债务人的非货币财产，以拍卖或者债权人会议决议的其他形式，转变为货币财产的行为和程序。破产宣告后，管理人在接管破产财产以后，应迅速着手进行破产财产变价的工作。《企业破产法》第111条规定："管理人应当及时拟订破产财产变价方案，提交债权人会议讨论。管理人应当按照债权人会议通过的或者人民法院依照本法第六十五条第一款规定裁定的破产财产变价方案，适时变价出售破产财产。"首先，该规定明确破产管理人为破产财产的唯一变价主体，即由管理人负责进行破产财产的变价和处置，但须经债权人会议决定；其次，破产财产的变价由破产管理人执行，债务人、债权人会议及其委员会以及人民法院都无权变价破产财产。

（二）破产财产变价的基本原则

1. 合法性原则。合法性原则要求破产财产的变价应当适用《企业破产法》和相关司法解释，《企业破产法》没有规定的，适用《民事诉讼法》及相关司法解释。

2. 利益最大化原则。该原则不仅包括破产财产处置以价值最大化为原则，还兼顾处置效率最优化原则。

3. 公开原则。公开原则是指管理人在变价破产财产时应当采用公开的方式进行。破产财产变价的公开对象不仅限于债权人和债务人，也包括相关第三人；不仅变价财产的范围、种类、数量要公开，变价的时间、地点、方式和程序也都要公开。

（三）破产财产变价的方式

1. 破产财产的估价

破产财产在变价前，有必要进行估价的，应当进行估价。破产财产的估价应当由具备合法资格的评估机构或评估师进行。

2. 破产财产的变价方案

依据《企业破产法》第111条规定，债务人被宣告破产后，管理人应当及时拟定破产财产变价方案，提交债权人会议讨论表决通过。根据债权人会议通过或者人民法院裁定的变价方案，管理人应当适时变价出售破产财产，变价出售破产财产应通过拍卖进行。按照国家规定不能拍卖或者限制转让的财产，应当按照国家规定的方式处理。由于破产财产变价常常受到市场变化的影响，提交债权人会议的破产财产变价方案一般应是原则性的方案。

3. 公开拍卖

变卖破产财产，原则上应当公开进行。《破产审判会议纪要》第26条规定，破产财产处置应当以价值最大化为原则，兼顾处置效率。人民法院要积极探索更为有效的破产财产处置方式和渠道，最大限度提升破产财产变价率。采用拍卖方式进行处置的，拍卖所得预计不足以支付评估拍卖费用，或者拍卖不成的，经债权人会议决议，可以采取作价变卖或实物分配方式。变卖或实物分配的方案经债权人会议两次表决仍未通过的，由人民法院裁定处理。

采取拍卖、变卖方式变价出售破产财产的，应优先通过司法网络拍卖平台进行处置。

【文书样式10-5】

×××（破产人名称）破产财产变价方案

（××××）××破管字第×号

一、变价原则

（阐述本方案确定的财产变价原则。）

二、破产财产状况

（分别列明经审计、评估的破产人货币（有价证券）资金、应收账款和预付账款、对外债权、对外投资、存货、固定资产、无形资产等各类破产财产的状况。）

三、破产财产变价方案

（分别列明各类破产财产的处置措施。）

（一）对外债权、对外投资的处置

1. 经调查后发现确无追回可能或追收成本大于债权本身的，报请债权人委员会审议，予以核销处理。

2. 破产人的债务人已破产的，依法申报债权。

3. 其他对外债权投资的处置方案。

（二）存货、固定资产、无形资产的处置

（一般采取拍卖方式进行变价。需要采取拍卖方式之外的变价措施的，列明相应的变价措施。）

（三）其他破产财产的处置

四、变价预备措施

（对拟公开拍卖财产遭遇流拍时的预备处置措施。）

五、设定担保权的特定财产的变价处置方案

（管理人印鉴）

××××年××月××日

【文书样式10-6】

关于提请债权人会议审议破产财产
变价方案的报告

（××××）××破管字第×号

×××（破产人名称）债权人会议：

×××（破产人名称）因……（写明破产原因），××××人民法院于××××年××月××日作出（××××）×破字第×-×号民事裁定书，宣告×××（破产人名称）破产。

现根据《中华人民共和国企业破产法》第一百一十一条之规定，拟订《×××（破产人名称）破产财产变价方案》，提交债权人会议审议表决。

特此报告。

（管理人印鉴）

××××年××月××日

附：《×××（破产人名称）破产财产变价方案》

【文书样式 10-7】

关于提请人民法院裁定××方案的报告

（提请人民法院裁定债权人会议表决未通过方案用）

（××××）×破管字第×号

××××人民法院：

　　根据《中华人民共和国企业破产法》第六十一条第一款之规定，本管理人于××××年××月××日将《破产财产变价方案》提交第×次债权人会议表决，因……（列明未获通过的理由），方案未获通过。现根据《中华人民共和国企业破产法》第六十五条第一款之规定，提请贵院裁定认可《破产财产变价方案》。

　　特此报告。

（管理人印鉴）

××××年××月××日

附：1. 提交表决的《破产财产变价方案》；

　　2. 债权人会议表决记录及结果。

【文书样式 10-8】

××××人民法院
民事裁定书

（通过破产财产的变价方案用）

（××××）×破字第×-×号

申请人：×××（债务人名称）管理人

××××年××月××日，×××（债务人名称）管理人向本院提出申请，称其拟定的《×××（债务人名称）破产财产的变价方案》经债权人会议表决未通过，请求本院依法裁定。

本院认为：……（写明对方案的审查意见及理由）。依照……（写明所依据的法律条款项）之规定，裁定如下：

对×××（债务人名称）管理人制作的《×××（债务人名称）破产财产的变价方案》，本院予以认可。

债权人如不服本裁定，可自本裁定宣布之日起十五日内向本院申请复议。复议期间不停止裁定的执行。

或者：

一、不予认可《×××(债务人名称)破产财产的变价方案》；

二、由×××(债务人名称)管理人重新制作。

审判长×××

审判员×××

审判员×××

××××年××月××日

（院印）

本件与原本核对无异

书记员×××

附：《×××(债务人名称)破产财产的变价方案》

二、破产财产的分配

(一)破产财产的分配方案

破产财产的分配，是指清算人将变价后的破产财产或无法变价的破产财产按清偿顺位公平分配给各债权人的行为和程序。虽然《企业破产法》已经对破产财产的清偿顺序作了规定，但如何依据法律规定将破产财产分配给每一个破产债权人，以保证破产财产分配的公平、合法、有序，首先就需要一个具体指导破产财产分配的文件，即破产财产分配方案。破产财产分配方案是记载破产财产如何分配给破产债权人的书面文件，是执行破产财产分配的依据。在破产清算中，由管理人负责管理和支配破产财产，因此破产财产分配方案应当由管理人负责拟订。管理人在对破产财产进行清理、评估、变价后，应当及时拟定破产财产分配方案，提交债权人会议讨论。债权人会议通过后，由管理人将该方案提请人民法院裁定认可。债权人会议二次表决未获通过的破产财产分配方案，管理人申请人民法院批准，人民法院审查同意的，应及时裁定认可。

《企业破产法》第115条第2款对破产财产分配方案的内容作了详细规定。按照该款规定，破产财产分配方案应当包括以下内容：①参加破产财产分配的债权人姓名(名称)、住所；②参加破产财产分配的债权额；③可供分配的破产财产数额；④破产财产分配的顺序、比例及数额；⑤实施破产财产分配的方法。

《企业破产法》第114条规定，除债权人会议有特别规定外，破产财产的分配应当以货币分配方式进行。

【文书样式 10-9】

×××(破产人名称)破产财产分配方案

（××××）××破管字第×号

一、参加破产财产分配的债权情况

（简述参加破产财产分配的债权人人数、各类债权总额等基本情况。另行制作《参与分配债权人表》，详细列明参与分配的债权人名称或者姓名、住所、债权性质与债权额等情况。）

二、可供分配的破产财产总额

（分别列明货币财产和非货币财产的变价额。直接分配非货币财产的，列明非货币财产的估价额。）

三、破产财产分配的顺序、比例和数额

(一)破产费用和共益债务的清偿情况

（列明各项破产费用和共益债务的数额，包括已发生的费用和未发生但需预留的费用。人民法院最终确定的管理人报酬及收取情况须特别列明。）

(二)破产债权的分配

（列明剩余的可供分配破产债权的破产财产数额，依《中华人民共和国企业破产法》第一百一十三条规定的顺序清偿。分别列明每顺序债权的应清偿额、分配额、清偿比例等。）

四、破产财产分配实施办法

(一)分配方式

（一般以货币方式进行分配，由管理人根据各债权人提供的银行账号，实施转账支付，或者由债权人领取。）

(二)分配步骤

（列明分配次数和时间，拟实施数次分配的，应当说明实施数次分配的理由。）

(三)分配提存

（列明破产财产分配额提存的情况，以及提存分配额的处置方案。）

五、特定财产清偿方案

(一)对特定财产享有担保权的债权情况

（二）可供清偿的特定财产总额

（列明特定财产的变价总额。）

（三）特定财产清偿方案

（列明特定财产的清偿方案。特定财产不足以分配所有担保债权的，还应列明未受偿的担保债权数额。）

（管理人印鉴）

××××年××月××日

附：《破产债权清偿分配明细表》

【文书样式 10-10】

关于提请债权人会议审议破产财产
分配方案的报告

（××××）××破管字第×号

×××(破产人名称)债权人会议：

根据××××年××月××日第×次债权人会议表决通过的《×××(破产人名称)破产财产变价方案》，在法院的监督、指导下，本管理人已完成对破产财产的变价工作。现根据《中华人民共和国企业破产法》第一百一十五条之规定拟定《×××(破产人名称)破产财产分配方案》，提交债权人会议审议表决。

特此报告。

（管理人印鉴）

××××年××月××日

附：《×××(破产人名称)破产财产分配方案》

【文书样式 10-11】

关于提请人民法院裁定认可破产财产
分配方案的报告

（××××）××破管字第×号

××××人民法院：

本管理人拟定的《×××(破产人名称)破产财产分配方案》已由××××年××月××日第×次债权人会议表决通过。现根据《中华人民共和国企业破产法》第一百一十五条第三款之规定，提请贵院裁定认可。

特此报告。

（管理人印鉴）

××××年××月××日

附：1.《×××（破产人名称）破产财产分配方案》

2. 债权人会议表决结果

（二）破产财产分配的顺序

破产人进入破产清算程序以后，由于其财产通常已经不足以支付全部破产债权，在破产清偿顺序中的位置前后，将直接决定着债权人债权的满足程度。因此，如何确定破产清偿顺序，在破产清算程序中如何维护全体债权人的整体利益并保护特定债权人的债权优先获得清偿，是破产法一项重要的制度安排。在确定破产清偿顺序时，要从本国的实际出发，维护社会和经济秩序的稳定，同时也要参考国际上的通行做法。

依据《企业破产法》第113条的规定和《破产审判会议纪要》第27条、第28条的规定，破产财产在优先清偿破产费用和共益债务后，依照下列顺序清偿：一为破产人所欠职工的工资和医疗、伤残补助、抚恤费用，所欠的应当划入职工个人账户的基本养老保险、基本医疗保险费用以及法律、行政法规规定应当支付给职工的补偿金；二为破产人欠缴的除前项规定以外的社会保险费用和破产人所欠税款；三为普通破产债权。破产财产不足以清偿同一顺序的清偿要求的，按照比例分配。破产企业的董事、监事和高级管理人员的工资按照该企业职工的平均工资计算。

对于法律没有明确规定清偿顺序的债权，人民法院可以按照人身损害赔偿债权优先于财产性债权、私法债权优先于公法债权、补偿性债权优先于惩罚性债权的原则合理确定清偿顺序。根据破产审判实践，对于《企业破产法》没有明确规定清偿顺序的某些债权应依照下列规则清偿：

1. 由第三方垫付的职工债权，原则上按照垫付的职工债权性质进行清偿。由欠薪保障基金垫付的，应按照《企业破产法》第113条第1款第2项的顺序清偿。债务人欠缴的住房公积金，按照债务人拖欠的职工工资性质清偿。

2. 因债务人侵权行为造成的人身损害赔偿，可以参照《企业破产法》第113条第1款第1项规定的顺序清偿，但其中涉及的惩罚性赔偿除外。

3. 破产财产依照《企业破产法》第113条规定的顺序清偿后仍有剩余的，

可依次用于清偿破产受理前产生的民事惩罚性赔偿金、行政罚款、刑事罚金等惩罚性债权。

(三)破产财产分配方案的执行

按照《企业破产法》第 116 条第 1 款的规定,具有执行力的破产财产分配方案,由管理人负责执行。管理人应在破产财产分配方案生效后,及时通知参加破产财产分配的债权人接受分配,并按照破产分配方案规定的顺序、方式、地点和时间,将可供分配的破产财产分配给债权人。破产财产的分配可以采取一次分配或者多次分配的方式。管理人在对破产财产进行分配时,应当对分配的情况进行公告。管理人实施多次破产财产分配的,在每一次分配的时候都应当将本次分配破产财产的数额和破产债权的债权额进行公告。

管理人在多次分配的情况下进行最后一次分配的时候,除了要公告破产财产的数额和债权额以外,还要公告附条件的债权的分配规定。对于附条件债权的分配,依据《企业破产法》第 117 条的规定,对于附条件的债权,管理人应当将分配额提存。在最后分配公告日,生效条件未成就或者解除条件成就的,应当将提存的分配额分配给其他债权人;在最后分配公告日,生效条件成就或者解除条件未成就的,应当将提存的分配额交付给债权人。

另外,依据《企业破产法》第 118 条的规定,债权人未受领的破产财产分配额,管理人应当提存。债权人自最后分配公告日起满二个月仍不领取的,视为放弃受领分配的权利,管理人或者人民法院应当将提存的分配额分配给其他债权人;依据《企业破产法》第 119 条的规定,破产财产分配时,对于诉讼或者仲裁未决的债权,管理人应当将其分配额提存。自破产程序终结之日起满二年仍不能受领的,人民法院应当将提存的分配额分配给其他债权人。

第三节 破产程序的终结

一、破产程序终结的情形

1. 因财产不足以支付破产费用而终结。《企业破产法》第 43 条第 4 款规定,破产财产不足以清偿破产费用的,管理人应当提请人民法院终结破产程序。人民法院应当自收到请求之日起 15 日内裁定终结破产程序,并予以公告。依据《企业破产法》的规定,破产费用由破产财产随时清偿,并在破产分配实施之前从破产财产中优先拨付。如果债务人的财产不足以支付破产费用,债权人就不可能再从破产财产中得到任何分配，因此，破产程序继续进行则无疑构成浪费，也没有实际意义。管理人在破产宣告前已经查明破产财产不足以清偿破产费用时，应当提请人民法院终结破产程序，破产程序随着人民法院的裁定而终结。

2. 因全体债权人同意而终结。根据《企业破产法》第 105 条规定，人民法院受理破产申请后，债务人与全体债权人就债权债务的处理自行达成协议的，可以请求人民法院裁定认可，并终结破产程序。全体债权人同意与债务人就债权债务自行达成协议的，是当事人对人民法院作出的放弃继续进行破产程序的意思表示，人民法院接到债务人请求裁定认可的申请后，应对申请是否符合条件进行全面的审查，如果全体债权人没有异议的，法院应裁定认可，并同时终结破产程序。

3. 因债权得到全部清偿而终结。《企业破产法》第 108 条规定，破产宣告前，第三人为债务人提供担保或者为债务人清偿全部债务，或者债务人已清偿全部到期债务的，人民法院应裁定终结破产程序，并予以公告。债权人得到全部清偿或者足额担保，破产程序就没有必要再进行下去，人民法院应当依职权裁定终结破产程序，并予以公告。

4. 因没有财产可供分配而终结。根据《企业破产法》第 120 条第 1 款规定，债务人无财产可供分配的，管理人应当请求人民法院裁定终结破产程序。债务人被宣告破产后，管理人在破产程序进行中发现债务人无财产可供分配的，人民法院裁定终结破产程序。债务人无财产的原因可能是原来预想应当存在的财产并不存在，也可能是该财产的价值已经丧失，如由于第三人行使取回权，在因破产财产发生争议的诉讼中败诉的，或者在破产宣告前并不知道破产财产是否存在，债务人被宣告破产后，最终发现没有财产的，没有财产可供分配，破产程序已没有继续进行下去的必要，管理人应当请求人民法院裁定终结破产程序，裁定一经作出，破产程序即告终结。

5. 因破产财产分配完毕而终结。这是破产程序终结最常见的原因。根据《企业破产法》第 120 条第 2 款规定，管理人在最后分配完结后，应当及时向人民法院提交破产财产分配报告，并提请人民法院裁定终结破产程序。破产分配是破产程序进行的主要目的，如果破产财产已通过破产分配的方式分配完毕，破产程序已没有任何实际意义。管理人应当在最后分配完毕后，向人民法院提交破产财产分配报告，并申请终结破产程序。人民法院在收到管理人终结破产程序的请求后，经审查没有申请不当的事由的，应在 15 日内作出终结破产程序的裁定，并予以公告。

二、破产程序终结后相关问题的处理

1. 破产程序终结后，管理人应当依照《企业破产法》的规定办理破产人的工商、税务、行政许可的注销登记和有关账户的销户手续。

非管理人自身原因无法顺利完成上述注销手续的，管理人应与有关行政管理部门进行沟通，解释法律规定的要求，说明相关情况，必要时可以提请人民法院协调解决。

2. 管理人终止执行职务。管理人办理完破产人注销登记手续后，应向人民法院报告。并于注销完毕的次日终止执行职务。管理人终止执行职务后，应当将管理人印章交回公安机关或者法院销毁。存在诉讼或者仲裁未决情况的，管理人自诉讼或者仲裁程序所涉事项全部办理完毕之次日终止执行职务。

3. 终结 2 年内的追加分配。自破产清算程序终结之日起 2 年内，有下列情形之一的，债权人可以请求人民法院依照破产财产分配方案进行追加分配：

(1) 发现有《企业破产法》第 31 条、第 32 条、第 33 条、第 36 条规定应当追回的财产的。因上述各条规定的行为而取得债务人财产的，应当在破产程序进行期间由管理人追回，作为破产财产，对债权人进行分配。如果这些财产在人民法院裁定破产程序终结后才追回的，应当补充分配给债权人。

(2) 因纠正破产程序中错误支出的款项或错误认可的债务而追回的款项的。

(3) 破产程序终结后发现破产人有应当供分配的其他财产的。

应当追回的财产，但财产数量不足以支付分配费用的，不再进行追加分配，由人民法院将其上交国库。

【案例 10-2】

破产终结两年后发现应当供分配的其他财产，可恢复执行

2003 年，甘肃省高级人民法院经某信托公司申请，根据生效判决对白银公司立案并强制执行白银公司偿还借款本息共计 3700 余万元。2007 年 5 月 21 日，白银市中级人民法院受理白银公司破产申请，作出 (2007) 白中民破字第 2 号民事裁定，宣告白银公司破产还债。2007 年 11 月 20 日，白银市中级人民法院作出 (2007) 白中民破字第 2-2 号民事裁定，宣告白银公司破产还债程序终结。2010 年 9 月，甘肃省高级人民法院根据某信托公司申请，决定对案件继续执行。2015 年 10 月 21 日，白银公司清

算组向甘肃省高级人民法院提出执行异议。2016 年 8 月 11 日，甘肃省高级人民法院作出(2016)甘执异 15 号执行裁定，驳回其异议。白银公司清算组不服，向最高人民法院提起执行复议。2017 年 6 月 23 日，最高人民法院作出(2016)最高法执复 69 号执行裁定，撤销甘肃省高级人民法院该执行裁定，发回甘肃省高级人民法院重新审查。①

【评议】依据《企业破产法》第 123 条的规定，自破产程序终结之日起 2 年内，债权人可以请求法院按照破产财产分配方案进行追加分配。但 2007 年白银公司已破产终结，信托公司自 2010 年申请甘肃省高级人民法院继续强制执行，超过该 2 年内追加分配的期间，故无法根据破产法上的程序获得救济。破产程序终结 2 年后，债权人某信托公司能否再启动执行程序进行处理，目前尚无法律规定。但是，被执行人破产终结 2 年后，相关债权人新发现其有未经破产分配的财产，可以重新启动执行程序，并在债权人之间进行分配。

---

① 最高人民法院：《被执行人破产终结后，特定条件下债权人可重启执行程序》，https://www.sohu.com/a/305276511_663461，2020 年 7 月 2 日最后访问。

附录 《企业破产法》及相关司法解释

中华人民共和国企业破产法

(2006 年 8 月 27 日第十届全国人民代表大会常务委员会第二十三次会议通过)

目　录

第一章　总　　则

第一条　【立法目的】为规范企业破产程序，公平清理债权债务，保护债权人和债务人的合法权益，维护社会主义市场经济秩序，制定本法。

第二条　【适用范围与破产原因】企业法人不能清偿到期债务，并且资产不足以清偿全部债务或者明显缺乏清偿能力的，依照本法规定清理债务。

企业法人有前款规定情形，或者有明显丧失清偿能力可能的，可以依照本法规定进行重整。

第三条　【破产案件管辖】破产案件由债务人住所地人民法院管辖。

第四条　【审理程序的法律适用】破产案件审理程序，本法没有规定的，适用民事诉讼法的有关规定。

第五条　【破产程序域外效力】依照本法开始的破产程序，对债务人在中华人民共和国领域外的财产发生效力。

对外国法院作出的发生法律效力的破产案件的判决、裁定，涉及债务人在中华人民共和国领域内的财产，申请或者请求人民法院承认和执行的，人民法院依照中华人民共和国缔结或者参加的国际条约，或者按照互惠原则进行审查，认为不违反中华人民共和国法律的基本原则，不损害国家主权、安全和社会公共利益，不损害中华人民共和国领域内债权人的合法权益的，裁定承认和执行。

第六条　【企业职工的合法权益的保障与企业经营管理人员的法律责任】人民法院审理破产案件，应当依法保障企业职工的合法权益，依法追究破产企业经营管理人员的法律责任。

第二章　申请和受理

第一节　申　　请

第七条　【破产申请主体】债务人有本法第二条规定的情形，可以向人民法院提出重整、和解或者破产清算申请。

债务人不能清偿到期债务，债权人可以向人民法院提出对债务人进行重整或者破产清算的申请。

企业法人已解散但未清算或者未清算完毕，资产不足以清偿债务的，依法负有清算责任的人应当向人民法院申请破产清算。

第八条 【破产申请书与证据】向人民法院提出破产申请，应当提交破产申请书和有关证据。

破产申请书应当载明下列事项：

（一）申请人、被申请人的基本情况；

（二）申请目的；

（三）申请的事实和理由；

（四）人民法院认为应当载明的其他事项。

债务人提出申请的，还应当向人民法院提交财产状况说明、债务清册、债权清册、有关财务会计报告、职工安置预案以及职工工资的支付和社会保险费用的缴纳情况。

第九条 【破产申请撤回】人民法院受理破产申请前，申请人可以请求撤回申请。

第二节 受 理

第十条 【破产申请的受理】债权人提出破产申请的，人民法院应当自收到申请之日起五日内通知债务人。债务人对申请有异议的，应当自收到人民法院的通知之日起七日内向人民法院提出。人民法院应当自异议期满之日起十日内裁定是否受理。

除前款规定的情形外，人民法院应当自收到破产申请之日起十五日内裁定是否受理。

有特殊情况需要延长前两款规定的裁定受理期限的，经上一级人民法院批准，可以延长十五日。

第十一条 【裁定受理与债务人提交材料】人民法院受理破产申请的，应当自裁定作出之日起五日内送达申请人。

债权人提出申请的，人民法院应当自裁定作出之日起五日内送达债务人。债务人应当自裁定送达之日起十五日内，向人民法院提交财产状况说明、债务清册、债权清册、有关财务会计报告以及职工工资的支付和社会保险费用的缴纳情况。

第十二条 【破产申请不予受理以及驳回】人民法院裁定不受理破产申请的，应当自裁定作出之日起五日内送达申请人并说明理由。申请人对裁定不服的，可以自裁定送达之日起十日内向上一级人民法院提起上诉。

人民法院受理破产申请后至破产宣告前，经审查发现债务人不符合本法第二条规定情形的，可以裁定驳回申请。申请人对裁定不服的，可以自裁定送达之日起十日内向上一级人民法院提起上诉。

第十三条 【指定破产管理人】人民法院裁定受理破产申请的，应当同时指定管理人。

第十四条 【通知及公告】人民法院应当自裁定受理破产申请之日起二十五日内通知已知债权人，并予以公告。

通知和公告应当载明下列事项：

（一）申请人、被申请人的名称或者姓名；

（二）人民法院受理破产申请的时间；

（三）申报债权的期限、地点和注意事项；

（四）管理人的名称或者姓名及其处理事务的地址；

（五）债务人的债务人或者财产持有人应当向管理人清偿债务或者交付财产的要求；

（六）第一次债权人会议召开的时间和地点；

（七）人民法院认为应当通知和公告的其他事项。

第十五条 【债务人的有关人员的义务】自人民法院受理破产申请的裁定送达债务人之日起至破产程序终结之日，债务人的有关人员承担下列义务：

（一）妥善保管其占有和管理的财产、印章和账簿、文书等资料；

（二）根据人民法院、管理人的要求进行工作，并如实回答询问；

（三）列席债权人会议并如实回答债权人的询问；

（四）未经人民法院许可，不得离开住所地；

（五）不得新任其他企业的董事、监事、高级管理人员。

前款所称有关人员，是指企业的法定代表人；经人民法院决定，可以包括企业的财务管理人员和其他经营管理人员。

第十六条 【债务人个别清偿无效】人民法院受理破产申请后，债务人对个别债权人的债务清偿无效。

第十七条 【债务人的债务人或者财产持有人的义务】人民法院受理破产申请后，债务人的债务人或者财产持有人应当向管理人清偿债务或者交付财产。

债务人的债务人或者财产持有人故意违反前款规定向债务人清偿债务或者交付财产，使债权人受到损失的，不免除其清偿债务或者交付财产的义务。

第十八条 【破产申请受理前成立而双方均未履行完毕的合同处理】人民法院受理破产申请后，管理人对破产申请受理前成立而债务人和对方当事人均未履行完毕的合同有权决定解除或者继续履行,并通知对方当事人。管理人自破产申请受理之日起二个月内未通知对方当事人,或者自收到对方当事人催告之日起三十日内未答复的,视为解除合同。

管理人决定继续履行合同的,对方当事人应当履行;但是,对方当事人有权要求管理人提供担保。管理人不提供担保的,视为解除合同。

第十九条 【财产的保全措施和执行程序中止】人民法院受理破产申请后,有关债务人财产的保全措施应当解除,执行程序应当中止。

第二十条 【诉讼和仲裁中止与继续】人民法院受理破产申请后,已经开始而尚未终结的有关债务人的民事诉讼或者仲裁应当中止;在管理人接管债务人的财产后,该诉讼或者仲裁继续进行。

第二十一条 【债务人民事诉讼的管辖】人民法院受理破产申请后,有关债务人的民事诉讼,只能向受理破产申请的人民法院提起。

第三章 管 理 人

第二十二条 【管理人的任命及解任】管理人由人民法院指定。

债权人会议认为管理人不能依法、公正执行职务或者有其他不能胜任职务情形的,可以申请人民法院予以更换。

指定管理人和确定管理人报酬的办法,由最高人民法院规定。

第二十三条 【管理人执行职务的义务】管理人依照本法规定执行职务,向人民法院报告工作,并接受债权人会议和债权人委员会的监督。

管理人应当列席债权人会议,向债权人会议报告职务执行情况,并回答询问。

第二十四条 【管理人的组成及任职资格】管理人可以由有关部门、机构的人员组成的清算组或者依法设立的律师事务所、会计师事务所、破产清算事务所等社会中介机构担任。

人民法院根据债务人的实际情况,可以在征询有关社会中介机构的意见后,指定该机构具备相关专业知识并取得执业资格的人员担任管理人。

有下列情形之一的,不得担任管理人:

(一)因故意犯罪受过刑事处罚;

(二)曾被吊销相关专业执业证书;

(三)与本案有利害关系;

(四)人民法院认为不宜担任管理人的其他情形。

个人担任管理人的,应当参加执业责任保险。

第二十五条 【管理人职责】管理人履行下列职责：

(一)接管债务人的财产、印章和账簿、文书等资料；

(二)调查债务人财产状况，制作财产状况报告；

(三)决定债务人的内部管理事务；

(四)决定债务人的日常开支和其他必要开支；

(五)在第一次债权人会议召开之前，决定继续或者停止债务人的营业；

(六)管理和处分债务人的财产；

(七)代表债务人参加诉讼、仲裁或者其他法律程序；

(八)提议召开债权人会议；

(九)人民法院认为管理人应当履行的其他职责。

本法对管理人的职责另有规定的，适用其规定。

第二十六条 【在第一次债权人会议召开之前管理人行使职权应当经人民法院许可】在第一次债权人会议召开之前，管理人决定继续或者停止债务人的营业或者有本法第六十九条规定行为之一的，应当经人民法院许可。

第二十七条 【管理人在执行职务时应遵守的原则】管理人应当勤勉尽责，忠实执行职务。

第二十八条 【管理人聘用工作人员和管理人报酬】管理人经人民法院许可，可以聘用必要的工作人员。

管理人的报酬由人民法院确定。债权人会议对管理人的报酬有异议的，有权向人民法院提出。

第二十九条 【管理人辞去职务】管理人没有正当理由不得辞去职务。管理人辞去职务应当经人民法院许可。

第四章　债务人财产

第三十条 【债务人财产范围】破产申请受理时属于债务人的全部财产，以及破产申请受理后至破产程序终结前债务人取得的财产，为债务人财产。

第三十一条 【破产申请受理前一年内可撤销行为】人民法院受理破产申请前一年内，涉及债务人财产的下列行为，管理人有权请求人民法院予以撤销：

(一)无偿转让财产的；

(二)以明显不合理的价格进行交易的；

(三)对没有财产担保的债务提供财产担保的；

(四)对未到期的债务提前清偿的；

（五）放弃债权的。

第三十二条 【破产申请受理前六个月内个别清偿行为的撤销】人民法院受理破产申请前六个月内，债务人有本法第二条第一款规定的情形，仍对个别债权人进行清偿的，管理人有权请求人民法院予以撤销。但是，个别清偿使债务人财产受益的除外。

第三十三条 【涉及债务人财产的无效行为】涉及债务人财产的下列行为无效：

（一）为逃避债务而隐匿、转移财产的；

（二）虚构债务或者承认不真实的债务的。

第三十四条 【管理人追回财产】因本法第三十一条、第三十二条或者第三十三条规定的行为而取得的债务人的财产，管理人有权追回。

第三十五条 【债务人的出资人应当履行出资义务】人民法院受理破产申请后，债务人的出资人尚未完全履行出资义务的，管理人应当要求该出资人缴纳所认缴的出资，而不受出资期限的限制。

第三十六条 【追回董事、监事和高管人员从企业中非法取得的收入和财产】债务人的董事、监事和高级管理人员利用职权从企业获取的非正常收入和侵占的企业财产，管理人应当追回。

第三十七条 【取回质物或者留置物】人民法院受理破产申请后，管理人可以通过清偿债务或者提供为债权人接受的担保，取回质物、留置物。

前款规定的债务清偿或者替代担保，在质物或者留置物的价值低于被担保的债权额时，以该质物或者留置物当时的市场价值为限。

第三十八条 【取回权的一般规定】人民法院受理破产申请后，债务人占有的不属于债务人的财产，该财产的权利人可以通过管理人取回。但是，本法另有规定的除外。

第三十九条 【出卖人取回权的特别规定】人民法院受理破产申请时，出卖人已将买卖标的物向作为买受人的债务人发运，债务人尚未收到且未付清全部价款的，出卖人可以取回在运途中的标的物。但是，管理人可以支付全部价款，请求出卖人交付标的物。

第四十条 【破产抵销权和对抵销权限制】债权人在破产申请受理前对债务人负有债务的，可以向管理人主张抵销。但是，有下列情形之一的，不得抵销：

（一）债务人的债务人在破产申请受理后取得他人对债务人的债权的；

（二）债权人已知债务人有不能清偿到期债务或者破产申请的事实，对债务人负担债务的；但是，债权人因为法律规定或者有破产申请一年前所发生的原因而负担债务的除外；

（三）债务人的债务人已知债务人有不能清偿到期债务或者破产申请的事实，对债务人取得债权的；但是，债务人的债务人因为法律规定或者有破产申请一年前所发生的原因而取得债权的除外。

第五章　破产费用和共益债务

第四十一条　【破产费用】人民法院受理破产申请后发生的下列费用，为破产费用：

（一）破产案件的诉讼费用；

（二）管理、变价和分配债务人财产的费用；

（三）管理人执行职务的费用、报酬和聘用工作人员的费用。

第四十二条　【共益债务】人民法院受理破产申请后发生的下列债务，为共益债务：

（一）因管理人或者债务人请求对方当事人履行双方均未履行完毕的合同所产生的债务；

（二）债务人财产受无因管理所产生的债务；

（三）因债务人不当得利所产生的债务；

（四）为债务人继续营业而应支付的劳动报酬和社会保险费用以及由此产生的其他债务；

（五）管理人或者相关人员执行职务致人损害所产生的债务；

（六）债务人财产致人损害所产生的债务。

第四十三条　【破产费用和共益债务的清偿】破产费用和共益债务由债务人财产随时清偿。

债务人财产不足以清偿所有破产费用和共益债务的，先行清偿破产费用。

债务人财产不足以清偿所有破产费用或者共益债务的，按照比例清偿。

债务人财产不足以清偿破产费用的，管理人应当提请人民法院终结破产程序。人民法院应当自收到请求之日起十五日内裁定终结破产程序，并予以公告。

第六章　债　权　申　报

第四十四条　【债权人行使权利】人民法院受理破产申请时对债务人享有债权的债权人，依照本法规定的程序行使权利。

第四十五条 【债权申报期限】人民法院受理破产申请后，应当确定债权人申报债权的期限。债权申报期限自人民法院发布受理破产申请公告之日起计算，最短不得少于三十日，最长不得超过三个月。

第四十六条 【未到期债权和附利息债权】未到期的债权，在破产申请受理时视为到期。

附利息的债权自破产申请受理时起停止计息。

第四十七条 【附条件、附期限和诉讼、仲裁未决债权申报】附条件、附期限的债权和诉讼、仲裁未决的债权，债权人可以申报。

第四十八条 【债权申报的受理主体以及职工工资等债权申报】债权人应当在人民法院确定的债权申报期限内向管理人申报债权。

债务人所欠职工的工资和医疗、伤残补助、抚恤费用，所欠的应当划入职工个人账户的基本养老保险、基本医疗保险费用，以及法律、行政法规规定应当支付给职工的补偿金，不必申报，由管理人调查后列出清单并予以公示。职工对清单记载有异议的，可以要求管理人更正；管理人不予更正的，职工可以向人民法院提起诉讼。

第四十九条 【债权申报要求】债权人申报债权时，应当书面说明债权的数额和有无财产担保，并提交有关证据。申报的债权是连带债权的，应当说明。

第五十条 【连带债权人申报债权】连带债权人可以由其中一人代表全体连带债权人申报债权，也可以共同申报债权。

第五十一条 【债务人的连带债务人申报债权】债务人的保证人或者其他连带债务人已经代替债务人清偿债务的，以其对债务人的求偿权申报债权。

债务人的保证人或者其他连带债务人尚未代替债务人清偿债务的，以其对债务人的将来求偿权申报债权。但是，债权人已经向管理人申报全部债权的除外。

第五十二条 【连带债务人的债权人申报债权】连带债务人数人被裁定适用本法规定的程序的，其债权人有权就全部债权分别在各破产案件中申报债权。

第五十三条 【因解除合同而产生的损害赔偿请求权进行债权申报】管理人或者债务人依照本法规定解除合同的，对方当事人以因合同解除所产生的损害赔偿请求权申报债权。

第五十四条 【委托合同的受托人申报债权】债务人是委托合同的委托人，被裁定适用本法规定的程序，受托人不知该事实，继续处理委托事务的，受托人以由此产生的请求权申报债权。

第五十五条 【票据付款人申报债权】债务人是票据的出票人，被裁定适用本法规定的程序，该票据的付款人继续付款或者承兑的，付款人以由此产生的请求权申报债权。

第五十六条 【补充申报债权】在人民法院确定的债权申报期限内，债权人未申报债权的，可以在破产财产最后分配前补充申报；但是，此前已进行的分配，不再对其补充分配。为审查和确认补充申报债权的费用，由补充申报人承担。

债权人未依照本法规定申报债权的，不得依照本法规定的程序行使权利。

第五十七条 【编制债权表】管理人收到债权申报材料后，应当登记造册，对申报的债权进行审查，并编制债权表。

债权表和债权申报材料由管理人保存，供利害关系人查阅。

第五十八条 【债权表的核查、确认与异议】依照本法第五十七条规定编制的债权表，应当提交第一次债权人会议核查。

债务人、债权人对债权表记载的债权无异议的，由人民法院裁定确认。

债务人、债权人对债权表记载的债权有异议的，可以向受理破产申请的人民法院提起诉讼。

第七章　债权人会议

第一节　一般规定

第五十九条 【债权人会议成员及表决权】依法申报债权的债权人为债权人会议的成员，有权参加债权人会议，享有表决权。

债权尚未确定的债权人，除人民法院能够为其行使表决权而临时确定债权额的外，不得行使表决权。

对债务人的特定财产享有担保权的债权人，未放弃优先受偿权利的，对于本法第六十一条第一款第七项、第十项规定的事项不享有表决权。

债权人可以委托代理人出席债权人会议，行使表决权。代理人出席债权人会议，应当向人民法院或者债权人会议主席提交债权人的授权委托书。

债权人会议应当有债务人的职工和工会的代表参加，对有关事项发表意见。

第六十条 【债权人会议主席】债权人会议设主席一人，由人民法院从有表决权的债权人中指定。

债权人会议主席主持债权人会议。

第六十一条　【债权人会议职权】债权人会议行使下列职权：

（一）核查债权；

（二）申请人民法院更换管理人，审查管理人的费用和报酬；

（三）监督管理人；

（四）选任和更换债权人委员会成员；

（五）决定继续或者停止债务人的营业；

（六）通过重整计划；

（七）通过和解协议；

（八）通过债务人财产的管理方案；

（九）通过破产财产的变价方案；

（十）通过破产财产的分配方案；

（十一）人民法院认为应当由债权人会议行使的其他职权。

债权人会议应当对所议事项的决议作成会议记录。

第六十二条　【债权人会议的召开】第一次债权人会议由人民法院召集，自债权申报期限届满之日起十五日内召开。

以后的债权人会议，在人民法院认为必要时，或者管理人、债权人委员会、占债权总额四分之一以上的债权人向债权人会议主席提议时召开。

第六十三条　【通知债权人】召开债权人会议，管理人应当提前十五日通知已知的债权人。

第六十四条　【债权人会议决议】债权人会议的决议，由出席会议的有表决权的债权人过半数通过，并且其所代表的债权额占无财产担保债权总额的二分之一以上。但是，本法另有规定的除外。

债权人认为债权人会议的决议违反法律规定，损害其利益的，可以自债权人会议作出决议之日起十五日内，请求人民法院裁定撤销该决议，责令债权人会议依法重新作出决议。

债权人会议的决议，对于全体债权人均有约束力。

第六十五条　【裁定事项】本法第六十一条第一款第八项、第九项所列事项，经债权人会议表决未通过的，由人民法院裁定。

本法第六十一条第一款第十项所列事项，经债权人会议二次表决仍未通过的，由人民法院裁定。

对前两款规定的裁定，人民法院可以在债权人会议上宣布或者另行通知债权人。

第六十六条　【债权人申请复议】债权人对人民法院依照本法第六十五条

第一款作出的裁定不服的，债权额占无财产担保债权总额二分之一以上的债权人对人民法院依照本法第六十五条第二款作出的裁定不服的，可以自裁定宣布之日或者收到通知之日起十五日内向该人民法院申请复议。复议期间不停止裁定的执行。

第二节 债权人委员会

第六十七条 【债权人委员会的组成】债权人会议可以决定设立债权人委员会。债权人委员会由债权人会议选任的债权人代表和一名债务人的职工代表或者工会代表组成。债权人委员会成员不得超过九人。

债权人委员会成员应当经人民法院书面决定认可。

第六十八条 【债权人委员会职权】债权人委员会行使下列职权：

（一）监督债务人财产的管理和处分；

（二）监督破产财产分配；

（三）提议召开债权人会议；

（四）债权人会议委托的其他职权。

债权人委员会执行职务时，有权要求管理人、债务人的有关人员对其职权范围内的事务作出说明或者提供有关文件。

管理人、债务人的有关人员违反本法规定拒绝接受监督的，债权人委员会有权就监督事项请求人民法院作出决定；人民法院应当在五日内作出决定。

第六十九条 【管理人实施有关行为应及时报告债权人委员会】管理人实施下列行为，应当及时报告债权人委员会：

（一）涉及土地、房屋等不动产权益的转让；

（二）探矿权、采矿权、知识产权等财产权的转让；

（三）全部库存或者营业的转让；

（四）借款；

（五）设定财产担保；

（六）债权和有价证券的转让；

（七）履行债务人和对方当事人均未履行完毕的合同；

（八）放弃权利；

（九）担保物的取回；

（十）对债权人利益有重大影响的其他财产处分行为。

未设立债权人委员会的，管理人实施前款规定的行为应当及时报告人民法院。

第八章 重　　整

第一节　重整申请和重整期间

第七十条　【重整申请】债务人或者债权人可以依照本法规定，直接向人民法院申请对债务人进行重整。

债权人申请对债务人进行破产清算的，在人民法院受理破产申请后、宣告债务人破产前，债务人或者出资额占债务人注册资本十分之一以上的出资人，可以向人民法院申请重整。

第七十一条　【裁定重整与公告】人民法院经审查认为重整申请符合本法规定的，应当裁定债务人重整，并予以公告。

第七十二条　【重整期间】自人民法院裁定债务人重整之日起至重整程序终止，为重整期间。

第七十三条　【债务人自行管理财产和营业事务】在重整期间，经债务人申请，人民法院批准，债务人可以在管理人的监督下自行管理财产和营业事务。

有前款规定情形的，依照本法规定已接管债务人财产和营业事务的管理人应当向债务人移交财产和营业事务，本法规定的管理人的职权由债务人行使。

第七十四条　【管理人管理财产与营业】管理人负责管理财产和营业事务的，可以聘任债务人的经营管理人员负责营业事务。

第七十五条　【重整期间担保权暂停行使和为继续营业而借款】在重整期间，对债务人的特定财产享有的担保权暂停行使。但是，担保物有损坏或者价值明显减少的可能，足以危害担保权人权利的，担保权人可以向人民法院请求恢复行使担保权。

在重整期间，债务人或者管理人为继续营业而借款的，可以为该借款设定担保。

第七十六条　【重整期间的取回权】债务人合法占有的他人财产，该财产的权利人在重整期间要求取回的，应当符合事先约定的条件。

第七十七条　【重整期间对债务人的出资人有关行为的限制】在重整期间，债务人的出资人不得请求投资收益分配。

在重整期间，债务人的董事、监事、高级管理人员不得向第三人转让其持有的债务人的股权。但是，经人民法院同意的除外。

第七十八条　【重整程序终止与破产宣告】在重整期间，有下列情形之一的，经管理人或者利害关系人请求，人民法院应当裁定终止重整程序，并宣告债务人破产：

（一）债务人的经营状况和财产状况继续恶化，缺乏挽救的可能性；

（二）债务人有欺诈、恶意减少债务人财产或者其他显著不利于债权人的行为；

（三）由于债务人的行为致使管理人无法执行职务。

第二节　重整计划的制定和批准

第七十九条　【重整计划草案提出期限】债务人或者管理人应当自人民法院裁定债务人重整之日起六个月内，同时向人民法院和债权人会议提交重整计划草案。

前款规定的期限届满，经债务人或者管理人请求，有正当理由的，人民法院可以裁定延期三个月。

债务人或者管理人未按期提出重整计划草案的，人民法院应当裁定终止重整程序，并宣告债务人破产。

第八十条　【重整计划草案制定人】债务人自行管理财产和营业事务的，由债务人制作重整计划草案。

管理人负责管理财产和营业事务的，由管理人制作重整计划草案。

第八十一条　【重整计划草案的内容】重整计划草案应当包括下列内容：

（一）债务人的经营方案；

（二）债权分类；

（三）债权调整方案；

（四）债权受偿方案；

（五）重整计划的执行期限；

（六）重整计划执行的监督期限；

（七）有利于债务人重整的其他方案。

第八十二条　【重整计划草案分组表决】下列各类债权的债权人参加讨论重整计划草案的债权人会议，依照下列债权分类，分组对重整计划草案进行表决：

（一）对债务人的特定财产享有担保权的债权；

（二）债务人所欠职工的工资和医疗、伤残补助、抚恤费用，所欠的应当划入职工个人账户的基本养老保险、基本医疗保险费用，以及法律、行政法规规定应当支付给职工的补偿金；

（三）债务人所欠税款；

（四）普通债权。

人民法院在必要时可以决定在普通债权组中设小额债权组对重整计划草案进行表决。

第八十三条 【社会保险费用的保障】重整计划不得规定减免债务人欠缴的本法第八十二条第一款第二项规定以外的社会保险费用；该项费用的债权人不参加重整计划草案的表决。

第八十四条 【重整计划草案的表决】人民法院应当自收到重整计划草案之日起三十日内召开债权人会议，对重整计划草案进行表决。

出席会议的同一表决组的债权人过半数同意重整计划草案，并且其所代表的债权额占该组债权总额的三分之二以上的，即为该组通过重整计划草案。

债务人或者管理人应当向债权人会议就重整计划草案作出说明，并回答询问。

第八十五条 【出资人代表列席会议与出资人组表决】债务人的出资人代表可以列席讨论重整计划草案的债权人会议。

重整计划草案涉及出资人权益调整事项的，应当设出资人组，对该事项进行表决。

第八十六条 【重整计划的通过和批准】各表决组均通过重整计划草案时，重整计划即为通过。

自重整计划通过之日起十日内，债务人或者管理人应当向人民法院提出批准重整计划的申请。人民法院经审查认为符合本法规定的，应当自收到申请之日起三十日内裁定批准，终止重整程序，并予以公告。

第八十七条 【重整计划草案的再次协商与表决和人民法院强制批准】部分表决组未通过重整计划草案的，债务人或者管理人可以同未通过重整计划草案的表决组协商。该表决组可以在协商后再表决一次。双方协商的结果不得损害其他表决组的利益。

未通过重整计划草案的表决组拒绝再次表决或者再次表决仍未通过重整计划草案，但重整计划草案符合下列条件的，债务人或者管理人可以申请人民法院批准重整计划草案：

（一）按照重整计划草案，本法第八十二条第一款第一项所列债权就该特定财产将获得全额清偿，其因延期清偿所受的损失将得到公平补偿，并且其担保权未受到实质性损害，或者该表决组已经通过重整计划草案；

（二）按照重整计划草案，本法第八十二条第一款第二项、第三项所列债权将获得全额清偿，或者相应表决组已经通过重整计划草案；

（三）按照重整计划草案，普通债权所获得的清偿比例，不低于其在重整计划草案被提请批准时依照破产清算程序所能获得的清偿比例，或者该表决组已经通过重整计划草案；

（四）重整计划草案对出资人权益的调整公平、公正，或者出资人组已经通过重整计划草案；

（五）重整计划草案公平对待同一表决组的成员，并且所规定的债权清偿顺序不违反本法第一百一十三条的规定；

（六）债务人的经营方案具有可行性。

人民法院经审查认为重整计划草案符合前款规定的，应当自收到申请之日起三十日内裁定批准，终止重整程序，并予以公告。

第八十八条 【重整计划未获批准的法律后果】重整计划草案未获得通过且未依照本法第八十七条的规定获得批准，或者已通过的重整计划未获得批准的，人民法院应当裁定终止重整程序，并宣告债务人破产。

第三节 重整计划的执行

第八十九条 【债务人负责执行重整计划】重整计划由债务人负责执行。

人民法院裁定批准重整计划后，已接管财产和营业事务的管理人应当向债务人移交财产和营业事务。

第九十条 【管理人监督重整计划执行】自人民法院裁定批准重整计划之日起，在重整计划规定的监督期内，由管理人监督重整计划的执行。

在监督期内，债务人应当向管理人报告重整计划执行情况和债务人财务状况。

第九十一条 【管理人监督报告和监督期限延长】监督期届满时，管理人应当向人民法院提交监督报告。自监督报告提交之日起，管理人的监督职责终止。

管理人向人民法院提交的监督报告，重整计划的利害关系人有权查阅。

经管理人申请，人民法院可以裁定延长重整计划执行的监督期限。

第九十二条 【重整计划的约束力】经人民法院裁定批准的重整计划，对债务人和全体债权人均有约束力。

债权人未依照本法规定申报债权的，在重整计划执行期间不得行使权利；在重整计划执行完毕后，可以按照重整计划规定的同类债权的清偿条件行使权利。

债权人对债务人的保证人和其他连带债务人所享有的权利，不受重整计划的影响。

第九十三条 【裁定终止重整计划执行的效力】债务人不能执行或者不执

行重整计划的，人民法院经管理人或者利害关系人请求，应当裁定终止重整计划的执行，并宣告债务人破产。

人民法院裁定终止重整计划执行的，债权人在重整计划中作出的债权调整的承诺失去效力。债权人因执行重整计划所受的清偿仍然有效，债权未受清偿的部分作为破产债权。

前款规定的债权人，只有在其他同顺位债权人同自己所受的清偿达到同一比例时，才能继续接受分配。

有本条第一款规定情形的，为重整计划的执行提供的担保继续有效。

第九十四条 【免除债务人对依重整计划减免债务的清偿责任】按照重整计划减免的债务，自重整计划执行完毕时起，债务人不再承担清偿责任。

第九章 和 解

第九十五条 【和解申请】债务人可以依照本法规定，直接向人民法院申请和解；也可以在人民法院受理破产申请后、宣告债务人破产前，向人民法院申请和解。

债务人申请和解，应当提出和解协议草案。

第九十六条 【裁定许可和解】人民法院经审查认为和解申请符合本法规定的，应当裁定和解，予以公告，并召集债权人会议讨论和解协议草案。

对债务人的特定财产享有担保权的权利人，自人民法院裁定和解之日起可以行使权利。

第九十七条 【债权人会议通过和解协议】债权人会议通过和解协议的决议，由出席会议的有表决权的债权人过半数同意，并且其所代表的债权额占无财产担保债权总额的三分之二以上。

第九十八条 【和解协议的认可及其效力】债权人会议通过和解协议的，由人民法院裁定认可，终止和解程序，并予以公告。管理人应当向债务人移交财产和营业事务，并向人民法院提交执行职务的报告。

第九十九条 【和解协议的否决及其后果】和解协议草案经债权人会议表决未获得通过，或者已经债权人会议通过的和解协议未获得人民法院认可的，人民法院应当裁定终止和解程序，并宣告债务人破产。

第一百条 【和解协议约束力】经人民法院裁定认可的和解协议，对债务人和全体和解债权人均有约束力。

和解债权人是指人民法院受理破产申请时对债务人享有无财产担保债权的人。

和解债权人未依照本法规定申报债权的，在和解协议执行期间不得行使权利；在和解协议执行完毕后，可以按照和解协议规定的清偿条件行使权利。

第一百零一条 【和解协议的影响】和解债权人对债务人的保证人和其他连带债务人所享有的权利，不受和解协议的影响。

第一百零二条 【和解协议履行】债务人应当按照和解协议规定的条件清偿债务。

第一百零三条 【裁定和解协议无效及其法律后果】因债务人的欺诈或者其他违法行为而成立的和解协议，人民法院应当裁定无效，并宣告债务人破产。

有前款规定情形的，和解债权人因执行和解协议所受的清偿，在其他债权人所受清偿同等比例的范围内，不予返还。

第一百零四条 【债务人不按或者不能按和解协议规定的条件清偿债务的法律后果】债务人不能执行或者不执行和解协议的，人民法院经和解债权人请求，应当裁定终止和解协议的执行，并宣告债务人破产。

人民法院裁定终止和解协议执行的，和解债权人在和解协议中作出的债权调整的承诺失去效力。和解债权人因执行和解协议所受的清偿仍然有效，和解债权未受清偿的部分作为破产债权。

前款规定的债权人，只有在其他债权人同自己所受的清偿达到同一比例时，才能继续接受分配。

有本条第一款规定情形的，为和解协议的执行提供的担保继续有效。

第一百零五条 【自行和解的法律后果】人民法院受理破产申请后，债务人与全体债权人就债权债务的处理自行达成协议的，可以请求人民法院裁定认可，并终结破产程序。

第一百零六条 【和解协议减免的债务不再清偿】按照和解协议减免的债务，自和解协议执行完毕时起，债务人不再承担清偿责任。

第十章 破产清算

第一节 破产宣告

第一百零七条 【破产宣告】人民法院依照本法规定宣告债务人破产的，应当自裁定作出之日起五日内送达债务人和管理人，自裁定作出之日起十日内通知已知债权人，并予以公告。债务人被宣告破产后，债务人称为破产人，债务人财产称为破产财产，人民法院受理破产申请时对债务人享有的债权称为破产债权。

第一百零八条 【破产宣告障碍】破产宣告前，有下列情形之一的，人民法院应当裁定终结破产程序，并予以公告：

（一）第三人为债务人提供足额担保或者为债务人清偿全部到期债务的；

（二）债务人已清偿全部到期债务的。

第一百零九条 【别除权】对破产人的特定财产享有担保权的权利人，对该特定财产享有优先受偿的权利。

第一百一十条 【别除权的不完全实现与放弃】享有本法第一百零九条规定权利的债权人行使优先受偿权利未能完全受偿的，其未受偿的债权作为普通债权；放弃优先受偿权利的，其债权作为普通债权。

第二节 变价和分配

第一百一十一条 【破产财产变价方案】管理人应当及时拟订破产财产变价方案，提交债权人会议讨论。

管理人应当按照债权人会议通过的或者人民法院依照本法第六十五条第一款规定裁定的破产财产变价方案，适时变价出售破产财产。

第一百一十二条 【破产财产变价方式】变价出售破产财产应当通过拍卖进行。但是，债权人会议另有决议的除外。

破产企业可以全部或者部分变价出售。企业变价出售时，可以将其中的无形资产和其他财产单独变价出售。

按照国家规定不能拍卖或者限制转让的财产，应当按照国家规定的方式处理。

第一百一十三条 【破产财产清偿顺序】破产财产在优先清偿破产费用和共益债务后，依照下列顺序清偿：

（一）破产人所欠职工的工资和医疗、伤残补助、抚恤费用，所欠的应当划入职工个人账户的基本养老保险、基本医疗保险费用，以及法律、行政法规规定应当支付给职工的补偿金；

（二）破产人欠缴的除前项规定以外的社会保险费用和破产人所欠税款；

（三）普通破产债权。

破产财产不足以清偿同一顺序的清偿要求的，按照比例分配。

破产企业的董事、监事和高级管理人员的工资按照该企业职工的平均工资计算。

第一百一十四条 【破产财产分配方式】破产财产的分配应当以货币分配方式进行。但是，债权人会议另有决议的除外。

第一百一十五条 【破产财产分配方案】管理人应当及时拟订破产财产分

配方案，提交债权人会议讨论。

破产财产分配方案应当载明下列事项：

(一)参加破产财产分配的债权人名称或者姓名、住所；

(二)参加破产财产分配的债权额；

(三)可供分配的破产财产数额；

(四)破产财产分配的顺序、比例及数额；

(五)实施破产财产分配的方法。

债权人会议通过破产财产分配方案后，由管理人将该方案提请人民法院裁定认可。

第一百一十六条 【破产财产分配方案执行】破产财产分配方案经人民法院裁定认可后，由管理人执行。

管理人按照破产财产分配方案实施多次分配的，应当公告本次分配的财产额和债权额。管理人实施最后分配的，应当在公告中指明，并载明本法第一百一十七条第二款规定的事项。

第一百一十七条 【附条件债权的破产分配】对于附生效条件或者解除条件的债权，管理人应当将其分配额提存。

管理人依照前款规定提存的分配额，在最后分配公告日，生效条件未成就或者解除条件成就的，应当分配给其他债权人；在最后分配公告日，生效条件成就或者解除条件未成就的，应当交付给债权人。

第一百一十八条 【未受领的破产财产分配额】债权人未受领的破产财产分配额，管理人应当提存。债权人自最后分配公告之日起满二个月仍不领取的，视为放弃受领分配的权利，管理人或者人民法院应当将提存的分配额分配给其他债权人。

第一百一十九条 【诉讼或者仲裁未决债权的破产分配】破产财产分配时，对于诉讼或者仲裁未决的债权，管理人应当将其分配额提存。自破产程序终结之日起满二年仍不能受领分配的，人民法院应当将提存的分配额分配给其他债权人。

第三节　破产程序的终结

第一百二十条 【终结破产程序】破产人无财产可供分配的，管理人应当请求人民法院裁定终结破产程序。

管理人在最后分配完结后，应当及时向人民法院提交破产财产分配报告，并提请人民法院裁定终结破产程序。

人民法院应当自收到管理人终结破产程序的请求之日起十五日内作出是否

终结破产程序的裁定。裁定终结的，应当予以公告。

第一百二十一条 【破产人注销登记】管理人应当自破产程序终结之日起十日内，持人民法院终结破产程序的裁定，向破产人的原登记机关办理注销登记。

第一百二十二条 【管理人终止执行职务】管理人于办理注销登记完毕的次日终止执行职务。但是，存在诉讼或者仲裁未决情况的除外。

第一百二十三条 【破产财产追加分配】自破产程序依照本法第四十三条第四款或者第一百二十条的规定终结之日起二年内，有下列情形之一的，债权人可以请求人民法院按照破产财产分配方案进行追加分配：

（一）发现有依照本法第三十一条、第三十二条、第三十三条、第三十六条规定应当追回的财产的；

（二）发现破产人有应当供分配的其他财产的。

有前款规定情形，但财产数量不足以支付分配费用的，不再进行追加分配，由人民法院将其上交国库。

第一百二十四条 【破产人的连带债务人继续承担清偿责任】破产人的保证人和其他连带债务人，在破产程序终结后，对债权人依照破产清算程序未受清偿的债权，依法继续承担清偿责任。

第十一章 法 律 责 任

第一百二十五条 【董事、监事或者高级管理人员致使企业破产的法律责任】企业董事、监事或者高级管理人员违反忠实义务、勤勉义务，致使所在企业破产的，依法承担民事责任。

有前款规定情形的人员，自破产程序终结之日起三年内不得担任任何企业的董事、监事、高级管理人员。

第一百二十六条 【债务人的有关人员拒不列席债权人会议或者违反说明义务所应承担的法律责任】有义务列席债权人会议的债务人的有关人员，经人民法院传唤，无正当理由拒不列席债权人会议的，人民法院可以拘传，并依法处以罚款。债务人的有关人员违反本法规定，拒不陈述、回答，或者作虚假陈述、回答的，人民法院可以依法处以罚款。

第一百二十七条 【不履行法定义务的直接责任人员的法律责任】债务人违反本法规定，拒不向人民法院提交或者提交不真实的财产状况说明、债务清册、债权清册、有关财务会计报告以及职工工资的支付情况和社会保险费用的缴纳情况的，人民法院可以对直接责任人员依法处以罚款。

债务人违反本法规定，拒不向管理人移交财产、印章和账簿、文书等资料的，或者伪造、销毁有关财产证据材料而使财产状况不明的，人民法院可以对直接责任人员依法处以罚款。

第一百二十八条 【债务人法定代表人和其他直接责任人员的法律责任】债务人有本法第三十一条、第三十二条、第三十三条规定的行为，损害债权人利益的，债务人的法定代表人和其他直接责任人员依法承担赔偿责任。

第一百二十九条 【债务人的有关人员擅自离开住所地所应承担的法律责任】债务人的有关人员违反本法规定，擅自离开住所地的，人民法院可以予以训诫、拘留，可以依法并处罚款。

第一百三十条 【管理人的法律责任】管理人未依照本法规定勤勉尽责，忠实执行职务的，人民法院可以依法处以罚款；给债权人、债务人或者第三人造成损失的，依法承担赔偿责任。

第一百三十一条 【刑事责任】违反本法规定，构成犯罪的，依法追究刑事责任。

第十二章 附 则

第一百三十二条 【别除权的例外】本法施行后，破产人在本法公布之日前所欠职工的工资和医疗、伤残补助、抚恤费用，所欠的应当划入职工个人账户的基本养老保险、基本医疗保险费用，以及法律、行政法规规定应当支付给职工的补偿金，依照本法第一百一十三条的规定清偿后不足以清偿的部分，以本法第一百零九条规定的特定财产优先于对该特定财产享有担保权的权利人受偿。

第一百三十三条 【政策性破产的规定】在本法施行前国务院规定的期限和范围内的国有企业实施破产的特殊事宜，按照国务院有关规定办理。

第一百三十四条 【金融机构破产的特别规定】商业银行、证券公司、保险公司等金融机构有本法第二条规定情形的，国务院金融监督管理机构可以向人民法院提出对该金融机构进行重整或者破产清算的申请。国务院金融监督管理机构依法对出现重大经营风险的金融机构采取接管、托管等措施的，可以向人民法院申请中止以该金融机构为被告或者被执行人的民事诉讼程序或者执行程序。

金融机构实施破产的，国务院可以依据本法和其他有关法律的规定制定实施办法。

第一百三十五条 【企业法人以外组织破产的准用规定】其他法律规定企

业法人以外的组织的清算，属于破产清算的，参照适用本法规定的程序。

第一百三十六条 【施行日期】本法自 2007 年 6 月 1 日起施行，《中华人民共和国企业破产法（试行）》同时废止。

最高人民法院关于适用《中华人民共和国企业破产法》若干问题的规定(一)

(2011 年 8 月 29 日由最高人民法院审判委员会第 1527 次会议通过,自 2011 年 9 月 26 日起施行。法释〔2011〕22 号)

为正确适用《中华人民共和国企业破产法》,结合审判实践,就人民法院依法受理企业破产案件适用法律问题作出如下规定。

第一条 债务人不能清偿到期债务并且具有下列情形之一的,人民法院应当认定其具备破产原因:

(一)资产不足以清偿全部债务;

(二)明显缺乏清偿能力。

相关当事人以对债务人的债务负有连带责任的人未丧失清偿能力为由,主张债务人不具备破产原因的,人民法院应不予支持。

第二条 下列情形同时存在的,人民法院应当认定债务人不能清偿到期债务:

(一)债权债务关系依法成立;

(二)债务履行期限已经届满;

(三)债务人未完全清偿债务。

第三条 债务人的资产负债表,或者审计报告、资产评估报告等显示其全部资产不足以偿付全部负债的,人民法院应当认定债务人资产不足以清偿全部债务,但有相反证据足以证明债务人资产能够偿付全部负债的除外。

第四条 债务人账面资产虽大于负债,但存在下列情形之一的,人民法院应当认定其明显缺乏清偿能力:

(一)因资金严重不足或者财产不能变现等原因,无法清偿债务;

(二)法定代表人下落不明且无其他人员负责管理财产,无法清偿债务;

(三)经人民法院强制执行,无法清偿债务;

(四)长期亏损且经营扭亏困难,无法清偿债务;

(五)导致债务人丧失清偿能力的其他情形。

第五条 企业法人已解散但未清算或者未在合理期限内清算完毕,债权人申请债务人破产清算的,除债务人在法定异议期限内举证证明其未出现破产原因外，人民法院应当受理。

第六条 债权人申请债务人破产的，应当提交债务人不能清偿到期债务的有关证据。债务人对债权人的申请未在法定期限内向人民法院提出异议，或者异议不成立的，人民法院应当依法裁定受理破产申请。

受理破产申请后，人民法院应当责令债务人依法提交其财产状况说明、债务清册、债权清册、财务会计报告等有关材料，债务人拒不提交的，人民法院可以对债务人的直接责任人员采取罚款等强制措施。

第七条 人民法院收到破产申请时，应当向申请人出具收到申请及所附证据的书面凭证。

人民法院收到破产申请后应当及时对申请人的主体资格、债务人的主体资格和破产原因，以及有关材料和证据等进行审查，并依据企业破产法第十条的规定作出是否受理的裁定。

人民法院认为申请人应当补充、补正相关材料的，应当自收到破产申请之日起五日内告知申请人。当事人补充、补正相关材料的期间不计入企业破产法第十条规定的期限。

第八条 破产案件的诉讼费用，应根据企业破产法第四十三条的规定，从债务人财产中拨付。相关当事人以申请人未预先交纳诉讼费用为由，对破产申请提出异议的，人民法院不予支持。

第九条 申请人向人民法院提出破产申请，人民法院未接收其申请，或者未按本规定第七条执行的，申请人可以向上一级人民法院提出破产申请。

上一级人民法院接到破产申请后，应当责令下级法院依法审查并及时作出是否受理的裁定；下级法院仍不作出是否受理裁定的，上一级人民法院可以径行作出裁定。

上一级人民法院裁定受理破产申请的，可以同时指令下级人民法院审理该案件。

最高人民法院关于适用《中华人民共和国企业破产法》若干问题的规定(二)

(2013 年 7 月 29 日由最高人民法院审判委员会第 1586 次会议通过,自 2013 年 9 月 16 日起施行。法释〔2013〕22 号)

根据《中华人民共和国企业破产法》《中华人民共和国物权法》《中华人民共和国合同法》等相关法律,结合审判实践,就人民法院审理企业破产案件中认定债务人财产相关的法律适用问题,制定本规定。

第一条 除债务人所有的货币、实物外,债务人依法享有的可以用货币估价并可以依法转让的债权、股权、知识产权、用益物权等财产和财产权益,人民法院均应认定为债务人财产。

第二条 下列财产不应认定为债务人财产:

(一)债务人基于仓储、保管、承揽、代销、借用、寄存、租赁等合同或者其他法律关系占有、使用的他人财产;

(二)债务人在所有权保留买卖中尚未取得所有权的财产;

(三)所有权专属于国家且不得转让的财产;

(四)其他依照法律、行政法规不属于债务人的财产。

第三条 债务人已依法设定担保物权的特定财产,人民法院应当认定为债务人财产。

对债务人的特定财产在担保物权消灭或者实现担保物权后的剩余部分,在破产程序中可用以清偿破产费用、共益债务和其他破产债权。

第四条 债务人对按份享有所有权的共有财产的相关份额,或者共同享有所有权的共有财产的相应财产权利,以及依法分割共有财产所得部分,人民法院均应认定为债务人财产。

人民法院宣告债务人破产清算,属于共有财产分割的法定事由。人民法院裁定债务人重整或者和解的,共有财产的分割应当依据物权法第九十九条的规定进行;基于重整或者和解的需要必须分割共有财产,管理人请求分割的,人民法院应予准许。

因分割共有财产导致其他共有人损害产生的债务,其他共有人请求作为共益债务清偿的,人民法院应予支持。

299

第五条 破产申请受理后，有关债务人财产的执行程序未依照企业破产法第十九条的规定中止的，采取执行措施的相关单位应当依法予以纠正。依法执行回转的财产，人民法院应当认定为债务人财产。

第六条 破产申请受理后，对于可能因有关利益相关人的行为或者其他原因，影响破产程序依法进行的，受理破产申请的人民法院可以根据管理人的申请或者依职权，对债务人的全部或者部分财产采取保全措施。

第七条 对债务人财产已采取保全措施的相关单位，在知悉人民法院已裁定受理有关债务人的破产申请后，应当依照企业破产法第十九条的规定及时解除对债务人财产的保全措施。

第八条 人民法院受理破产申请后至破产宣告前裁定驳回破产申请，或者依据企业破产法第一百零八条的规定裁定终结破产程序的，应当及时通知原已采取保全措施并已依法解除保全措施的单位按照原保全顺位恢复相关保全措施。

在已依法解除保全的单位恢复保全措施或者表示不再恢复之前，受理破产申请的人民法院不得解除对债务人财产的保全措施。

第九条 管理人依据企业破产法第三十一条和第三十二条的规定提起诉讼，请求撤销涉及债务人财产的相关行为并由相对人返还债务人财产的，人民法院应予支持。

管理人因过错未依法行使撤销权导致债务人财产不当减损，债权人提起诉讼主张管理人对其损失承担相应赔偿责任的，人民法院应予支持。

第十条 债务人经过行政清理程序转入破产程序的，企业破产法第三十一条和第三十二条规定的可撤销行为的起算点，为行政监管机构作出撤销决定之日。

债务人经过强制清算程序转入破产程序的，企业破产法第三十一条和第三十二条规定的可撤销行为的起算点，为人民法院裁定受理强制清算申请之日。

第十一条 人民法院根据管理人的请求撤销涉及债务人财产的以明显不合理价格进行的交易的，买卖双方应当依法返还从对方获取的财产或者价款。

因撤销该交易，对于债务人应返还受让人已支付价款所产生的债务，受让人请求作为共益债务清偿的，人民法院应予支持。

第十二条 破产申请受理前一年内债务人提前清偿的未到期债务，在破产申请受理前已经到期，管理人请求撤销该清偿行为的，人民法院不予支持。但是，该清偿行为发生在破产申请受理前六个月内且债务人有企业破产法第二条第一款规定情形的除外。

第十三条　破产申请受理后,管理人未依据企业破产法第三十一条的规定请求撤销债务人无偿转让财产、以明显不合理价格交易、放弃债权行为的,债权人依据合同法第七十四条等规定提起诉讼,请求撤销债务人上述行为并将因此追回的财产归入债务人财产的,人民法院应予受理。

相对人以债权人行使撤销权的范围超出债权人的债权抗辩的,人民法院不予支持。

第十四条　债务人对以自有财产设定担保物权的债权进行的个别清偿,管理人依据企业破产法第三十二条的规定请求撤销的,人民法院不予支持。但是,债务清偿时担保财产的价值低于债权额的除外。

第十五条　债务人经诉讼、仲裁、执行程序对债权人进行的个别清偿,管理人依据企业破产法第三十二条的规定请求撤销的,人民法院不予支持。但是,债务人与债权人恶意串通损害其他债权人利益的除外。

第十六条　债务人对债权人进行的以下个别清偿,管理人依据企业破产法第三十二条的规定请求撤销的,人民法院不予支持:

(一)债务人为维系基本生产需要而支付水费、电费等的;

(二)债务人支付劳动报酬、人身损害赔偿金的;

(三)使债务人财产受益的其他个别清偿。

第十七条　管理人依据企业破产法第三十三条的规定提起诉讼,主张被隐匿、转移财产的实际占有人返还债务人财产,或者主张债务人虚构债务或者承认不真实债务的行为无效并返还债务人财产的,人民法院应予支持。

第十八条　管理人代表债务人依据企业破产法第一百二十八条的规定,以债务人的法定代表人和其他直接责任人员对所涉债务人财产的相关行为存在故意或者重大过失,造成债务人财产损失为由提起诉讼,主张上述责任人员承担相应赔偿责任的,人民法院应予支持。

第十九条　债务人对外享有债权的诉讼时效,自人民法院受理破产申请之日起中断。

债务人无正当理由未对其到期债权及时行使权利,导致其对外债权在破产申请受理前一年内超过诉讼时效期间的,人民法院受理破产申请之日起重新计算上述债权的诉讼时效期间。

第二十条　管理人代表债务人提起诉讼,主张出资人向债务人依法缴付未履行的出资或者返还抽逃的出资本息,出资人以认缴出资尚未届至公司章程规定的缴纳期限或者违反出资义务已经超过诉讼时效为由抗辩的,人民法院不予支持。

管理人依据公司法的相关规定代表债务人提起诉讼，主张公司的发起人和负有监督股东履行出资义务的董事、高级管理人员，或者协助抽逃出资的其他股东、董事、高级管理人员、实际控制人等，对股东违反出资义务或者抽逃出资承担相应责任，并将财产归入债务人财产的，人民法院应予支持。

第二十一条 破产申请受理前，债权人就债务人财产提起下列诉讼，破产申请受理时案件尚未审结的，人民法院应当中止审理：

（一）主张次债务人代替债务人直接向其偿还债务的；

（二）主张债务人的出资人、发起人和负有监督股东履行出资义务的董事、高级管理人员，或者协助抽逃出资的其他股东、董事、高级管理人员、实际控制人等直接向其承担出资不实或者抽逃出资责任的；

（三）以债务人的股东与债务人法人人格严重混同为由，主张债务人的股东直接向其偿还债务人对其所负债务的；

（四）其他就债务人财产提起的个别清偿诉讼。

债务人破产宣告后，人民法院应当依照企业破产法第四十四条的规定判决驳回债权人的诉讼请求。但是，债权人一审中变更其诉讼请求为追收的相关财产归入债务人财产的除外。

债务人破产宣告前，人民法院依据企业破产法第十二条或者第一百零八条的规定裁定驳回破产申请或者终结破产程序的，上述中止审理的案件应当依法恢复审理。

第二十二条 破产申请受理前，债权人就债务人财产向人民法院提起本规定第二十一条第一款所列诉讼，人民法院已经作出生效民事判决书或者调解书但尚未执行完毕的，破产申请受理后，相关执行行为应当依据企业破产法第十九条的规定中止，债权人应当依法向管理人申报相关债权。

第二十三条 破产申请受理后，债权人就债务人财产向人民法院提起本规定第二十一条第一款所列诉讼的，人民法院不予受理。

债权人通过债权人会议或者债权人委员会，要求管理人依法向次债务人、债务人的出资人等追收债务人财产，管理人无正当理由拒绝追收，债权人会议依据企业破产法第二十二条的规定，申请人民法院更换管理人的，人民法院应予支持。

管理人不予追收，个别债权人代表全体债权人提起相关诉讼，主张次债务人或者债务人的出资人等向债务人清偿或者返还债务人财产，或者依法申请合并破产的，人民法院应予受理。

第二十四条 债务人有企业破产法第二条第一款规定的情形时，债务人的

董事、监事和高级管理人员利用职权获取的以下收入,人民法院应当认定为企业破产法第三十六条规定的非正常收入:

(一)绩效奖金;

(二)普遍拖欠职工工资情况下获取的工资性收入;

(三)其他非正常收入。

债务人的董事、监事和高级管理人员拒不向管理人返还上述债务人财产,管理人主张上述人员予以返还的,人民法院应予支持。

债务人的董事、监事和高级管理人员因返还第一款第(一)项、第(三)项非正常收入形成的债权,可以作为普通破产债权清偿。因返还第一款第(二)项非正常收入形成的债权,依据企业破产法第一百一十三条第三款的规定,按照该企业职工平均工资计算的部分作为拖欠职工工资清偿;高出该企业职工平均工资计算的部分,可以作为普通破产债权清偿。

第二十五条 管理人拟通过清偿债务或者提供担保取回质物、留置物,或者与质权人、留置权人协议以质物、留置物折价清偿债务等方式,进行对债权人利益有重大影响的财产处分行为的,应当及时报告债权人委员会。未设立债权人委员会的,管理人应当及时报告人民法院。

第二十六条 权利人依据企业破产法第三十八条的规定行使取回权,应当在破产财产变价方案或者和解协议、重整计划草案提交债权人会议表决前向管理人提出。权利人在上述期限后主张取回相关财产的,应当承担延迟行使取回权增加的相关费用。

第二十七条 权利人依据企业破产法第三十八条的规定向管理人主张取回相关财产,管理人不予认可,权利人以债务人为被告向人民法院提起诉讼请求行使取回权的,人民法院应予受理。

权利人依据人民法院或者仲裁机关的相关生效法律文书向管理人主张取回所涉争议财产,管理人以生效法律文书错误为由拒绝其行使取回权的,人民法院不予支持。

第二十八条 权利人行使取回权时未依法向管理人支付相关的加工费、保管费、托运费、委托费、代销费等费用,管理人拒绝其取回相关财产的,人民法院应予支持。

第二十九条 对债务人占有的权属不清的鲜活易腐等不易保管的财产或者不及时变现价值将严重贬损的财产,管理人及时变价并提存变价款后,有关权利人就该变价款行使取回权的,人民法院应予支持。

第三十条 债务人占有的他人财产被违法转让给第三人,依据物权法第一

百零六条的规定第三人已善意取得财产所有权,原权利人无法取回该财产的,人民法院应当按照以下规定处理:

(一)转让行为发生在破产申请受理前的,原权利人因财产损失形成的债权,作为普通破产债权清偿;

(二)转让行为发生在破产申请受理后的,因管理人或者相关人员执行职务导致原权利人损害产生的债务,作为共益债务清偿。

第三十一条 债务人占有的他人财产被违法转让给第三人,第三人已向债务人支付了转让价款,但依据物权法第一百零六条的规定未取得财产所有权,原权利人依法追回转让财产的,对因第三人已支付对价而产生的债务,人民法院应当按照以下规定处理:

(一)转让行为发生在破产申请受理前的,作为普通破产债权清偿;

(二)转让行为发生在破产申请受理后的,作为共益债务清偿。

第三十二条 债务人占有的他人财产毁损、灭失,因此获得的保险金、赔偿金、代偿物尚未交付给债务人,或者代偿物虽已交付给债务人但能与债务人财产予以区分的,权利人主张取回就此获得的保险金、赔偿金、代偿物的,人民法院应予支持。

保险金、赔偿金已经交付给债务人,或者代偿物已经交付给债务人且不能与债务人财产予以区分的,人民法院应当按照以下规定处理:

(一)财产毁损、灭失发生在破产申请受理前的,权利人因财产损失形成的债权,作为普通破产债权清偿;

(二)财产毁损、灭失发生在破产申请受理后的,因管理人或者相关人员执行职务导致权利人损害产生的债务,作为共益债务清偿。

债务人占有的他人财产毁损、灭失,没有获得相应的保险金、赔偿金、代偿物,或者保险金、赔偿物、代偿物不足以弥补其损失的部分,人民法院应当按照本条第二款的规定处理。

第三十三条 管理人或者相关人员在执行职务过程中,因故意或者重大过失不当转让他人财产或者造成他人财产毁损、灭失,导致他人损害产生的债务作为共益债务,由债务人财产随时清偿不足弥补损失,权利人向管理人或者相关人员主张承担补充赔偿责任的,人民法院应予支持。

上述债务作为共益债务由债务人财产随时清偿后,债权人以管理人或者相关人员执行职务不当导致债务人财产减少给其造成损失为由提起诉讼,主张管理人或者相关人员承担相应赔偿责任的,人民法院应予支持。

第三十四条 买卖合同双方当事人在合同中约定标的物所有权保留,在标的物所有权未依法转移给买受人前，一方当事人破产的，该买卖合同属于双方均未履行完毕的合同，管理人有权依据企业破产法第十八条的规定决定解除或者继续履行合同。

第三十五条 出卖人破产，其管理人决定继续履行所有权保留买卖合同的，买受人应当按照原买卖合同的约定支付价款或者履行其他义务。

买受人未依约支付价款或者履行完毕其他义务，或者将标的物出卖、出质或者作出其他不当处分，给出卖人造成损害，出卖人管理人依法主张取回标的物的，人民法院应予支持。但是，买受人已经支付标的物总价款百分之七十五以上或者第三人善意取得标的物所有权或者其他物权的除外。

因本条第二款规定未能取回标的物，出卖人管理人依法主张买受人继续支付价款、履行完毕其他义务，以及承担相应赔偿责任的，人民法院应予支持。

第三十六条 出卖人破产，其管理人决定解除所有权保留买卖合同，并依据企业破产法第十七条的规定要求买受人向其交付买卖标的物的，人民法院应予支持。

买受人以其不存在未依约支付价款或者履行完毕其他义务，或者将标的物出卖、出质或者作出其他不当处分情形抗辩的，人民法院不予支持。

买受人依法履行合同义务并依据本条第一款将买卖标的物交付出卖人管理人后，买受人已支付价款损失形成的债权作为共益债务清偿。但是，买受人违反合同约定，出卖人管理人主张上述债权作为普通破产债权清偿的，人民法院应予支持。

第三十七条 买受人破产，其管理人决定继续履行所有权保留买卖合同的，原买卖合同中约定的买受人支付价款或者履行其他义务的期限在破产申请受理时视为到期，买受人管理人应当及时向出卖人支付价款或者履行其他义务。

买受人管理人无正当理由未及时支付价款或者履行完毕其他义务，或者将标的物出卖、出质或者作出其他不当处分，给出卖人造成损害，出卖人依据合同法第一百三十四条等规定主张取回标的物的，人民法院应予支持。但是，买受人已支付标的物总价款百分之七十五以上或者第三人善意取得标的物所有权或者其他物权的除外。

因本条第二款规定未能取回标的物，出卖人依法主张买受人继续支付价款、履行完毕其他义务，以及承担相应赔偿责任的，人民法院应予支持。对因买受人未支付价款或者未履行完毕其他义务，以及买受人管理人将标的物出卖、出质或者作出其他不当处分导致出卖人损害产生的债务，出卖人主张作为共益债务清偿的，人民法院应予支持。

第三十八条　买受人破产，其管理人决定解除所有权保留买卖合同，出卖人依据企业破产法第三十八条的规定主张取回买卖标的物的，人民法院应予支持。

出卖人取回买卖标的物，买受人管理人主张出卖人返还已支付价款的，人民法院应予支持。取回的标的物价值明显减少给出卖人造成损失的，出卖人可从买受人已支付价款中优先予以抵扣后，将剩余部分返还给买受人；对买受人已支付价款不足以弥补出卖人标的物价值减损损失形成的债权，出卖人主张作为共益债务清偿的，人民法院应予支持。

第三十九条　出卖人依据企业破产法第三十九条的规定，通过通知承运人或者实际占有人中止运输、返还货物、变更到达地，或者将货物交给其他收货人等方式，对在运途中标的物主张了取回权但未能实现，或者在货物未达管理人前已向管理人主张取回在运途中标的物，在买卖标的物到达管理人后，出卖人向管理人主张取回的，管理人应予准许。

出卖人对在运途中标的物未及时行使取回权，在买卖标的物到达管理人后向管理人行使在运途中标的物取回权的，管理人不应准许。

第四十条　债务人重整期间，权利人要求取回债务人合法占有的权利人的财产，不符合双方事先约定条件的，人民法院不予支持。但是，因管理人或者自行管理的债务人违反约定，可能导致取回物被转让、毁损、灭失或者价值明显减少的除外。

第四十一条　债权人依据企业破产法第四十条的规定行使抵销权，应当向管理人提出抵销主张。

管理人不得主动抵销债务人与债权人的互负债务，但抵销使债务人财产受益的除外。

第四十二条　管理人收到债权人提出的主张债务抵销的通知后，经审查无异议的，抵销自管理人收到通知之日起生效。

管理人对抵销主张有异议的，应当在约定的异议期限内或者自收到主张债务抵销的通知之日起三个月内向人民法院提起诉讼。无正当理由逾期提起的，人民法院不予支持。

人民法院判决驳回管理人提起的抵销无效诉讼请求的，该抵销自管理人收到主张债务抵销的通知之日起生效。

第四十三条　债权人主张抵销，管理人以下列理由提出异议的，人民法院不予支持：

(一)破产申请受理时，债务人对债权人负有的债务尚未到期；

(二)破产申请受理时，债权人对债务人负有的债务尚未到期；

(三)双方互负债务标的物种类、品质不同。

第四十四条 破产申请受理前六个月内，债务人有企业破产法第二条第一款规定的情形，债务人与个别债权人以抵销方式对个别债权人清偿，其抵销的债权债务属于企业破产法第四十条第(二)、(三)项规定的情形之一，管理人在破产申请受理之日起三个月内向人民法院提起诉讼，主张该抵销无效的，人民法院应予支持。

第四十五条 企业破产法第四十条所列不得抵销情形的债权人，主张以其对债务人特定财产享有优先受偿权的债权，与债务人对其不享有优先受偿权的债权抵销，债务人管理人以抵销存在企业破产法第四十条规定的情形提出异议的，人民法院不予支持。但是，用以抵销的债权大于债权人享有优先受偿权财产价值的除外。

第四十六条 债务人的股东主张以下列债务与债务人对其负有的债务抵销，债务人管理人提出异议的，人民法院应予支持：

(一)债务人股东因欠缴债务人的出资或者抽逃出资对债务人所负的债务；

(二)债务人股东滥用股东权利或者关联关系损害公司利益对债务人所负的债务。

第四十七条 人民法院受理破产申请后，当事人提起的有关债务人的民事诉讼案件，应当依据企业破产法第二十一条的规定，由受理破产申请的人民法院管辖。

受理破产申请的人民法院管辖的有关债务人的第一审民事案件，可以依据民事诉讼法第三十八条的规定，由上级人民法院提审，或者报请上级人民法院批准后交下级人民法院审理。

受理破产申请的人民法院，如对有关债务人的海事纠纷、专利纠纷、证券市场因虚假陈述引发的民事赔偿纠纷等案件不能行使管辖权的，可以依据民事诉讼法第三十七条的规定，由上级人民法院指定管辖。

第四十八条 本规定施行前本院发布的有关企业破产的司法解释，与本规定相抵触的，自本规定施行之日起不再适用。

最高人民法院关于适用《中华人民共和国企业破产法》若干问题的规定(三)

（2019 年 2 月 25 日由最高人民法院审判委员会第 1762 次会议通过，自 2019 年 3 月 28 日起施行。法释〔2019〕3 号）

为正确适用《中华人民共和国企业破产法》，结合审判实践，就人民法院审理企业破产案件中有关债权人权利行使等相关法律适用问题，制定本规定。

第一条 人民法院裁定受理破产申请的，此前债务人尚未支付的公司强制清算费用、未终结的执行程序中产生的评估费、公告费、保管费等执行费用，可以参照企业破产法关于破产费用的规定，由债务人财产随时清偿。

此前债务人尚未支付的案件受理费、执行申请费，可以作为破产债权清偿。

第二条 破产申请受理后，经债权人会议决议通过，或者第一次债权人会议召开前经人民法院许可，管理人或者自行管理的债务人可以为债务人继续营业而借款。提供借款的债权人主张参照企业破产法第四十二条第四项的规定优先于普通破产债权清偿的，人民法院应予支持，但其主张优先于此前已就债务人特定财产享有担保的债权清偿的，人民法院不予支持。

管理人或者自行管理的债务人可以为前述借款设定抵押担保，抵押物在破产申请受理前已为其他债权人设定抵押的，债权人主张按照物权法第一百九十九条规定的顺序清偿，人民法院应予支持。

第三条 破产申请受理后，债务人欠缴款项产生的滞纳金，包括债务人未履行生效法律文书应当加倍支付的迟延利息和劳动保险金的滞纳金，债权人作为破产债权申报的，人民法院不予确认。

第四条 保证人被裁定进入破产程序的，债权人有权申报其对保证人的保证债权。

主债务未到期的，保证债权在保证人破产申请受理时视为到期。一般保证的保证人主张行使先诉抗辩权的，人民法院不予支持，但债权人在一般保证人破产程序中的分配额应予提存，待一般保证人应承担的保证责任确定后再按照破产清偿比例予以分配。

保证人被确定应当承担保证责任的，保证人的管理人可以就保证人实际承担的清偿额向主债务人或其他债务人行使求偿权。

第五条 债务人、保证人均被裁定进入破产程序的，债权人有权向债务人、保证人分别申报债权。

债权人向债务人、保证人均申报全部债权的，从一方破产程序中获得清偿后，其对另一方的债权额不作调整，但债权人的受偿额不得超出其债权总额。保证人履行保证责任后不再享有求偿权。

第六条 管理人应当依照企业破产法第五十七条的规定对所申报的债权进行登记造册，详尽记载申报人的姓名、单位、代理人、申报债权额、担保情况、证据、联系方式等事项，形成债权申报登记册。

管理人应当依照企业破产法第五十七条的规定对债权的性质、数额、担保财产、是否超过诉讼时效期间、是否超过强制执行期间等情况进行审查、编制债权表并提交债权人会议核查。

债权表、债权申报登记册及债权申报材料在破产期间由管理人保管，债权人、债务人、债务人职工及其他利害关系人有权查阅。

第七条 已经生效法律文书确定的债权，管理人应当予以确认。

管理人认为债权人据以申报债权的生效法律文书确定的债权错误，或者有证据证明债权人与债务人恶意通过诉讼、仲裁或者公证机关赋予强制执行力公证文书的形式虚构债权债务的，应当依法通过审判监督程序向作出该判决、裁定、调解书的人民法院或者上一级人民法院申请撤销生效法律文书，或者向受理破产申请的人民法院申请撤销或者不予执行仲裁裁决、不予执行公证债权文书后，重新确定债权。

第八条 债务人、债权人对债权表记载的债权有异议的，应当说明理由和法律依据。经管理人解释或调整后，异议人仍然不服的，或者管理人不予解释或调整的，异议人应当在债权人会议核查结束后十五日内向人民法院提起债权确认的诉讼。当事人之间在破产申请受理前订立有仲裁条款或仲裁协议的，应当向选定的仲裁机构申请确认债权债务关系。

第九条 债务人对债权表记载的债权有异议向人民法院提起诉讼的，应将被异议债权人列为被告。债权人对债权表记载的他人债权有异议的，应将被异议债权人列为被告；债权人对债权表记载的本人债权有异议的，应将债务人列为被告。

对同一笔债权存在多个异议人，其他异议人申请参加诉讼的，应当列为共同原告。

第十条 单个债权人有权查阅债务人财产状况报告、债权人会议决议、债权人委员会决议、管理人监督报告等参与破产程序所必需的债务人财务和经营信息资料。管理人无正当理由不予提供的，债权人可以请求人民法院作出决定；人民法院应当在五日内作出决定。

上述信息资料涉及商业秘密的，债权人应当依法承担保密义务或者签署保密协议；涉及国家秘密的应当依照相关法律规定处理。

第十一条 债权人会议的决议除现场表决外，可以由管理人事先将相关决议事项告知债权人，采取通信、网络投票等非现场方式进行表决。采取非现场方式进行表决的，管理人应当在债权人会议召开后的三日内，以信函、电子邮件、公告等方式将表决结果告知参与表决的债权人。

根据企业破产法第八十二条规定，对重整计划草案进行分组表决时，权益因重整计划草案受到调整或者影响的债权人或者股东，有权参加表决；权益未受到调整或者影响的债权人或者股东，参照企业破产法第八十三条的规定，不参加重整计划草案的表决。

第十二条 债权人会议的决议具有以下情形之一，损害债权人利益，债权人申请撤销的，人民法院应予支持：

（一）债权人会议的召开违反法定程序；

（二）债权人会议的表决违反法定程序；

（三）债权人会议的决议内容违法；

（四）债权人会议的决议超出债权人会议的职权范围。

人民法院可以裁定撤销全部或者部分事项决议，责令债权人会议依法重新作出决议。

债权人申请撤销债权人会议决议的，应当提出书面申请。债权人会议采取通信、网络投票等非现场方式进行表决的，债权人申请撤销的期限自债权人收到通知之日起算。

第十三条 债权人会议可以依照企业破产法第六十八条第一款第四项的规定，委托债权人委员会行使企业破产法第六十一条第一款第二、三、五项规定的债权人会议职权。债权人会议不得作出概括性授权，委托其行使债权人会议所有职权。

第十四条 债权人委员会决定所议事项应获得全体成员过半数通过，并作成议事记录。债权人委员会成员对所议事项的决议有不同意见的，应当在记录中载明。

债权人委员会行使职权应当接受债权人会议的监督，以适当的方式向债权人会议及时汇报工作，并接受人民法院的指导。

第十五条 管理人处分企业破产法第六十九条规定的债务人重大财产的,应当事先制作财产管理或者变价方案并提交债权人会议进行表决,债权人会议表决未通过的,管理人不得处分。

管理人实施处分前,应当根据企业破产法第六十九条的规定,提前十日书面报告债权人委员会或者人民法院。债权人委员会可以依照企业破产法第六十八条第二款的规定,要求管理人对处分行为作出相应说明或者提供有关文件依据。

债权人委员会认为管理人实施的处分行为不符合债权人会议通过的财产管理或变价方案的,有权要求管理人纠正。管理人拒绝纠正的,债权人委员会可以请求人民法院作出决定。

人民法院认为管理人实施的处分行为不符合债权人会议通过的财产管理或变价方案的,应当责令管理人停止处分行为。管理人应当予以纠正,或者提交债权人会议重新表决通过后实施。

第十六条 本规定自 2019 年 3 月 28 日起实施。

实施前本院发布的有关企业破产的司法解释,与本规定相抵触的,自本规定实施之日起不再适用。

最高人民法院关于审理企业破产案件指定管理人的规定

（最高人民法院审判委员会第 1422 次会议通过，自 2007 年 6 月 1 日施行。法释〔2007〕8 号）

为公平、公正审理企业破产案件，保证破产审判工作依法顺利进行，促进管理人制度的完善和发展，根据《中华人民共和国企业破产法》的规定，制定本规定。

一、管理人名册的编制

第一条 人民法院审理企业破产案件应当指定管理人。除企业破产法和本规定另有规定外，管理人应当从管理人名册中指定。

第二条 高级人民法院应当根据本辖区律师事务所、会计师事务所、破产清算事务所等社会中介机构及专职从业人员数量和企业破产案件数量，确定由本院或者所辖中级人民法院编制管理人名册。

人民法院应当分别编制社会中介机构管理人名册和个人管理人名册。由直辖市以外的高级人民法院编制的管理人名册中，应当注明社会中介机构和个人所属中级人民法院辖区。

第三条 符合企业破产法规定条件的社会中介机构及其具备相关专业知识并取得执业资格的人员，均可申请编入管理人名册。已被编入机构管理人名册的社会中介机构中，具备相关专业知识并取得执业资格的人员，可以申请编入个人管理人名册。

第四条 社会中介机构及个人申请编入管理人名册的，应当向所在地区编制管理人名册的人民法院提出，由该人民法院予以审定。

人民法院不受理异地申请，但异地社会中介机构在本辖区内设立的分支机构提出申请的除外。

第五条 人民法院应当通过本辖区有影响的媒体就编制管理人名册的有关事项进行公告。公告应当包括以下内容：

（一）管理人申报条件；

（二）应当提交的材料；

（三）评定标准、程序；

（四）管理人的职责以及相应的法律责任；

（五）提交申报材料的截止时间；

（六）人民法院认为应当公告的其他事项。

第六条 律师事务所、会计师事务所申请编入管理人名册的，应当提供下列材料：

（一）执业证书、依法批准设立文件或者营业执照；

（二）章程；

（三）本单位专职从业人员名单及其执业资格证书复印件；

（四）业务和业绩材料；

（五）行业自律组织对所提供材料真实性以及有无被行政处罚或者纪律处分情况的证明；

（六）人民法院要求的其他材料。

第七条 破产清算事务所申请编入管理人名册的，应当提供以下材料：

（一）营业执照或者依法批准设立的文件；

（二）本单位专职从业人员的法律或者注册会计师资格证书，或者经营管理经历的证明材料；

（三）业务和业绩材料；

（四）能够独立承担民事责任的证明材料；

（五）行业自律组织对所提供材料真实性以及有无被行政处罚或者纪律处分情况的证明，或者申请人就上述情况所作的真实性声明；

（六）人民法院要求的其他材料。

第八条 个人申请编入管理人名册的，应当提供下列材料：

（一）律师或者注册会计师执业证书复印件以及执业年限证明；

（二）所在社会中介机构同意其担任管理人的函件；

（三）业务专长及相关业绩材料；

（四）执业责任保险证明；

（五）行业自律组织对所提供材料真实性以及有无被行政处罚或者纪律处分情况的证明；

（六）人民法院要求的其他材料。

第九条 社会中介机构及个人具有下列情形之一的，人民法院可以适用企业破产法第二十四条第三款第四项的规定：

（一）因执业、经营中故意或者重大过失行为，受到行政机关、监管机构或者行业自律组织行政处罚或者纪律处分之日起未逾三年；

（二）因涉嫌违法行为正被相关部门调查；

（三）因不适当履行职务或者拒绝接受人民法院指定等原因，被人民法院从管理人名册除名之日起未逾三年；

（四）缺乏担任管理人所应具备的专业能力；

（五）缺乏承担民事责任的能力；

（六）人民法院认为可能影响履行管理人职责的其他情形。

第十条 编制管理人名册的人民法院应当组成专门的评审委员会，决定编入管理人名册的社会中介机构和个人名单。评审委员会成员应不少于七人。

人民法院应当根据本辖区社会中介机构以及社会中介机构中个人的实际情况，结合其执业业绩、能力、专业水准、社会中介机构的规模、办理企业破产案件的经验等因素制定管理人评定标准，由评审委员会根据申报人的具体情况评定其综合分数。

人民法院根据评审委员会评审结果，确定管理人初审名册。

第十一条 人民法院应当将管理人初审名册通过本辖区有影响的媒体进行公示，公示期为十日。

对于针对编入初审名册的社会中介机构和个人提出的异议，人民法院应当进行审查。异议成立、申请人确不宜担任管理人的，人民法院应将该社会中介机构或者个人从管理人初审名册中删除。

第十二条 公示期满后，人民法院应审定管理人名册，并通过全国有影响的媒体公布，同时逐级报最高人民法院备案。

第十三条 人民法院可以根据本辖区的实际情况，分批确定编入管理人名册的社会中介机构及个人。

编制管理人名册的全部资料应当建立档案备查。

第十四条 人民法院可以根据企业破产案件受理情况、管理人履行职务以及管理人资格变化等因素，对管理人名册适时进行调整。新编入管理人名册的社会中介机构和个人应当按照本规定的程序办理。

人民法院发现社会中介机构或者个人有企业破产法第二十四条第三款规定情形的，应当将其从管理人名册中除名。

二、管理人的指定

第十五条 受理企业破产案件的人民法院指定管理人，一般应从本地管理人名册中指定。

对于商业银行、证券公司、保险公司等金融机构以及在全国范围内有重大影响、法律关系复杂、债务人财产分散的企业破产案件，人民法院可以从所在地区高级人民法院编制的管理人名册列明的其他地区管理人或者异地人民法院编制的管理人名册中指定管理人。

第十六条　受理企业破产案件的人民法院，一般应指定管理人名册中的社会中介机构担任管理人。

第十七条　对于事实清楚、债权债务关系简单、债务人财产相对集中的企业破产案件，人民法院可以指定管理人名册中的个人为管理人。

第十八条　企业破产案件有下列情形之一的，人民法院可以指定清算组为管理人：

（一）破产申请受理前，根据有关规定已经成立清算组，人民法院认为符合本规定第十九条的规定；

（二）审理企业破产法第一百三十三条规定的案件；

（三）有关法律规定企业破产时成立清算组；

（四）人民法院认为可以指定清算组为管理人的其他情形。

第十九条　清算组为管理人的，人民法院可以从政府有关部门、编入管理人名册的社会中介机构、金融资产管理公司中指定清算组成员，人民银行及金融监督管理机构可以按照有关法律和行政法规的规定派人参加清算组。

第二十条　人民法院一般应当按照管理人名册所列名单采取轮候、抽签、摇号等随机方式公开指定管理人。

第二十一条　对于商业银行、证券公司、保险公司等金融机构或者在全国范围有重大影响、法律关系复杂、债务人财产分散的企业破产案件，人民法院可以采取公告的方式，邀请编入各地人民法院管理人名册中的社会中介机构参与竞争，从参与竞争的社会中介机构中指定管理人。参与竞争的社会中介机构不得少于三家。

采取竞争方式指定管理人的，人民法院应当组成专门的评审委员会。

评审委员会应当结合案件的特点，综合考量社会中介机构的专业水准、经验、机构规模、初步报价等因素，从参与竞争的社会中介机构中择优指定管理人。被指定为管理人的社会中介机构应经评审委员会成员二分之一以上通过。

采取竞争方式指定管理人的，人民法院应当确定一至两名备选社会中介机构，作为需要更换管理人时的接替人选。

第二十二条　对于经过行政清理、清算的商业银行、证券公司、保险公司等金融机构的破产案件，人民法院除可以按照本规定第十八条第一项的规定指定管理人外，也可以在金融监督管理机构推荐的已编入管理人名册的社会中介机构中指定管理人。

第二十三条 社会中介机构、清算组成员有下列情形之一，可能影响其忠实履行管理人职责的，人民法院可以认定为企业破产法第二十四条第三款第三项规定的利害关系：

（一）与债务人、债权人有未了结的债权债务关系；

（二）在人民法院受理破产申请前三年内，曾为债务人提供相对固定的中介服务；

（三）现在是或者在人民法院受理破产申请前三年内曾经是债务人、债权人的控股股东或者实际控制人；

（四）现在担任或者在人民法院受理破产申请前三年内曾经担任债务人、债权人的财务顾问、法律顾问；

（五）人民法院认为可能影响其忠实履行管理人职责的其他情形。

第二十四条 清算组成员的派出人员、社会中介机构的派出人员、个人管理人有下列情形之一，可能影响其忠实履行管理人职责的，可以认定为企业破产法第二十四条第三款第三项规定的利害关系：

（一）具有本规定第二十三条规定情形；

（二）现在担任或者在人民法院受理破产申请前三年内曾经担任债务人、债权人的董事、监事、高级管理人员；

（三）与债权人或者债务人的控股股东、董事、监事、高级管理人员存在夫妻、直系血亲、三代以内旁系血亲或者近姻亲关系；

（四）人民法院认为可能影响其公正履行管理人职责的其他情形。

第二十五条 在进入指定管理人程序后，社会中介机构或者个人发现与本案有利害关系的，应主动申请回避并向人民法院书面说明情况。人民法院认为社会中介机构或者个人与本案有利害关系的，不应指定该社会中介机构或者个人为本案管理人。

第二十六条 社会中介机构或者个人有重大债务纠纷或者因涉嫌违法行为正被相关部门调查的，人民法院不应指定该社会中介机构或者个人为本案管理人。

第二十七条 人民法院指定管理人应当制作决定书，并向被指定为管理人的社会中介机构或者个人、破产申请人、债务人、债务人的企业登记机关送达。决定书应与受理破产申请的民事裁定书一并公告。

第二十八条 管理人无正当理由，不得拒绝人民法院的指定。

管理人一经指定，不得以任何形式将管理人应当履行的职责全部或者部分转给其他社会中介机构或者个人。

第二十九条 管理人凭指定管理人决定书按照国家有关规定刻制管理人印章，并交人民法院封样备案后启用。

管理人印章只能用于所涉破产事务。管理人根据企业破产法第一百二十二条规定终止执行职务后，应当将管理人印章交公安机关销毁，并将销毁的证明送交人民法院。

第三十条 受理企业破产案件的人民法院应当将指定管理人过程中形成的材料存入企业破产案件卷宗，债权人会议或者债权人委员会有权查阅。

三、管理人的更换

第三十一条 债权人会议根据企业破产法第二十二条第二款的规定申请更换管理人的，应由债权人会议作出决议并向人民法院提出书面申请。

人民法院在收到债权人会议的申请后，应当通知管理人在两日内作出书面说明。

第三十二条 人民法院认为申请理由不成立的，应当自收到管理人书面说明之日起十日内作出驳回申请的决定。

人民法院认为申请更换管理人的理由成立的，应当自收到管理人书面说明之日起十日内作出更换管理人的决定。

第三十三条 社会中介机构管理人有下列情形之一的，人民法院可以根据债权人会议的申请或者依职权迳行决定更换管理人：

(一)执业许可证或者营业执照被吊销或者注销；

(二)出现解散、破产事由或者丧失承担执业责任风险的能力；

(三)与本案有利害关系；

(四)履行职务时，因故意或者重大过失导致债权人利益受到损害；

(五)有本规定第二十六条规定的情形。

清算组成员参照适用前款规定。

第三十四条 个人管理人有下列情形之一的，人民法院可以根据债权人会议的申请或者依职权迳行决定更换管理人：

(一)执业资格被取消、吊销；

(二)与本案有利害关系；

(三)履行职务时，因故意或者重大过失导致债权人利益受到损害；

(四)失踪、死亡或者丧失民事行为能力；

(五)因健康原因无法履行职务；

（六）执业责任保险失效；

（七）有本规定第二十六条规定的情形。

清算组成员的派出人员、社会中介机构的派出人员参照适用前款规定。

第三十五条　管理人无正当理由申请辞去职务的，人民法院不予许可。正当理由的认定，可参照适用本规定第三十三条、第三十四条规定的情形。

第三十六条　人民法院对管理人申请辞去职务未予许可，管理人仍坚持辞去职务并不再履行管理人职责的，人民法院应当决定更换管理人。

第三十七条　人民法院决定更换管理人的，原管理人应当自收到决定书之次日起，在人民法院监督下向新任管理人移交全部资料、财产、营业事务及管理人印章，并及时向新任管理人书面说明工作进展情况。原管理人不能履行上述职责的，新任管理人可以直接接管相关事务。

在破产程序终结前，原管理人应当随时接受新任管理人、债权人会议、人民法院关于其履行管理人职责情况的询问。

第三十八条　人民法院决定更换管理人的，应将决定书送达原管理人、新任管理人、破产申请人、债务人以及债务人的企业登记机关，并予公告。

第三十九条　管理人申请辞去职务未获人民法院许可，但仍坚持辞职并不再履行管理人职责，或者人民法院决定更换管理人后，原管理人拒不向新任管理人移交相关事务，人民法院可以根据企业破产法第一百三十条的规定和具体情况，决定对管理人罚款。对社会中介机构为管理人的罚款 5 万元至 20 万元人民币，对个人为管理人的罚款 1 万元至 5 万元人民币。

管理人有前款规定行为或者无正当理由拒绝人民法院指定的，编制管理人名册的人民法院可以决定停止其担任管理人一年至三年，或者将其从管理人名册中除名。

第四十条　管理人不服罚款决定的，可以向上一级人民法院申请复议，上级人民法院应在收到复议申请后五日内作出决定，并将复议结果通知下级人民法院和当事人。

最高人民法院关于审理企业破产案件确定管理人报酬的规定

（最高人民法院审判委员会第 1422 次会议通过，自 2007 年 6 月 1 日施行。法释〔2007〕9 号）

为公正、高效审理企业破产案件，规范人民法院确定管理人报酬工作，根据《中华人民共和国企业破产法》的规定，制定本规定。

第一条 管理人履行企业破产法第二十五条规定的职责，有权获得相应报酬。

管理人报酬由审理企业破产案件的人民法院依据本规定确定。

第二条 人民法院应根据债务人最终清偿的财产价值总额，在以下比例限制范围内分段确定管理人报酬：

（一）不超过一百万元（含本数，下同）的，在 12% 以下确定；

（二）超过一百万元至五百万元的部分，在 10% 以下确定；

（三）超过五百万元至一千万元的部分，在 8% 以下确定；

（四）超过一千万元至五千万元的部分，在 6% 以下确定；

（五）超过五千万元至一亿元的部分，在 3% 以下确定；

（六）超过一亿元至五亿元的部分，在 1% 以下确定；

（七）超过五亿元的部分，在 0.5% 以下确定。

担保权人优先受偿的担保物价值，不计入前款规定的财产价值总额。

高级人民法院认为有必要的，可以参照上述比例在 30% 的浮动范围内制定符合当地实际情况的管理人报酬比例限制范围，并通过当地有影响的媒体公告，同时报最高人民法院备案。

第三条 人民法院可以根据破产案件的实际情况，确定管理人分期或者最后一次性收取报酬。

第四条 人民法院受理企业破产申请后，应当对债务人可供清偿的财产价值和管理人的工作量作出预测，初步确定管理人报酬方案。管理人报酬方案应当包括管理人报酬比例和收取时间。

第五条 人民法院采取公开竞争方式指定管理人的，可以根据社会中介机构提出的报价确定管理人报酬方案，但报酬比例不得超出本规定第二条规定的限制范围。

上述报酬方案一般不予调整，但债权人会议异议成立的除外。

第六条 人民法院应当自确定管理人报酬方案之日起三日内，书面通知管理人。

管理人应当在第一次债权人会议上报告管理人报酬方案内容。

第七条 管理人、债权人会议对管理人报酬方案有意见的，可以进行协商。双方就调整管理人报酬方案内容协商一致的，管理人应向人民法院书面提出具体的请求和理由，并附相应的债权人会议决议。

人民法院经审查认为上述请求和理由不违反法律和行政法规强制性规定，且不损害他人合法权益的，应当按照双方协商的结果调整管理人报酬方案。

第八条 人民法院确定管理人报酬方案后，可以根据破产案件和管理人履行职责的实际情况进行调整。

人民法院应当自调整管理人报酬方案之日起三日内，书面通知管理人。管理人应当自收到上述通知之日起三日内，向债权人委员会或者债权人会议主席报告管理人报酬方案调整内容。

第九条 人民法院确定或者调整管理人报酬方案时，应当考虑以下因素：

（一）破产案件的复杂性；

（二）管理人的勤勉程度；

（三）管理人为重整、和解工作做出的实际贡献；

（四）管理人承担的风险和责任；

（五）债务人住所地居民可支配收入及物价水平；

（六）其他影响管理人报酬的情况。

第十条 最终确定的管理人报酬及收取情况，应列入破产财产分配方案。在和解、重整程序中，管理人报酬方案内容应列入和解协议草案或重整计划草案。

第十一条 管理人收取报酬，应当向人民法院提出书面申请。申请书应当包括以下内容：

（一）可供支付报酬的债务人财产情况；

（二）申请收取报酬的时间和数额；

（三）管理人履行职责的情况。

人民法院应当自收到上述申请书之日起十日内，确定支付管理人的报酬数额。

第十二条 管理人报酬从债务人财产中优先支付。

债务人财产不足以支付管理人报酬和管理人执行职务费用的，管理人应当提请人民法院终结破产程序。但债权人、管理人、债务人的出资人或者其他利害关系人愿意垫付上述报酬和费用的，破产程序可以继续进行。

上述垫付款项作为破产费用从债务人财产中向垫付人随时清偿。

第十三条 管理人对担保物的维护、变现、交付等管理工作付出合理劳动的，有权向担保权人收取适当的报酬。管理人与担保权人就上述报酬数额不能协商一致的，人民法院应当参照本规定第二条规定的方法确定，但报酬比例不得超出该条规定限制范围的10%。

第十四条 律师事务所、会计师事务所通过聘请本专业的其他社会中介机构或者人员协助履行管理人职责的，所需费用从其报酬中支付。

破产清算事务所通过聘请其他社会中介机构或者人员协助履行管理人职责的，所需费用从其报酬中支付。

第十五条 清算组中有关政府部门派出的工作人员参与工作的不收取报酬。其他机构或人员的报酬根据其履行职责的情况确定。

第十六条 管理人发生更换的，人民法院应当分别确定更换前后的管理人报酬。其报酬比例总和不得超出本规定第二条规定的限制范围。

第十七条 债权人会议对管理人报酬有异议的，应当向人民法院书面提出具体的请求和理由。异议书应当附有相应的债权人会议决议。

第十八条 人民法院应当自收到债权人会议异议书之日起三日内通知管理人。管理人应当自收到通知之日起三日内作出书面说明。

人民法院认为有必要的，可以举行听证会，听取当事人意见。

人民法院应当自收到债权人会议异议书之日起十日内，就是否调整管理人报酬问题书面通知管理人、债权人委员会或者债权人会议主席。

全国法院破产审判工作会议纪要

（2018 年 3 月 4 日最高人民法院印发。法〔2018〕53 号）

为落实党的十九大报告提出的贯彻新发展理念、建设现代化经济体系的要求，紧紧围绕高质量发展这条主线，服务和保障供给侧结构性改革，充分发挥人民法院破产审判工作在完善社会主义市场经济主体拯救和退出机制中的积极作用，为决胜全面建成小康社会提供更加有力的司法保障，2017 年 12 月 25 日，最高人民法院在广东省深圳市召开了全国法院破产审判工作会议。各省、自治区、直辖市高级人民法院、设立破产审判庭的市中级人民法院的代表参加了会议。与会代表经认真讨论，对人民法院破产审判涉及的主要问题达成共识。现纪要如下：

一、破产审判的总体要求

会议认为，人民法院要坚持以习近平新时代中国特色社会主义经济思想为指导，深刻认识破产法治对决胜全面建成小康社会的重要意义，以更加有力的举措开展破产审判工作，为经济社会持续健康发展提供更加有力的司法保障。当前和今后一个时期，破产审判工作总的要求是：

一要发挥破产审判功能，助推建设现代化经济体系。人民法院要通过破产工作实现资源重新配置，用好企业破产中权益、经营管理、资产、技术等重大调整的有利契机，对不同企业分类处置，把科技、资本、劳动力和人力资源等生产要素调动好、配置好、协同好，促进实体经济和产业体系优质高效。

二要着力服务构建新的经济体制，完善市场主体救治和退出机制。要充分运用重整、和解法律手段实现市场主体的有效救治，帮助企业提质增效；运用清算手段促使丧失经营价值的企业和产能及时退出市场，实现优胜劣汰，从而完善社会主义市场主体的救治和退出机制。

三要健全破产审判工作机制，最大限度释放破产审判的价值。要进一步完善破产重整企业识别、政府与法院协调、案件信息沟通、合法有序的利益衡平四项破产审判工作机制，推动破产审判工作良性运行，彰显破产审判工作的制度价值和社会责任。

四要完善执行与破产工作的有序衔接，推动解决"执行难"。要将破产审判作为与立案、审判、执行既相互衔接、又相对独立的一个重要环节，充分发挥破产审判对化解执行积案的促进功能，消除执行转破产的障碍，从司法工作机制上探索解决"执行难"的有效途径。

二、破产审判的专业化建设

审判专业化是破产审判工作取得实质性进展的关键环节。各级法院要大力加强破产审判专业化建设，努力实现审判机构专业化、审判队伍专业化、审判程序规范化、裁判规则标准化、绩效考评科学化。

1. 推进破产审判机构专业化建设。省会城市、副省级城市所在地中级人民法院要根据最高人民法院《关于在中级人民法院设立清算与破产审判庭的工作方案》（法〔2016〕209号），抓紧设立清算与破产审判庭。其他各级法院可根据本地工作实际需求决定设立清算与破产审判庭或专门的合议庭，培养熟悉清算与破产审判的专业法官，以适应破产审判工作的需求。

2. 合理配置审判任务。要根据破产案件数量、案件难易程度、审判力量等情况，合理分配各级法院的审判任务。对于债权债务关系复杂、审理难度大的破产案件，高级人民法院可以探索实行中级人民法院集中管辖为原则、基层人民法院管辖为例外的管辖制度；对于债权债务关系简单、审理难度不大的破产案件，可以主要由基层人民法院管辖，通过快速审理程序高效审结。

3. 建立科学的绩效考评体系。要尽快完善清算与破产审判工作绩效考评体系，在充分尊重司法规律的基础上确定绩效考评标准，避免将办理清算破产案件与普通案件简单对比、等量齐观、同等考核。

三、管理人制度的完善

管理人是破产程序的主要推动者和破产事务的具体执行者。管理人的能力和素质不仅影响破产审判工作的质量，还关系到破产企业的命运与未来发展。要加快完善管理人制度，大力提升管理人职业素养和执业能力，强化对管理人的履职保障和有效监督，为改善企业经营、优化产业结构提供有力制度保障。

4. 完善管理人队伍结构。人民法院要指导编入管理人名册的中介机构采取适当方式吸收具有专业技术知识、企业经营能力的人员充实到管理人队伍中来，促进管理人队伍内在结构更加合理，充分发挥和提升管理人在企业病因诊断、资源整合等方面的重要作用。

5. 探索管理人跨区域执业。除从本地名册选择管理人外，各地法院还可以探索从外省、市管理人名册中选任管理人，确保重大破产案件能够遴选出最佳管理人。两家以上具备资质的中介机构请求联合担任同一破产案件管理人的，人民法院经审查符合自愿协商、优势互补、权责一致要求且确有必要的，可以准许。

6. 实行管理人分级管理。高级人民法院或者自行编制管理人名册的中级人民法院可以综合考虑管理人的专业水准、工作经验、执业操守、工作绩效、勤勉程度等因素，合理确定管理人等级，对管理人实行分级管理、定期考评。对债务人财产数量不多、债权债务关系简单的破产案件，可以在相应等级的管理人中采取轮候、抽签、摇号等随机方式指定管理人。

7. 建立竞争选定管理人工作机制。破产案件中可以引入竞争机制选任管理人，提升破产管理质量。上市公司破产案件、在本地有重大影响的破产案件或者债权债务关系复杂，涉及债权人、职工以及利害关系人人数较多的破产案件，在指定管理人时，一般应当通过竞争方式依法选定。

8. 合理划分法院和管理人的职能范围。人民法院应当支持和保障管理人依法履行职责，不得代替管理人作出本应由管理人自己作出的决定。管理人应当依法管理和处分债务人财产，审慎决定债务人内部管理事务，不得将自己的职责全部或者部分转让给他人。

9. 进一步落实管理人职责。在债务人自行管理的重整程序中，人民法院要督促管理人制订监督债务人的具体制度。在重整计划规定的监督期内，管理人应当代表债务人参加监督期开始前已经启动而尚未终结的诉讼、仲裁活动。重整程序、和解程序转入破产清算程序后，管理人应当按照破产清算程序继续履行管理人职责。

10. 发挥管理人报酬的激励和约束作用。人民法院可以根据破产案件的不同情况确定管理人报酬的支付方式，发挥管理人报酬在激励、约束管理人勤勉履职方面的积极作用。管理人报酬原则上应当根据破产案件审理进度和管理人履职情况分期支付。案情简单、耗时较短的破产案件，可以在破产程序终结后一次性向管理人支付报酬。

11. 管理人聘用其他人员费用负担的规制。管理人经人民法院许可聘用企业经营管理人员，或者管理人确有必要聘请其他社会中介机构或人员处理重大诉讼、仲裁、执行或审计等专业性较强工作，如所需费用需要列入破产费用的，应当经债权人会议同意。

12. 推动建立破产费用的综合保障制度。各地法院要积极争取财政部门支持，或采取从其他破产案件管理人报酬中提取一定比例等方式，推动设立破产费用保障资金，建立破产费用保障长效机制，解决因债务人财产不足以支付破产费用而影响破产程序启动的问题。

13. 支持和引导成立管理人协会。人民法院应当支持、引导、推动本辖区范围内管理人名册中的社会中介机构、个人成立管理人协会，加强对管理人的管理和约束，维护管理人的合法权益，逐步形成规范、稳定和自律的行业组织，确保管理人队伍既充满活力又规范有序发展。

四、破产重整

会议认为，重整制度集中体现了破产法的拯救功能，代表了现代破产法的发展趋势，全国各级法院要高度重视重整工作，妥善审理企业重整案件，通过市场化、法治化途径挽救困境企业，不断完善社会主义市场主体救治机制。

14. 重整企业的识别审查。破产重整的对象应当是具有挽救价值和可能的困境企业；对于僵尸企业，应通过破产清算，果断实现市场出清。人民法院在审查重整申请时，根据债务人的资产状况、技术工艺、生产销售、行业前景等因素，能够认定债务人明显不具备重整价值以及拯救可能性的，应裁定不予受理。

15. 重整案件的听证程序。对于债权债务关系复杂、债务规模较大，或者涉及上市公司重整的案件，人民法院在审查重整申请时，可以组织申请人、被申请人听证。债权人、出资人、重整投资人等利害关系人经人民法院准许，也可以参加听证。听证期间不计入重整申请审查期限。

16. 重整计划的制定及沟通协调。人民法院要加强与管理人或债务人的沟通，引导其分析债务人陷于困境的原因，有针对性地制定重整计划草案，促使企业重新获得盈利能力，提高重整成功率。人民法院要与政府建立沟通协调机制，帮助管理人或债务人解决重整计划草案制定中的困难和问题。

17. 重整计划的审查与批准。重整不限于债务减免和财务调整，重整的重点是维持企业的营运价值。人民法院在审查重整计划时，除合法性审查外，还应审查其中的经营方案是否具有可行性。重整计划中关于企业重新获得盈利能力的经营方案具有可行性、表决程序合法、内容不损害各表决组中反对者的清偿利益的，人民法院应当自收到申请之日起三十日内裁定批准重整计划。

18. 重整计划草案强制批准的条件。人民法院应当审慎适用企业破产法第八十七条第二款，不得滥用强制批准权。确需强制批准重整计划草案的，重整计划草案除应当符合企业破产法第八十七条第二款规定外，如债权人分多组的，还应当至少有一组已经通过重整计划草案，且各表决组中反对者能够获得的清偿利益不低于依照破产清算程序所能获得的利益。

19. 重整计划执行中的变更条件和程序。债务人应严格执行重整计划，但因出现国家政策调整、法律修改变化等特殊情况，导致原重整计划无法执行的，债务人或管理人可以申请变更重整计划一次。债权人会议决议同意变更重整计划的，应自决议通过之日起十日内提请人民法院批准。债权人会议决议不同意或者人民法院不批准变更申请的，人民法院经管理人或者利害关系人请求，应当裁定终止重整计划的执行，并宣告债务人破产。

20. 重整计划变更后的重新表决与裁定批准。人民法院裁定同意变更重整计划的，债务人或者管理人应当在六个月内提出新的重整计划。变更后的重整计划应提交给因重整计划变更而遭受不利影响的债权人组和出资人组进行表决。表决、申请人民法院批准以及人民法院裁定是否批准的程序与原重整计划的相同。

21. 重整后企业正常生产经营的保障。企业重整后，投资主体、股权结构、公司治理模式、经营方式等与原企业相比，往往发生了根本变化，人民法院要通过加强与政府的沟通协调，帮助重整企业修复信用记录，依法获取税收优惠，以利于重整企业恢复正常生产经营。

22. 探索推行庭外重组与庭内重整制度的衔接。在企业进入重整程序之前，可以先由债权人与债务人、出资人等利害关系人通过庭外商业谈判，拟定重组方案。重整程序启动后，可以重组方案为依据拟定重整计划草案提交人民法院依法审查批准。

五、破 产 清 算

会议认为，破产清算作为破产制度的重要组成部分，具有淘汰落后产能、优化市场资源配置的直接作用。对于缺乏拯救价值和可能性的债务人，要及时通过破产清算程序对债权债务关系进行全面清理，重新配置社会资源，提升社会有效供给的质量和水平，增强企业破产法对市场经济发展的引领作用。

23. 破产宣告的条件。人民法院受理破产清算申请后，第一次债权人会议上无人提出重整或和解申请的，管理人应当在债权审核确认和必要的审计、资产评估后，及时向人民法院提出宣告破产的申请。人民法院受理破产和解或重整申请后，债务人出现应当宣告破产的法定原因时，人民法院应当依法宣告债务人破产。

24. 破产宣告的程序及转换限制。相关主体向人民法院提出宣告破产申请的，人民法院应当自收到申请之日起七日内作出破产宣告裁定并进行公告。债务人被宣告破产后，不得再转入重整程序或和解程序。

25. 担保权人权利的行使与限制。在破产清算和破产和解程序中，对债务人特定财产享有担保权的债权人可以随时向管理人主张就该特定财产变价处置行使优先受偿权，管理人应及时变价处置，不得以须经债权人会议决议等为由拒绝。但因单独处置担保财产会降低其他破产财产的价值而应整体处置的除外。

26. 破产财产的处置。破产财产处置应当以价值最大化为原则，兼顾处置效率。人民法院要积极探索更为有效的破产财产处置方式和渠道，最大限度提升破产财产变价率。采用拍卖方式进行处置的，拍卖所得预计不足以支付评估拍卖费用，或者拍卖不成的，经债权人会议决议，可以采取作价变卖或实物分配方式。变卖或实物分配的方案经债权人会议两次表决仍未通过的，由人民法院裁定处理。

27. 企业破产与职工权益保护。破产程序中要依法妥善处理劳动关系，推动完善职工欠薪保障机制，依法保护职工生存权。由第三方垫付的职工债权，原则上按照垫付的职工债权性质进行清偿；由欠薪保障基金垫付的，应按照企业破产法第一百一十三条第一款第二项的顺序清偿。债务人欠缴的住房公积金，按照债务人拖欠的职工工资性质清偿。

28. 破产债权的清偿原则和顺序。对于法律没有明确规定清偿顺序的债权，人民法院可以按照人身损害赔偿债权优先于财产性债权、私法债权优先于公法债权、补偿性债权优先于惩罚性债权的原则合理确定清偿顺序。因债务人侵权行为造成的人身损害赔偿，可以参照企业破产法第一百一十三条第一款第一项规定的顺序清偿，但其中涉及的惩罚性赔偿除外。破产财产依照企业破产法第一百一十三条规定的顺序清偿后仍有剩余的，可依次用于清偿破产受理前产生的民事惩罚性赔偿金、行政罚款、刑事罚金等惩罚性债权。

29. 建立破产案件审理的繁简分流机制。人民法院审理破产案件应当提升审判效率，在确保利害关系人程序和实体权利不受损害的前提下，建立破产案件审理的繁简分流机制。对于债权债务关系明确、债务人财产状况清楚的破产案件，可以通过缩短程序时间、简化流程等方式加快案件审理进程，但不得突破法律规定的最低期限。

30. 破产清算程序的终结。人民法院终结破产清算程序应当以查明债务人财产状况、明确债务人财产的分配方案、确保破产债权获得依法清偿为基础。破产申请受理后，经管理人调查，债务人财产不足以清偿破产费用且无人代为清偿或垫付的，人民法院应当依管理人申请宣告破产并裁定终结破产清算程序。

31. 保证人的清偿责任和求偿权的限制。破产程序终结前，已向债权人承担了保证责任的保证人，可以要求债务人向其转付已申报债权的债权人在破产程序中应得清偿部分。破产程序终结后，债权人就破产程序中未受清偿部分要求保证人承担保证责任的，应在破产程序终结后六个月内提出。保证人承担保证责任后，不得再向和解或重整后的债务人行使求偿权。

六、关联企业破产

会议认为，人民法院审理关联企业破产案件时，要立足于破产关联企业之间的具体关系模式，采取不同方式予以处理。既要通过实质合并审理方式处理法人人格高度混同的关联关系，确保全体债权人公平清偿，也要避免不当采用实质合并审理方式损害相关利益主体的合法权益。

32. 关联企业实质合并破产的审慎适用。人民法院在审理企业破产案件时，应当尊重企业法人人格的独立性，以对关联企业成员的破产原因进行单独判断并适用单个破产程序为基本原则。当关联企业成员之间存在法人人格高度混同、区分各关联企业成员财产的成本过高、严重损害债权人公平清偿利益时，可例外适用关联企业实质合并破产方式进行审理。

33. 实质合并申请的审查。人民法院收到实质合并申请后，应当及时通知相关利害关系人并组织听证，听证时间不计入审查时间。人民法院在审查实质合并申请过程中，可以综合考虑关联企业之间资产的混同程序及其持续时间、各企业之间的利益关系、债权人整体清偿利益、增加企业重整的可能性等因素，在收到申请之日起三十日内作出是否实质合并审理的裁定。

34. 裁定实质合并时利害关系人的权利救济。相关利害关系人对受理法院作出的实质合并审理裁定不服的，可以自裁定书送达之日起十五日内向受理法院的上一级人民法院申请复议。

35. 实质合并审理的管辖原则与冲突解决。采用实质合并方式审理关联企业破产案件的，应由关联企业中的核心控制企业住所地人民法院管辖。核心控制企业不明确的，由关联企业主要财产所在地人民法院管辖。多个法院之间对管辖权发生争议的，应当报请共同的上级人民法院指定管辖。

36. 实质合并审理的法律后果。人民法院裁定采用实质合并方式审理破产案件的，各关联企业成员之间的债权债务归于消灭，各成员的财产作为合并后统一的破产财产，由各成员的债权人在同一程序中按照法定顺序公平受偿。采用实质合并方式进行重整的，重整计划草案中应当制定统一的债权分类、债权调整和债权受偿方案。

37. 实质合并审理后的企业成员存续。适用实质合并规则进行破产清算的，破产程序终结后各关联企业成员均应予以注销。适用实质合并规则进行和解或重整的，各关联企业原则上应当合并为一个企业。根据和解协议或重整计划，确有需要保持个别企业独立的，应当依照企业分立的有关规则单独处理。

38. 关联企业破产案件的协调审理与管辖原则。多个关联企业成员均存在破产原因但不符合实质合并条件的，人民法院可根据相关主体的申请对多个破产程序进行协调审理，并可根据程序协调的需要，综合考虑破产案件审理的效率、破产申请的先后顺序、成员负债规模大小、核心控制企业住所地等因素，由共同的上级法院确定一家法院集中管辖。

39. 协调审理的法律后果。协调审理不消灭关联企业成员之间的债权债务关系，不对关联企业成员的财产进行合并，各关联企业成员的债权人仍以该企业成员财产为限依法获得清偿。但关联企业成员之间不当利用关联关系形成的债权，应当劣后于其他普通债权顺序清偿，且该劣后债权人不得就其他关联企业成员提供的特定财产优先受偿。

七、执行程序与破产程序的衔接

执行程序与破产程序的有效衔接是全面推进破产审判工作的有力抓手，也是破解"执行难"的重要举措。全国各级法院要深刻认识执行转破产工作的重要意义，大力推动符合破产条件的执行案件，包括执行不能案件进入破产程序，充分发挥破产程序的制度价值。

40. 执行法院的审查告知、释明义务和移送职责。执行部门要高度重视执行与破产的衔接工作，推动符合条件的执行案件向破产程序移转。执行法院发现作为被执行人的企业法人符合企业破产法第二条规定的，应当及时询问当事人是否同意将案件移送破产审查并释明法律后果。执行法院作出移送决定后，应当书面通知所有已知执行法院，执行法院均应中止对被执行人的执行程序。

41. 执行转破产案件的移送和接收。执行法院与受移送法院应加强移送环节的协调配合，提升工作实效。执行法院移送案件时，应当确保材料完备，内容、形式符合规定。受移送法院应当认真审核并及时反馈意见，不得无故不予接收或暂缓立案。

42. 破产案件受理后查封措施的解除或查封财产的移送。执行法院收到破产受理裁定后，应当解除对债务人财产的查封、扣押、冻结措施；或者根据破产受理法院的要求，出具函件将查封、扣押、冻结财产的处置权交破产受理法院。破产受理法院可以持执行法院的移送处置函件进行续行查封、扣押、冻结，解除查封、扣押、冻结，或者予以处置。

执行法院收到破产受理裁定拒不解除查封、扣押、冻结措施的，破产受理法院可以请求执行法院的上级法院依法予以纠正。

43. 破产审判部门与执行部门的信息共享。破产受理法院可以利用执行查控系统查控债务人财产，提高破产审判工作效率，执行部门应予以配合。

各地法院要树立线上线下法律程序同步化的观念，逐步实现符合移送条件的执行案件网上移送，提升移送工作的透明度，提高案件移送、通知、送达、沟通协调等相关工作的效率。

44. 强化执行转破产工作的考核与管理。各级法院要结合工作实际建立执行转破产工作考核机制，科学设置考核指标，推动执行转破产工作开展。对应当征询当事人意见不征询、应当提交移送审查不提交、受移送法院违反相关规定拒不接收执行转破产材料或者拒绝立案的，除应当纳入绩效考核和业绩考评体系外，还应当公开通报和严肃追究相关人员的责任。

八、破产信息化建设

会议认为，全国法院要进一步加强破产审判的信息化建设，提升破产案件审理的透明度和公信力，增进破产案件审理质效，促进企业重整再生。

45. 充分发挥破产重整案件信息平台对破产审判工作的推动作用。各级法院要按照最高人民法院相关规定，通过破产重整案件信息平台规范破产案件审理，全程公开、步步留痕。要进一步强化信息网的数据统计、数据检索等功能，分析研判企业破产案件情况，及时发现新情况，解决新问题，提升破产案件审判水平。

46. 不断加大破产重整案件的信息公开力度。要增加对债务人企业信息的公开内容，吸引潜在投资者，促进资本、技术、管理能力等要素自由流动和有效配置，帮助企业重整再生。要确保债权人等利害关系人及时、充分了解案件进程和债务人相关财务、重整计划草案、重整计划执行等情况，维护债权人等利害关系人的知情权、程序参与权。

47. 运用信息化手段提高破产案件处理的质量与效率。要适应信息化发展趋势，积极引导以网络拍卖方式处置破产财产，提升破产财产处置效益。鼓励和规范通过网络方式召开债权人会议，提高效率，降低破产费用，确保债权人等主体参与破产程序的权利。

48. 进一步发挥人民法院破产重整案件信息网的枢纽作用。要不断完善和推广使用破产重整案件信息网，在确保增量数据及时录入信息网的同时，加快填充有关存量数据，确立信息网在企业破产大数据方面的枢纽地位，发挥信息网的宣传、交流功能，扩大各方运用信息网的积极性。

九、跨 境 破 产

49. 对跨境破产与互惠原则。人民法院在处理跨境破产案件时，要妥善解决跨境破产中的法律冲突与矛盾，合理确定跨境破产案件中的管辖权。在坚持同类债权平等保护的原则下，协调好外国债权人利益与我国债权人利益的平衡，合理保护我国境内职工债权、税收债权等优先权的清偿利益。积极参与、推动跨境破产国际条约的协商与签订，探索互惠原则适用的新方式，加强我国法院和管理人在跨境破产领域的合作，推进国际投资健康有序发展。

50. 跨境破产案件中的权利保护与利益平衡。依照企业破产法第五条的规定，开展跨境破产协作。人民法院认可外国法院作出的破产案件的判决、裁定后，债务人在中华人民共和国境内的财产在全额清偿境内的担保权人、职工债权和社会保险费用、所欠税款等优先权后，剩余财产可以按照该外国法院的规定进行分配。

《全国法院民商事审判工作会议纪要》之十

(2019 年 9 月 11 日经最高人民法院审判委员会民事行政专业委员会第 319 次会议原则通过。法〔2019〕254 号)

十、关于破产纠纷案件的审理

会议认为，审理好破产案件对于推动高质量发展、深化供给侧结构性改革、营造稳定公平透明可预期的营商环境，具有十分重要的意义。要继续深入推进破产审判工作的市场化、法治化、专业化、信息化，充分发挥破产审判公平清理债权债务、促进优胜劣汰、优化资源配置、维护市场经济秩序等重要功能。一是要继续加大对破产保护理念的宣传和落实，及时发挥破产重整制度的积极拯救功能，通过平衡债权人、债务人、出资人、员工等利害关系人的利益，实现社会整体价值最大化；注重发挥和解程序简便快速清理债权债务关系的功能，鼓励当事人通过和解程序或者达成自行和解的方式实现各方利益共赢；积极推进清算程序中的企业整体处置方式，有效维护企业营运价值和职工就业。二是要推进不符合国家产业政策、丧失经营价值的企业主体尽快从市场退出，通过依法简化破产清算程序流程加快对"僵尸企业"的清理。三是要注重提升破产制度实施的经济效益，降低破产程序运行的时间和成本，有效维护企业营运价值，最大程度发挥各类要素和资源潜力，减少企业破产给社会经济造成的损害。四是要积极稳妥进行实践探索，加强理论研究，分步骤、有重点地推进建立自然人破产制度，进一步推动健全市场主体退出制度。

107.【继续推动破产案件的及时受理】充分发挥破产重整案件信息网的线上预约登记功能，提高破产案件的受理效率。当事人提出破产申请的，人民法院不得以非法定理由拒绝接收破产申请材料。如果可能影响社会稳定的，要加强府院协调，制定相应预案，但不应当以"影响社会稳定"之名，行消极不作为之实。破产申请材料不完备的，立案部门应当告知当事人在指定期限内补充材料，待材料齐备后以"破申"作为案件类型代字编制案号登记立案，并及时将案件移送破产审判部门进行破产审查。

注重发挥破产和解制度简便快速清理债权债务关系的功能，债务人根据《企业破产法》第 95 条的规定，直接提出和解申请，或者在破产申请受理后宣告破产前申请和解的，人民法院应当依法受理并及时作出是否批准的裁定。

108.【破产申请的不予受理和撤回】人民法院裁定受理破产申请前，提出破产申请的债权人的债权因清偿或者其他原因消灭的，因申请人不再具备申请资格，人民法院应当裁定不予受理。但该裁定不影响其他符合条件的主体再次提出破产申请。破产申请受理后，管理人以上述清偿符合《企业破产法》第31条、第32条为由请求撤销的，人民法院查实后应当予以支持。

人民法院裁定受理破产申请系对债务人具有破产原因的初步认可，破产申请受理后，申请人请求撤回破产申请的，人民法院不予准许。除非存在《企业破产法》第12条第2款规定的情形，人民法院不得裁定驳回破产申请。

109.【受理后债务人财产保全措施的处理】要切实落实破产案件受理后相关保全措施应予解除、相关执行措施应当中止、债务人财产应当及时交付管理人等规定，充分运用信息化技术手段，通过信息共享与整合，维护债务人财产的完整性。相关人民法院拒不解除保全措施或者拒不中止执行的，破产受理人民法院可以请求该法院的上级人民法院依法予以纠正。对债务人财产采取保全措施或者执行措施的人民法院未依法及时解除保全措施、移交处置权，或者中止执行程序并移交有关财产的，上级人民法院应当依法予以纠正。相关人员违反上述规定造成严重后果的，破产受理人民法院可以向人民法院纪检监察部门移送其违法审判责任线索。

人民法院审理企业破产案件时，有关债务人财产被其他具有强制执行权力的国家行政机关，包括税务机关、公安机关、海关等采取保全措施或者执行程序的，人民法院应当积极与上述机关进行协调和沟通，取得有关机关的配合，参照上述具体操作规程，解除有关保全措施，中止有关执行程序，以便保障破产程序顺利进行。

110.【受理后有关债务人诉讼的处理】人民法院受理破产申请后，已经开始而尚未终结的有关债务人的民事诉讼，在管理人接管债务人财产和诉讼事务后继续进行。债权人已经对债务人提起的给付之诉，破产申请受理后，人民法院应当继续审理，但是在判定相关当事人实体权利义务时，应当注意与企业破产法及其司法解释的规定相协调。

上述裁判作出并生效前，债权人可以同时向管理人申报债权，但其作为债权尚未确定的债权人，原则上不得行使表决权，除非人民法院临时确定其债权额。上述裁判生效后，债权人应当根据裁判认定的债权数额在破产程序中依法统一受偿，其对债务人享有的债权利息应当按照《企业破产法》第46条第2款的规定停止计算。

人民法院受理破产申请后，债权人新提起的要求债务人清偿的民事诉讼，人民法院不予受理，同时告知债权人应当向管理人申报债权。债权人申报债权后，对管理人编制的债权表记载有异议的，可以根据《企业破产法》第58条的规定提起债权确认之诉。

111.【债务人自行管理的条件】重整期间，债务人同时符合下列条件的，经申请，人民法院可以批准债务人在管理人的监督下自行管理财产和营业事务：

（1）债务人的内部治理机制仍正常运转；

（2）债务人自行管理有利于债务人继续经营；

（3）债务人不存在隐匿、转移财产的行为；

（4）债务人不存在其他严重损害债权人利益的行为。

债务人提出重整申请时可以一并提出自行管理的申请。经人民法院批准由债务人自行管理财产和营业事务的，企业破产法规定的管理人职权中有关财产管理和营业经营的职权应当由债务人行使。

管理人应当对债务人的自行管理行为进行监督。管理人发现债务人存在严重损害债权人利益的行为或者有其他不适宜自行管理情形的，可以申请人民法院作出终止债务人自行管理的决定。人民法院决定终止的，应当通知管理人接管债务人财产和营业事务。债务人有上述行为而管理人未申请人民法院作出终止决定的，债权人等利害关系人可以向人民法院提出申请。

112.【重整中担保物权的恢复行使】重整程序中，要依法平衡保护担保物权人的合法权益和企业重整价值。重整申请受理后，管理人或者自行管理的债务人应当及时确定设定有担保物权的债务人财产是否为重整所必需。如果认为担保物不是重整所必需，管理人或者自行管理的债务人应当及时对担保物进行拍卖或者变卖，拍卖或者变卖担保物所得价款在支付拍卖、变卖费用后优先清偿担保物权人的债权。

在担保物权暂停行使期间，担保物权人根据《企业破产法》第75条的规定向人民法院请求恢复行使担保物权的，人民法院应当自收到恢复行使担保物权申请之日起三十日内作出裁定。经审查，担保物权人的申请不符合第75条的规定，或者虽然符合该条规定但管理人或者自行管理的债务人有证据证明担保物是重整所必需，并且提供与减少价值相应担保或者补偿的，人民法院应当裁定不予批准恢复行使担保物权。担保物权人不服该裁定的，可以自收到裁定书之日起十日内，向作出裁定的人民法院申请复议。人民法院裁定批准行使担保物权的，管理人或者自行管理的债务人应当自收到裁定书之日起十五日内启动对担保物的拍卖或者变卖，拍卖或者变卖担保物所得价款在支付拍卖、变卖费用后优先清偿担保物权人的债权。

113.【重整计划监督期间的管理人报酬及诉讼管辖】要依法确保重整计划的执行和有效监督。重整计划的执行期间和监督期间原则上应当一致。二者不一致的，人民法院在确定和调整重整程序中的管理人报酬方案时，应当根据重整期间和重整计划监督期间管理人工作量的不同予以区别对待。其中，重整期间的管理人报酬应当根据管理人对重整发挥的实际作用等因素予以确定和支付；重整计划监督期间管理人报酬的支付比例和支付时间，应当根据管理人监督职责的履行情况，与债权人按照重整计划实际受偿比例和受偿时间相匹配。

重整计划执行期间，因重整程序终止后新发生的事实或者事件引发的有关债务人的民事诉讼，不适用《企业破产法》第21条有关集中管辖的规定。除重整计划有明确约定外，上述纠纷引发的诉讼，不再由管理人代表债务人进行。

114.【重整程序与破产清算程序的衔接】重整期间或者重整计划执行期间，债务人因法定事由被宣告破产的，人民法院不再另立新的案号，原重整程序的管理人原则上应当继续履行破产清算程序中的职责。原重整程序的管理人不能继续履行职责或者不适宜继续担任管理人的，人民法院应当依法重新指定管理人。

重整程序转破产清算案件中的管理人报酬，应当综合管理人为重整工作和清算工作分别发挥的实际作用等因素合理确定。重整期间因法定事由转入破产清算程序的，应当按照破产清算案件确定管理人报酬。重整计划执行期间因法定事由转入破产清算程序的，后续破产清算阶段的管理人报酬应当根据管理人实际工作量予以确定，不能简单根据债务人最终清偿的财产价值总额计算。

重整程序因人民法院裁定批准重整计划草案而终止的，重整案件可作结案处理。重整计划执行完毕后，人民法院可以根据管理人等利害关系人申请，作出重整程序终结的裁定。

115.【庭外重组协议效力在重整程序中的延伸】继续完善庭外重组与庭内重整的衔接机制，降低制度性成本，提高破产制度效率。人民法院受理重整申请前，债务人和部分债权人已经达成的有关协议与重整程序中制作的重整计划草案内容一致的，有关债权人对该协议的同意视为对该重整计划草案表决的同意。但重整计划草案对协议内容进行了修改并对有关债权人有不利影响，或者与有关债权人重大利益相关的，受到影响的债权人有权按照企业破产法的规定对重整计划草案重新进行表决。

116.【审计、评估等中介机构的确定及责任】要合理区分人民法院和管理人在委托审计、评估等财产管理工作中的职责。破产程序中确实需要聘请中介机构对债务人财产进行审计、评估的，根据《企业破产法》第28条的规定，经人民法院许可后，管理人可以自行公开聘请，但是应当对其聘请的中介机构的相关行为进行监督。上述中介机构因不当履行职责给债务人、债权人或者第三人造成损害的，应当承担赔偿责任。管理人在聘用过程中存在过错的，应当在其过错范围内承担相应的补充赔偿责任。

117.【公司解散清算与破产清算的衔接】要依法区分公司解散清算与破产清算的不同功能和不同适用条件。债务人同时符合破产清算条件和强制清算条件的，应当及时适用破产清算程序实现对债权人利益的公平保护。债权人对符合破产清算条件的债务人提起公司强制清算申请，经人民法院释明，债权人仍然坚持申请对债务人强制清算的，人民法院应当裁定不予受理。

118.【无法清算案件的审理与责任承担】人民法院在审理债务人相关人员下落不明或者财产状况不清的破产案件时，应当充分贯彻债权人利益保护原则，避免债务人通过破产程序不当损害债权人利益，同时也要避免不当突破股东有限责任原则。

人民法院在适用《最高人民法院关于债权人对人员下落不明或者财产状况不清的债务人申请破产清算案件如何处理的批复》第3款的规定，判定债务人相关人员承担责任时，应当依照企业破产法的相关规定来确定相关主体的义务内容和责任范围，不得根据公司法司法解释（二）第18条第2款的规定来判定相关主体的责任。

上述批复第3款规定的"债务人的有关人员不履行法定义务，人民法院可依据有关法律规定追究其相应法律责任"，系指债务人的法定代表人、财务管理人员和其他经营管理人员不履行《企业破产法》第15条规定的配合清算义务，人民法院可以根据《企业破产法》第126条、第127条追究其相应法律责任，或者参照《民事诉讼法》第111条的规定，依法拘留，构成犯罪的，依法追究刑事责任；债务人的法定代表人或者实际控制人不配合清算的，人民法院可以依据《出境入境管理法》第12条的规定，对其作出不准出境的决定，以确保破产程序顺利进行。

上述批复第3款规定的"其行为导致无法清算或者造成损失"，系指债务人的有关人员不配合清算的行为导致债务人财产状况不明，或者依法负有清算责任的人未依照《企业破产法》第7条第3款的规定及时履行破产申请义务，导致债务人主要财产、账册、重要文件等灭失，致使管理人无法执行清算职务，给债权人利益造成损害。"有关权利人起诉请求其承担相应民事责任"，系指管理人请求上述主体承担相应损害赔偿责任并将因此获得的赔偿归入债务人财产。管理人未主张上述赔偿，个别债权人可以代表全体债权人提起上述诉讼。

上述破产清算案件被裁定终结后，相关主体以债务人主要财产、账册、重要文件等重新出现为由，申请对破产清算程序启动审判监督的，人民法院不予受理，但符合《企业破产法》第 123 条规定的，债权人可以请求人民法院追加分配。

主要参考文献

1. 周枏：《罗马法原论》，商务印书馆 1996 年版。

2. 汤维建：《破产程序与破产立法研究》，人民法院出版社 2001 年版。

3. 安建主编：《中华人民共和国企业破产法释义》，法律出版社 2006 年版。

4. 李飞：《当代外国破产法》，中国法制出版社 2006 年版。

5. 王欣新：《破产法》（第三版），中国人民大学出版社 2011 年版。

6. 李曙光、郑志斌主编：《公司重整法律评论》（1~4 卷），法律出版社 2011、2012、2013、2015 年版。

7. 最高人民法院民二庭编著：《最高人民法院关于企业破产法司法解释理解与适用：破产法解释（一）·破产法解释（二）》，人民法院出版社 2013 年版。

8. 许德风：《破产法论——解释与功能比较的视角》，北京大学出版社 2015 年版。

9. 王欣新主编：《破产法原理与案例教程》（第二版），中国人民大学出版社 2015 年版。

10. 汪涛编著：《破产法》，武汉大学出版社 2015 年版。

11. 杜万华主编：《最高人民法院企业破产与公司清算案件审判指导》，中国法制出版社 2017 年版。

12. 刘延岭、赵坤成主编：《上市公司重整案例解析》，法律出版社 2017 年版。

13. 张善斌主编：《破产法文献分类索引》，武汉大学出版社 2017 年版。

14. 孙创前主编：《破产管理人实务操作指引》，法律出版社 2017 年版。

15. 徐阳光主编：《中国破产审判的司法进路与裁判思维》，法律出版社 2018 年版。

16. 张善斌主编：《破产法研究综述》，武汉大学出版社 2018 年版。

17. 徐根才：《破产法实践指南》，法律出版社 2018 年版。

18. 周继业主编：《人民法院破产审判——江苏实践与经验》，法律出版社 2018 年版。

19. 徐亚农主编：《破产审判的温州探索》，法律出版社 2018 年版。

20. 江丁库主编:《破产预重整》,人民法院出版社 2019 年版。

22. [美]爱泼斯坦等著,韩长印等译:《美国破产法》,中国政法大学出版社 2003 年版。

23. [英]费奥娜·托米著,汤维建、刘静译:《英国公司和个人破产法》(第二版),北京大学出版社 2010 年版。

24. [德]莱因哈德·波克:《德国破产法导论》,北京大学出版社 2014 年版。

25. [美]查尔斯·泰步著,韩长印、何欢、王之洲译:《美国破产法新论》,中国政法大学出版社 2017 年版。

26. [美]杰伊·劳伦斯·韦斯特布鲁克等著,王之洲译:《商事破产:全球视野下的比较分析》,中国政法大学出版社 2018 年版。